WELCOME TO HAWKINS

STRANGER THINGS AND THE '80S: COMPLETE RETRO GUIDE
Copyright © 2018 by Joseph Vogel
Todos os direitos reservados.

Tradução para a língua portuguesa
© Flávia Gasi, 2019

Ilustrações das páginas
156, 163, 166, 172, 190, 198
© Patrick Connan, 2019

Um agradecimento especial a todos
os ilustradores brasileiros que cederam
suas imagens para uso nesta edição.

Diretor Editorial
Christiano Menezes

Diretor Comercial
Chico de Assis

Gerente Comercial
Giselle Leitão

Editores
Bruno Dorigatti
Raquel Moritz

Editores Assistentes
Lielson Zeni
Nilsen Silva

Projeto Gráfico
Retina 78

Designers
Aline Martins / Sem Serifa
Arthur Moraes

Finalização
Sandro Tagliamento

Revisão
Isadora Torres
Fernanda Belo
Jéssica Reinaldo

Impressão e acabamento
Coan Gráfica

DADOS INTERNACIONAIS DE CATALOGAÇÃO NA PUBLICAÇÃO (CIP)
Angélica Ilacqua CRB-8/7057

Vogel, Joseph
  Stranger fans : a década de 80 no universo da série Stranger Things / Joseph Vogel ; tradução de Flávia Gasi. -- Rio de Janeiro : DarkSide Books, 2019.
  320 p.

  ISBN: 978-85-9454-084-3
  Título original: Stranger Things and the '80s

  1. Stranger Things (Programa de televisão) 2. Cultura popular - Anos 1980 I. Título II. Gasi, Flávia

19-1373   CDD 791.4572

         Índices para catálogo sistemático:
          1. Stranger Things (Programa de televisão)

[2019]
Todos os direitos desta edição reservados à
 DarkSide® *Entretenimento LTDA.*
Rua Alcântara Machado, 36, sala 601, Centro
20081-010 — Rio de Janeiro — RJ — Brasil
www.darksidebooks.com

NGER
NS

Dedico a Jofi e Jude, meus fãs favoritos de
Stranger Things, *por todos os fatos checados.*

JOSEPH VOGEL
STRANGER FANS

O UNIVERSO DA SÉRIE

STRANGER THINGS

TRADUÇÃO *FLÁVIA GASI*

DARKSIDE

TV GUIDE

JOSEPH VOGEL
STRANGER FANS

INTRODUÇÃO DARKSIDE

017.
Introdução do Autor
NOSTALGIA NO MUNDO INVERTIDO
Um fenômeno estranhamente moderno e nostálgico

029.
Capítulo .01
STEPHEN KING
A influência de um verdadeiro mestre na cultura pop e nos pesadelos juvenis de 1980

041.
Capítulo .02
STEVEN SPIELBERG
O narrador visual mais influente de uma geração

061.
Capítulo .03
CINEMA 1980
Como Carpenter, Star Wars e alienígenas se mesclaram ao imaginário da década

077.
Capítulo .04
SOUNDTRACK 1980
Um mergulho profundo no rock dos anos 1980 para achar a trilha sonora perfeita

095.
Capítulo .05
BICICLETAS VOADORAS
O símbolo da liberdade infantil na década de 1980

107.
Capítulo .06
ERA REAGAN
O que se passa dentro dos contornos culturais e ideológicos da Era Reagan

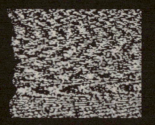

121.
Capítulo .07
PLAY THE GAME
Dungeons & Dragons, videogames e fliperamas que criaram uma geração

SUMÁRIO
UMA PROGRAMAÇÃO MUITO ESTRANHA FEITA PRA VOCÊ!

131.
Capítulo .08
CLUBE HAWKINS
A destilação perfeita do caso de amor de Stranger Things com a ciência e a tecnologia

143.
Capítulo .09
LEGGO MY EGGO!
Alimentando a moda na série que respira os anos 1980

153.
Capítulo .10
SOMOS FREAKS
Desentendimentos ocorrem, mas amigos de verdade nunca se separam

173.
Capítulo .11
PARA SEMPRE ELEVEN
A força de Eleven inspira novas gerações pelo mundo

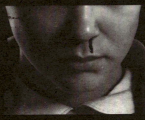

193. Capítulo .12
DUNGEONS & DRAGONS

199. Capítulo .13
ANATOMIA DEMOGORGON

203. Capítulo .14
STRANGER & ELDRITCH

209. Capítulo .15
ESTRANHOS BRINQUEDOS

221. Capítulo .16
JACOB BOGHOSIAN

225. Capítulo .17
SIMBOLOGIA & IMAGENS

245. Capítulo .18
ELEVEN: JORNADA DE UMA HEROÍNA

259. Capítulo .19
CRIANÇAS DESAPARECIDAS

269. Capítulo .20
PROJETO MONTAUK

279. Capítulo .21
ET & ATARI

1. HAWKINS
6. MIKE
7. E
11. MAX
12. VHS
14. DUSTIN
19. ~~DEMOGOR~~
25. ELEVEN
31. LUCAS
33. KING
35. WILL

Mike&
Lucas&
Dustin&
Eleven&
Will

REC ⬛ 🔋

Estranhos
1980

INTRODUÇÃO DARKSIDE

por Cesar Bravo

Para muitos de nós, a década de 1980 significou bem mais que um período de dez anos, e talvez o grande culpado por esse fenômeno seja o próprio tempo, que parecia avançar em um ritmo bem menos acelerado naqueles estranhos anos. Ou, quem sabe?, tudo foi uma simples impressão — causada pela ausência de internet, telefones celulares, smartphones, TV a cabo e tudo "isso" e "aquilo" que hoje nos soa tão familiar e fundamental quanto respirar.

Não tenho essa resposta, mas garanto que o mundo era muito diferente do que conhecemos hoje. Para começar, o que mais tocava no rádio durante os anos 1980 era rock 'n' roll, e não só rock internacional, mas bandas daqui, como Legião Urbana, Engenheiros do Hawaii, Ultraje a Rigor e RPM. Também me vem à mente os terríveis cortes de cabelos e a quantidade inimaginável de laquê necessária para manter os fios em

pé, quantidade essa tão grande, tão prodigiosa, que provavelmente contribuiu para a abertura e expansão do buraco na camada de ozônio. Brincadeiras à parte, essa era outra tendência dos anos 1980: o exagero.

As cores das roupas, o tamanho dos aparelhos de som, a ousadia na TV aberta.

Mesmo que você seja muito jovem, provavelmente já viu alguns exemplos dessas distorções da moda nos álbuns de família que nós tentamos esconder a todo custo, mas pode ser que você não entenda tão bem sobre essa última parte — a *ousadia*. O fato é que, comparado aos dias atuais, o limite dos anos 1980 estava apenas começando a andar, e ainda usava fraldas. Podíamos ligar a TV pela manhã e ver Cascavelletes cantando "Eu quis comer você" no programa da Angélica (e era mais doentio ainda ouvir o Júpiter Maçã repetindo na cara da mocinha: "É, 'Eu quis comer você' é o nome da música", ao final da singela apresentação). Se mudássemos de canal, poderíamos encontrar nosso amado e toxicômano palhaço Bozo com um pirulito *Dipilique* na boca dizendo: "Que pozinho gostoso". Mais um giro no aparelho conversor de UHF e talvez esbarrássemos em uma apresentadora infantil usando roupas com uma numeração menor. Acreditem ou não, era assim naquele tempo: pelo menos na TV aberta, o limite ainda precisava ser descoberto. Nas tardes de sábado a loucura continuava, e tínhamos Rita Cadillac dançando de maiô cavado no *Cassino do Chacrinha*. À noite era um pouco pior, com o *Viva a Noite*, onde o mínimo que se via era a Gretchen mostrando todas as suas peculiaridades anatômicas.

Como nem tudo era festa, também tínhamos guerras aos montes, e possivelmente foi a primeira vez que alguém da TV se preocupou em nos ensinar a localização do Oriente Médio, mais precisamente onde ficava o tal do Irã e seu inimigo, o tal do Iraque. A África também estava em guerra, Angola, Namíbia, Zâmbia; nas Américas sobrou até para a Argentina, que decidiu invadir as ilhas Malvinas. Nesses anos, que também souberam ser duros, quem não guerreava fazia a guerra acontecer, e continuava escondido entre as cortinas de aço, combatendo em uma Guerra Fria, que de fria não tinha nada. Se você perguntar para qualquer um com mais de quarenta anos sobre a possibilidade do início da Terceira Guerra Mundial, provavelmente os ouvirá mencionar a União Soviética e os Estados Unidos, e muito provavelmente eles dirão que "foi por um triz". E foi mesmo, a ponto do Relógio do Juízo Final marcar dois minutos para o fim dos tempos em um apocalipse nuclear (que o diga o Iron Maiden, que inclusive compôs uma música para a ocasião).

Incrivelmente, nós sobrevivemos. E o fizemos porque havia compensações.

Nós, meninos e meninas dos anos 1980, podíamos andar de bicicleta por aí o dia inteiro, e nossos únicos compromissos eram ir à escola (no muito, alguns esportes ou inglês no final da tarde) e quebrar

um novo recorde no Atari. Falando em Atari, eu me lembro exatamente quando ganhei o meu. Foi no Natal. Na verdade, não era um Atari, mas um Gemini, porque o Atari custava o dobro do preço. Naquela época, ir para o Paraguai e trazer um monte de muamba era o sonho dourado de todas as famílias, e foi assim que eu recebi meu amado console. Que eu me lembre pode ter sido dessa mesma maneira que conseguimos nosso primeiro videocassete, um G9 da Panasonic. Em algum momento, também chegou à nossa casa quatro abajures que eram acionados pelo toque das mãos (uma modernidade assustadora na época) e ventiladores de teto estranhos, que faziam barulho demais e vento de menos. Mas tudo bem, afinal, ar-condicionado era um luxo tão impensável quanto um telefone tirar fotografias. Internet, então? Ficção científica da pior qualidade.

Falando em telefones, a grande modernidade da época era o telefone sem fio. E, pela primeira vez na vida, você podia levar o aparelho até seu quarto e conversar em paz — por algum tempo, porque logo alguém atento o lembraria que os "pulsos" (que chamávamos erroneamente de "impulsos") custavam caro, e que "se for pra ficar pendurado no telefone, é melhor ligar depois das nove".

E nem gostávamos tanto assim de telefone, se você quer saber.

A gente gostava mesmo era de ficar fora de casa, com nossos amigos, jogando bola, andando de bicicleta, empinando pipas, muitas vezes migrando de casa em casa para assistirmos aos filmes de terror que nossos pais detestavam. Naquele tempo, a diversão era perigosa de tão inocente. Para se ter uma ideia, não era incomum que os garotos fechassem uma rua qualquer e a transformassem em uma quadra de vôlei ou em uma pista de mountain bike improvisada (no interior de São Paulo, onde eu morava, a molecada pegava emprestado tapumes de madeira para construir rampas mortais e saltar sobre outras crianças deitadas lado a lado — nenhum exagero nessa parte). No verão, também saímos para os pastos noturnos, para encher vidros com vaga-lumes (crueldade hoje em dia, mas estamos nos anos 1980, lembra?) e observá-los até pegar no sono. Nas manhãs de domingo sempre tinha uma corrida na TV, e a família inteira torcia pelo Ayrton Senna até perder a voz. Pelo Piquet também, mas o Senna sempre foi e sempre será uma unanimidade.

Pensando agora, também me vem à mente as festas de aniversário. Nada de bufê. O que rolava era um bolo feito pela mãe do condenado, refrigerantes baratos e um monte de bexigas. No meio da festa alguma criança sempre se machucava e abria o berreiro, alguém levava uns tapas na bunda, mas o corre-corre da molecada não parava até que o último brigadeiro encontrasse a garganta de alguém.

Nos momentos mais duros (porque o bullying corria solto naqueles dias), preferíamos ficar quietos, e eu muitas vezes conseguia isso em casa, enquanto meus pais estavam na rua, ocupados com a vida deles. Então eu enchia um copo com refrigerante, ligava a TV, e ficava vendo Kevin Arnold, Paul e Winnie Cooper. Muitas vezes chorava, porque *Anos Incríveis* nunca foi uma série feita para os corações infantis.

A TV nos cansava depressa, e o jeito era nos dedicarmos às nossas coleções: ioiôs, latas de refrigerantes e maços de cigarros vazios, papéis de cartas, Ursinhos Carinhosos, Super Trunfo e por aí vai. Naquele tempo, a divisão entre os gêneros também era bem rígida (os anos 1980 estavam longe de serem perfeitos), e tenho certeza de que a experiência da minha irmã foi muito diferente da minha, mas nos ajudávamos muito e nos mantínhamos do lado que diziam que era o correto. Quando alguém se desviava de seus papéis tradicionais de gênero, bem, "melhor não falarmos nisso durante o jantar. Me passe mais azeite, querido? E você, filho, por que não corta esse cabelo?".

E assim a vida seguia seu fluxo com uma falsa ideia de que tudo, absolutamente tudo, daria certo. Existia um otimismo poderoso nos anos 1980, uma certeza que todas as crises passariam e que o ano que vem seria bem melhor. De tudo o que sinto falta, talvez essa seja a parte mais dolorosa: essa certeza. Hoje em dia somos bombardeados por uma realidade indigesta, fria, que não escolhemos ter. Nos 1980 a gente podia escolher qualquer coisa, nossos ídolos — os meus, pelo menos — eram malucos geniais como Cazuza, Freddie Mercury, Raul Seixas, Stallone "Cobra" e Axl Rose, nossa TV era carregada de sexo, drogas e rock 'n' roll, e tanto nós quanto nossos pais sabíamos que sobreviveríamos a qualquer coisa.

Não quero parecer saudosista, mas existia uma verdade poderosa e indiscutível nos anos 1980, uma essência que, diluída, acabou se perdendo por aí. Em seu lugar recebemos controle, tecnologia, vigilância e hipocrisia. É por isso que ainda mantenho meu refúgio particular até os dias de hoje. Um videocassete, um punhado de fitas, um aparelho de som 3 em 1 e um Walkman da Sony. Pensando bem, mantenho muito mais guardado aqui dentro; afinal, como qualquer um que sentiu o cheiro dos anos 1980, continuamos enfeitiçados pela magia irresponsável daqueles anos.

Então aconteceu. Liguei minha TV moderna e revi as conhecidas letras vermelhas que figuravam em nossa Semp Toshiba de 1982. Caracteres brilhantes, vibrantes, pulsantes como um verdadeiro coração. Não bastasse as cores, havia aquela música, que em seu início tinha muito mais de vibração do que música propriamente dita, algo elétrico, arrebatador. De repente, me senti prestes a assistir algo de John Carpenter... mas não era. Confuso, continuei observando e buscando entender o que aquelas letras tentavam me dizer.

STRANGER THINGS

Era esse o nome na tela, o nome que se transformaria na máquina do tempo pela qual eu procurei por trinta anos.

Nostalgia no mundo INVERTIDO

INTRODUÇÃO DO AUTOR

Como uma criança que viveu nos anos 1980, *Stranger Things* me capturou desde a sequência inicial com o título — as brilhantes e estranhas letras vermelhas que se assemelhavam à fonte de um velho romance de Stephen King; o tema melancólico e instável que soava do sintetizador; o piscar de VHS da tela preta.

Acerto atrás de acerto. Era quase como se não tivéssemos notado algum filme nas estantes das lojas em 1983; mas agora, aqui estava ele, recuperado e restaurado em toda a glória da era analógica.

Como uma série de TV, *Stranger Things* pode ser classificada como muitas coisas: ficção científica, horror, amadurecimento, drama adolescente, comédia, ação-aventura. Mas é, talvez acima de tudo, um tributo a uma época — como a descrição da obra coloca: "uma carta de amor para os anos 1980".

Esse é o foco do livro que você tem em suas mãos. Ele documenta quão completamente imersa a série está na cultura dos anos 1980, desde sua trilha sonora até seus personagens, sua tecnologia e suas bicicletas. Mas eu não queria fazer apenas uma série de listas ou curiosidades — já há bastante disso pela internet. Em vez disso, minha abordagem era contar uma história — ou melhor, muitas histórias — sobre a relação da série com a década em que ela se passa (e se inspira).

Assim, por exemplo, o livro não diz apenas quais são os videogames na casa de fliperamas Palace Arcade na segunda temporada; ele explicará como os videogames (e os fliperamas) transformaram a cultura jovem nos anos 1980 e que papel desempenham no programa. Ele não diz apenas quais filmes de Spielberg mais influenciaram os Irmãos Duffer. Ele levará você para dentro das cenas, personagens e conceitos que os criadores extraíram desses filmes.

Se *Stranger Things* é uma carta de amor para os anos 1980, este livro é o guia detalhado para a era revivida pela série.

JOSEPH VOGEL

STRANGER FANS

Fenômeno cultural

Milhões de pessoas se apaixonaram pelos estranhos eventos de Hawkins

01. *Stranger Things* só existe há alguns anos. No entanto, nesse curto espaço de tempo, gerou um grupo de seguidores tão grande e apaixonado quanto qualquer outra coisa na televisão (ou qualquer outra tela, grande ou pequena). É aquele raro sucesso de mistura de estilos apreciado por crianças, adolescentes e pais. Seus atores agora são celebridades internacionais; seus personagens são sensações das mídias sociais (vide #JusticeforBarb).

Nas duas primeiras temporadas, *Stranger Things* recebeu indicações ao Globo de Ouro de Melhor Série de Televisão. Também acumulou 31 indicações ao Emmy, incluindo a de *Outstanding Drama Series*. Embora a Netflix[1] seja notoriamente reticente quanto a revelar seus números completos de audiência, a *Nielsen* estima que a estreia da segunda temporada foi assistida por 15,8 milhões de telespectadores norte-americanos em sua primeira semana. Muitos desses espectadores assistiram à temporada inteira em poucos dias. Enquanto isso, o agregador de resenhas *Rotten Tomatoes* dá para a primeira e segunda temporadas uma avaliação positiva de 94% dos críticos e 91% dos telespectadores. A série está tão difundida na cultura popular que mercadorias com seu nome são vendidas nas lojas ao lado de franquias de grande sucesso de longa data, como *Star Wars* e *Harry Potter*.

No entanto, antes do verão de 2016, ninguém ouvira falar de Eleven, xerife Hopper ou Steve Harrington, agora todos nomes conhecidos. O Mundo Invertido, o Laboratório Nacional de Hawkins e os Demogorgons ainda não faziam parte do nosso léxico cultural. Fora Winona Ryder, o seriado não tinha atores conhecidos. Nem sequer foi promovido com uma campanha de bombardeio típica da mídia. Não havia outdoors ou comerciais. Apenas alguns detalhes vazados e um trailer intrigante.

A Netflix estava confiante de que a palavra se espalharia organicamente. E eles estavam certos. Não muito depois de ter sido lançado na plataforma, em 15 de julho de 2016, o seriado se tornou uma sensação. Parecia que todos com quem você conversava — vizinhos, amigos, colegas, familiares — estavam assistindo à série (ou queriam). Naquele mês, o *New York Times*[2] declarou ser "o seriado do verão".* Na segunda temporada,[3] o programa foi o maior sucesso da Netflix, e foi assistido em mais de 190 países por centenas de milhões de telespectadores, dos Estados Unidos à China e ao Brasil.

---

*   Nos Estados Unidos, a TV costumava passar apenas reprises durante o verão (nosso inverno), mas a cultura mudou, e muitas estreias esperadas acontecem durante esse período. [As notas são da tradutora]

JOSEPH VOGEL

STRANGER FANS

Irmãos Duffer

Matt Duffer e Ross Duffer são irmãos gêmeos nascidos no verão 1984

02. Mas vamos rebobinar a fita um pouco. Para entender como e porque *Stranger Things* impressionou tanto, é importante saber de onde ele veio. Entre os fatos mais notáveis sobre a série está a relativa juventude e a inexperiência de seus criadores, Matt e Ross Duffer (agora mais conhecidos por sua designação profissional em dupla, os Irmãos Duffer). Gêmeos de Durham, na Carolina do Norte, os Irmãos Duffer tinham apenas trinta anos quando conceberam *Stranger Things*. Sua primeira grande guinada na indústria veio em 2011, quando a Warner Bros. adquiriu os direitos de seu roteiro para *Escondidos*, um filme de terror pouco conhecido que saiu em 2015 e arrecadou modestos 350 mil dólares. Eles, posteriormente, trabalharam na série de mistério da Fox, *Wayward Pines*, em que tiveram como mentor o diretor M. Night Shyamalan.

Foi nessa época que surgiu a ideia de *Stranger Things* — em suas primeiras pinceladas: a história de uma pessoa desaparecida com base em um período histórico, apresentando alguns elementos sobrenaturais e conspirações do governo. Eles escreveram uma versão aproximada do episódio piloto, juntamente com uma proposta de vinte páginas, esperançosos sobre suas perspectivas. No entanto, ninguém estava disposto a arriscar.

Os Irmãos Duffer estimam que sua proposta inicial foi rejeitada por pelo menos vinte pessoas. As razões variaram. Alguns acharam que o programa não funcionaria com crianças em papéis tão proeminentes. Alguns sugeriram que a história fosse construída em torno de Jim Hopper. A maioria das pessoas simplesmente não estava convencida de que os Irmãos Duffer — profissionais de experiência não comprovada em uma indústria avessa a riscos — poderiam produzir uma série de sucesso por conta própria.

> **A maioria das pessoas simplesmente não estavam convencidas de que os Irmãos Duffer fossem profissionais com credibilidade e experiência para desenvolver o projeto**

Então, no final de 2014, o roteiro encontrou a mesa de Dan Cohen, vice-presidente da 21 Laps Entertainment. Apenas um ano antes, Cohen disse que estava procurando algo incomum e interessante de um diretor em ascensão. "Se eu tiver um objetivo[4] como produtor", disse ele, "que seja ser o cara que dá ao próximo Chris Nolan seu *Batman*."

Foi o que ele conseguiu com os Irmãos Duffer. Impressionado com sua visão de *Stranger Things* — que era então chamado simplesmente de *Montauk*, em homenagem à cidade de Long Island onde se passa *Tubarão* —, Cohen passou o roteiro para o diretor-produtor (e fundador da 21 Laps Entertainment) Shawn Levy.

Os Duffer sabiam o que queriam: o pano de fundo dos anos 1980, a trilha sonora eletrônica, a vibe de Stephen King e Spielberg, os personagens memoráveis

Levy foi uma parceria fortuita para os Irmãos Duffer. Um cineasta canadense mais conhecido pela franquia *Uma Noite no Museu*, Levy também produziu recentemente, em 2016, o aclamado filme de ficção científica *A Chegada*. Ele ficou imediatamente intrigado com o roteiro de *Montauk*. A 21 Laps, no entanto, raramente adquiria material para a televisão; eles faziam filmes. Porém, depois de conhecer pessoalmente os Irmãos Duffer, Levy estava convencido de que valia a pena abrir uma exceção.

Os Duffer sabiam o que queriam: o pano de fundo dos anos 1980, a trilha sonora eletrônica, a vibe de Stephen King e Spielberg, os personagens memoráveis. Sua paixão e visão para o seriado eram contagiantes. "Antes do término da reunião",[5] lembra Levy, "eu sabia que tinha que fazer o que pudesse para levá-lo à tela. Era um grande diamante bruto encontrado por Dan. Eu me apaixonei por ele, comprei completamente a história dos meninos e senti que valia a pena apostar neles."

No início de 2015, Levy e os Irmãos Duffer aperfeiçoaram o *pitch* — incluindo a montagem de um trailer que misturava filmes que capturavam a sensação e o tom do seriado. Eles fizeram sua primeira apresentação para a gigante do streaming, a Netflix. Por estar na indústria há décadas, Levy acreditava entender por que o roteiro dos Irmãos Duffer tinha sido descartado até então. Como ele declarou: "No ramo do cinema,[6] a menos que você seja um super-herói, uma franquia ou um conto de fadas, é quase impossível ser visto por um estúdio". Na era do streaming, no entanto, a televisão é diferente. A TV não estava apenas em meio a uma chamada "era de platina", com conteúdo incrível (como *Breaking Bad*, *House of Cards*, *Orange is the New Black*, *Game of Thrones*), como também ficara mais aberta a novos rostos e ideias.

Levy acreditava que a Netflix era o par perfeito para *Stranger Things* — jovem e ágil o suficiente para dar uma chance a algo novo, mas estabelecido o suficiente para colocar os recursos necessários para que a série pudesse acontecer. A Netflix, aparentemente, sentiu o mesmo. Dentro de 24 horas depois da apresentação, eles compraram o seriado. E tão importante quanto isso: eles concordaram em dar o controle criativo completo a Levy e aos Irmãos Duffer. "Quando vendemos a série",[7] disse Levy, "não tínhamos nenhuma base de fãs antiga, nenhum grande astro ou diretor conhecido, apenas esses jovens irmãos gêmeos com uma ideia maluca, vividamente imaginada, e um diretor de cinema como produtor. Eles realmente nos empoderaram e nos deixaram tomar a dianteira."

JOSEPH VOGEL
STRANGER FANS

Geração Xennial

Uma geração criada em bicicletas, videogames e filmes de grande sucesso

03. Para um seriado tão imerso nos anos 1980, alguns podem se surpreender ao saber que os Irmãos Duffer eram na verdade muito jovens para realmente se lembrarem da maior parte da década. Nascidos em 1984, eles tinham apenas seis anos de idade quando as cortinas foram oficialmente fechadas para a era do presidente Reagan.

No entanto, eles mostraram uma incrível capacidade de capturar o Zeitgeist — talvez, em parte, porque a década de 1980 ainda permanece tão onipresente na cultura pop. Os Duffer se mostraram particularmente hábeis em captar a experiência de crianças que cresceram naquela época: uma geração criada em bicicletas, videogames e filmes de grande sucesso.

E qual é essa geração que cresceu nos anos 1980? A geração que vemos representada em crianças como Will, Mike, Dustin e Lucas?

Muitas vezes, eles são confundidos erroneamente com a Geração X. Essa designação, no entanto, geralmente descreve aqueles nascidos entre meados dos anos 1960 e meados dos anos 1970, o que significa que durante a década de 1980 essas pessoas já estavam no ensino médio ou na faculdade. O termo Geração X foi cunhado pelo autor Douglas Coupland em seu romance de 1991, *Generation X: Tales for an Accelerated Culture*. Logo, o termo tornou-se uma abreviação para os filhos descontentes e desiludidos dos Baby Boomers: uma geração que experimentou a infância após os significativos acontecimentos dos anos 1960.

> **Para um seriado tão imerso nos anos 1980, alguns podem se surpreender ao saber que os Irmãos Duffer eram na verdade muito jovens para realmente se lembrarem da maior parte da década**

A Geração X foi aquela que experimentou a maior parte de sua infância nos anos 1970. Eles eram o grupo demográfico que a MTV queria alcançar quando a rede foi lançada, em 1981. Inclusive, eles são chamados às vezes de Geração MTV, que também se tornou uma forma abreviada de se referir a uma era de apáticos desmamados em cultura pop. Tais caracterizações, é claro, são generalizações. Mas não há dúvida de que, como um todo, a Geração X tinha uma visão e uma sensibilidade diferentes daquelas de seus pais — eles eram mais céticos (às vezes, cínicos); menos inclinados a mudar o mundo do que a resistir às suas expectativas. Pense em pessoas como Quentin Tarantino (nascido em 1963), Kurt Cobain (nascido em 1967), Molly Ringwald (nascida em 1968) e Winona Ryder (nascida em 1971) e você terá uma boa noção de várias encarnações da Geração X. Ou pense nos adolescentes mais velhos de *Stranger Things* — Steve, Nancy, Barb, Jonathan e Billy. Todos provavelmente seriam classificados como Geração X.

A geração que seguiu a Geração X era criança nos anos 1980. Como um todo, eles tendem a ser menos angustiados. Isso fazia sentido, já que a década de 1980, em muitos aspectos, foi ótima para vivenciar a infância. Os ESTADOS UNIDOS já não experimentavam a "crise de confiança" e o "mal-estar" que Jimmy Carter descreveu infamemente no final dos anos 1970. O clima nacional era mais otimista, embora com uma série de pânicos, crises e medos subjacentes.*

O que tornou os anos 1980 ótimos para as crianças foi a sensação geral de liberdade e de possibilidade. Foi a explosão de novas músicas, de programas de TV, de filmes e de videogames. Foram todas as incríveis novas tecnologias: computadores Macintosh, Walkmans da Sony, Ataris e Nintendos. Não é coincidência que a maioria dessas novas tecnologias fosse voltada para as crianças. Fomos a primeira geração a crescer, desde os primeiros anos, com vídeos caseiros, videogames e música portátil.

Estranhamente, essa geração, que tem sido tão representada com frequência na cultura popular, muitas vezes foi descaracterizada ou simplesmente não

foi nomeada. Como escreve a jornalista Anna Garvey: "Somos um enigma,[8] nós nascemos no fim dos anos 1970 e começo dos anos 1980. Alguns dos especialistas 'geracionais' nos colocam preguiçosamente na Geração X, e outros simplesmente nos empurram para os Millennials que amam odiar — ninguém realmente nos entende ou sabe aonde pertencemos. Nós fomos chamados de Geração Catalano, Xennials e The Lucky Ones [Os Sortudos], mas nenhum nome realmente pegou para esta estranha microgeração que tem tanto uma parte saudável do cinismo da Geração X quanto uma pitada do otimismo desenfreado dos Millennials".

Para remediar, Garvey propõe que sejamos chamados de Geração Oregon Trail, nome dado a um jogo de computador educativo que foi apresentado na maioria das salas de aula norte-americanas nos anos 1980. "Se você conseguir se lembrar claramente da emoção de entrar em sua sessão semanal de laboratório de informática e ver uma sala cheia de Apple 2Es exibindo a tela inicial do Oregon Trail",[9] ela escreve, "então, você é um membro dessa geração sem nome, meu amigo. A Geração Oregon Trail cresceu com Spielberg, Michael Jackson e Mario Bros. Assistimos a desenhos animados como *He-Man* e *Transformers*, *Alvin e os Esquilos* e *Duck Tales*. Nós aprendemos sobre livros em *Reading Rainbow*.** Nós crescemos obcecados com franquias como *Star Wars*, *Indiana Jones*, *De Volta para o Futuro* e *Os Caça-Fantasmas*. E andávamos de bicicleta."

As crianças da Escola Hawkins — incluindo Will, Mike, Lucas, Dustin, Eleven e Max — são, sem dúvida, parte dessa geração. Eu também sou — que é uma das razões pelas quais a série ressoa comigo. E apesar de estarem no lado mais jovem da geração, tendo nascido em 1984, os Irmãos Duffer também são.

---

* No Brasil, os anos 1980 são conhecidos como a década perdida em termos de economia, por conta da inflação galopante. Contudo, vivemos o final do período da ditadura militar, o florescimento do rock nacional, o nascimento de programas infantis como *Balão Mágico* e *Xou da Xuxa*, o Atari, o *Chaves*, o primeiro Rock em Rio e o pogobol (pelo menos, inteiramente importante para a tradutora que faz parte da Geração Xennial).

** Um programa educacional dos Estados Unidos. Aqui, no Brasil, diríamos que fomos a geração do *Rá-Tim-Bum* e do *Glub Glub*.

JOSEPH VOGEL

STRANGER FANS

Anos 1980 2.0

O universo oitentista respira com muita vida no imaginário de Stranger Things

04. Há uma razão pela qual uma criança que cresceu na Califórnia e uma criança que cresceu em Indiana ou na Carolina do Norte ou no Colorado têm lembranças semelhantes dos anos 1980. É porque, quaisquer que sejam os distintos detalhes regionais e familiares de nossas vidas, nossas memórias estão saturadas de padrões compartilhados da cultura popular. Como explica o autor e jornalista David Sirota, os anos 1980, para nós, não foram bem um momento histórico, mas uma linguagem. "Não me lembro dos anos 1980",[10] ele explica, "tanto quanto falo e penso como se viesse dele." Sirota escreve sobre como ele e seus irmãos, apesar de todas as suas diferenças, "acabaram criando um dialeto comum cheio de referências dos anos 1980 que serviram como um código Morse diplomático — ele serve para criar pontes entre conflitos, firmar compromissos e preencher silêncios desconfortáveis".[11]

O que era esse código Morse? "Em nossa casa",[12] explica Sirota, "você pode obter perdão com uma boa imitação de *Antes Só do que Mal Acompanhado* ('Desculpe', sussurrado como Del Griffith vestido de pijama), exigir que alguém faça alguma coisa citando *Indiana Jones* ('Faça, agora!', com o punho cerrado) [...] descrever o tempo nos termos do *O Império Contra-Ataca* ('Parece *Hoth* lá fora!'), e pedir a qualquer um que faça qualquer coisa com o mantra genérico de *Rocky III* ('Vá em frente', resmungado com a inflexão gutural do garanhão italiano)."

Nós vemos essa "linguagem secreta" o tempo todo em *Stranger Things*. As crianças fazem todo tipo de alusão à cultura pop, de *Halloween* a *Star Wars*, passando por *Os Caça-Fantasmas*. Essas referências não são apenas inteligentes e irônicas. Era assim que as crianças falavam nos anos 1980. Além disso, vemos referências visuais constantes que lembram nossos filmes favoritos daquela década; ouvimos as músicas que tínhamos em nossa coleção de fitas cassete; nós reconhecemos partes dos romances de Stephen King (e suas adaptações cinematográficas).

A linguagem secreta que acompanha a série faz qualquer fã do universo oitentista sorrir de orelha a orelha: são filmes, músicas e roupas que nos dão um aceno nostálgico

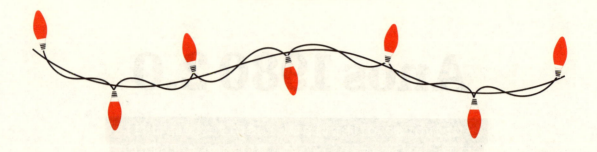

Mais do que qualquer cineasta, desde aqueles que estavam fazendo filmes na década de 1980, os Irmãos Duffer decifraram o código dos anos 1980. Como eles fizeram isso?

Em parte, foi simplesmente uma extensão natural de seus interesses e inspirações. Uma vez que eles decidiram colocar a série na era Reagan, explicam, isso lhes permitiu "prestar homenagem a todas as coisas que mais nos inspiravam. Talvez pudéssemos captar um pouco da sensação dos livros de Stephen King e dos filmes de Spielberg. Nós deixamos que todas essas influências convergissem para a ideia do seriado."[13]

No entanto, o seu conhecimento enciclopédico da década nunca teve a intenção de parecer óbvio ou soar como uma artimanha. Não pretendia ser uma ladainha interminável de *easter eggs* dos anos 1980. Matt Duffer explica:

"Às vezes eu vejo pessoas que escrevem sobre [*Stranger Things*] e dizem que gostam que o programa seja 'autoconsciente'. E eu acho que eu não queria que ele fosse autoconsciente de verdade. Nós nunca quisemos ser irônicos; nós não queríamos piscar para o público e dizer 'ó, tá aí a referência'. Nós queríamos que ele soasse como um daqueles filmes daquela época, esse era o objetivo. Então, a esperança que temos é que as referências não atrapalhem a imersão. Para fugir disso, a gente tentou se manter sincero sobre o que os personagens fariam naquelas situações e garantir que tudo fizesse sentido."[14]

As referências e homenagens são sobre autenticidade — não apenas do período, mas do que os cineastas, artistas e autores já traduziram desse período. Em particular, *Stranger Things* é a prole do mundo cinematográfico dos anos 1980. "Esses são os filmes que assistimos enquanto estávamos crescendo",[15] explicou Matt Duffer, "e, certo ou não, gostamos da aparência estética deles e da maneira como soam. Filmamos com uma câmera digital, mas adicionamos a textura de película, queríamos ter uma aparência muito de filme."

Esse tipo de atenção aos detalhes foi colocado em todos os elementos da série: desde a maneira como os personagens se vestem e conversam até seus penteados, decoração de quartos, bicicletas, carros e walkie-talkies. Mas também podemos perceber isso na apresentação estética da seriedade — na maneira como foi filmado, editado e produzido. "Testamos bastante para garantir que nossas imagens tivessem tons suaves e redondos como nos filmes dos anos 1980", explicou o diretor de fotografia Tim Ives. "Nosso objetivo era fazer com que a série se parecesse com algo que você perdeu e que não via fazia muito tempo. Você não viu nos anos 1980, mas podia assistir agora — uma peça encontrada. Esse era o desejo, e esse era o mantra de todos nós."[16]

Moderno & Nostálgico

A introdução agora icônica e seu diálogo com o imaginário de uma geração

05. Esse desejo nos traz de volta à sequência do título. A introdução agora icônica de *Stranger Things* foi inspirada, em parte, pelos lendários gráficos em movimento e pelo designer de títulos Richard Greenberg. Greenberg projetou várias sequências de aberturas famosas no final dos anos 1970 e 1980, incluindo *Superman*, *Alien*, *Viagem Alucinante*, *Os Goonies*, *Dirty Dancing: Ritmo Quente* e *Máquina Mortífera*. Ele era conhecido,[17] como os Duffer explicaram, "por usar as letras dos títulos para criar combinações hipnóticas de movimento e cor e sombra".

Os Duffer também se inspiraram na tipografia de muitos romances de Stephen King desse período. De acordo com a Imaginary Forces (a empresa de design contratada para criar a abertura do seriado), os irmãos enviaram pilhas de romances para transmitir sua visão de como a abertura deveria ser. Com essa orientação, designs mais modernos foram descartados e substituídos pela fonte com um visual mais retrô, a ITC Benguiat, que foi usada na capa do romance de 1980 *A Incendiária*, de King (e também está no álbum de 1987 da banda The Smiths, *Strangeways, Here We Come*).

A fonte retrô do letreiro principal foi ligeiramente curvada e alterada de branco para vermelho. Em seguida, foi colocada contra uma tela preta piscante e em movimento, para que as letras gradualmente se juntassem como um quebra-cabeça. Em contraste com as elaboradas sequências de aberturas para séries como *Game of Thrones* ou *Westworld*, era simples.

> **A abertura recria as texturas e imperfeições dos filmes dos anos 1980: os grãos, vazamentos de luz e bordas difusas — tudo para se conectar às memórias dos espectadores da série**

No entanto, a produção teve um enorme cuidado para criar efeitos sutis. Por exemplo, as transparências do título foram criadas e retro iluminadas, com técnicas semelhantes às analógicas usadas nos anos 1980. E, mesmo que a abertura tenha sido criada no computador, eles tentaram capturar as texturas e imperfeições dos filmes dos anos 1980: os grãos, vazamentos de luz e bordas difusas. Todos esses detalhes

> **O produto final era exatamente o que os Irmãos Duffer queriam: algo sombrio, mas cálido; familiar, mas misterioso. O pulso minimalista e melancólico caiu como uma luva no projeto**

contribuíram para o reconhecimento psicológico, ou para a nostalgia, que muitos espectadores experimentam quando assistem à abertura da série.

E então veio a música. Os Irmãos Duffer sabiam que queriam uma trilha sonora eletrônica. Eles amavam Spielberg, mas sentiram que o programa exigia algo diferente sonoramente — algo mais próximo da música de John Carpenter, Vangelis, Tangerine Dream ou Giorgio Moroder. Para testar essa ideia, eles montaram um trailer de filmes dos anos 1980 com a música de John Carpenter no fundo. "Assim que ouvimos os sintetizadores misteriosos de John Carpenter tocarem por cima de cenas de E.T.: O Extraterrestre, tivemos grandes arrepios. Funcionou, funcionou muito."[18] Para *Stranger Things,*[19] os Duffer procuravam algo similarmente melancólico e sintetizado — algo que "seria moderno e nostálgico ao mesmo tempo".

Eles descobriram o que estavam procurando na banda de sintetizadores de Austin, SURVIV E. Composto por dois membros, Michael Stein e Kyle Dixon, SURVIVE não era muito conhecido fora da cena eletrônica independente antes de *Stranger Things*. Eles construíram um grupo de seguidores por meio do uso de sintetizadores analógicos, em vez de músicas eletrônicas mais tipicamente criadas em Pro Tools. Assim, o som deles dava essa sensação de escutar algo vindo diretamente das décadas de 1970 e 1980, quando os sintetizadores analógicos estavam no auge. Os Irmãos Duffer descobriram o grupo por meio das contribuições que eles fizeram para o thriller de terror de 2014 *O Hóspede*. Esse filme não era muito conhecido, mas sua *vibe* retrô dialogava com os Duffer.[20]

Uma demo do SURVIVE chamada "Prophecy" acabou evoluindo para se tornar o tema principal da série. A linha de baixo foi criada em um Poland SH-2, um sintetizador popular que permite criar harmonias ricas. Eles filtraram o som para refluir e fluir no volume, aumentando gradualmente em intensidade. Eles usaram o Prophet V, outro sintetizador popular no final dos anos 1970 e 1980, para a base. Este foi o sintetizador usado em muitos filmes de John Carpenter.

Então eles acrescentaram detalhes: o brilho de um arpejo no começo; o bater do ritmo cardíaco, que acrescenta uma sensação de pressentimento e suspense; e os efeitos sonoros de zumbido elétrico. Tudo isso foi coreografado para sincronizar com a sequência de abertura. O produto final era exatamente o que os Irmãos Duffer queriam: algo sombrio, mas cálido; familiar, mas misterioso. Seu pulso minimalista e melancólico captou perfeitamente a sensação do seriado.

É essa atenção aos detalhes — fontes, sons, estilos e efeitos — que tornam *Stranger Things* especial. É o que faz o programa parecer que não se trata apenas dos anos 1980, mas que veio diretamente da década — como se, de alguma forma, os Irmãos Duffer tivessem capturado a era em uma garrafa.

Uma jornada de curiosidade

06. Os capítulos a seguir exploram a relação de *Stranger Things* com os anos 1980 por meio de onze pontos diferentes: Stephen King, Spielberg, Filmes dos Anos 1980, Música dos Anos 1980, Infância, A Era Reagan, Jogos, Ciência e Tecnologia, Comida e Moda, As Aberrações e A Jornada de uma Heroína. Embora seja concebido para a leitura contínua, também é possível ler os capítulos aleatoriamente.

Por exemplo, se você está ansioso para saber mais sobre a música de 1982 do The Clash, "Should I Stay or Should I Go?", vá para o capítulo 4. Se você quer entender como o seriado tem referências dos lendários filmes adolescentes de John Hughes (*O Clube dos Cinco*, *Curtindo a Vida Adoidado* etc.), vá para o capítulo 3. Se você quiser saber o significado dos waffles Eggo, consulte o capítulo 9. E se você quiser saber qual romance de Stephen King foi mais influente para os Irmãos Duffer, bem, você está quase lá — vá para o capítulo 1.

Estabeleci o número de capítulos (onze) em homenagem a ela, sim: Eleven, o personagem icônico interpretado por Millie Bobby Brown. O capítulo 11 concentra-se principalmente em seu significado cultural, bem como em sua "jornada da heroína" na série.

Esteja ciente: os spoilers são abundantes ao longo do livro. Ele deve ser lido depois de assistir à série.

Não há dúvida de que parte do apelo de *Stranger Things* tem a ver com a nostalgia — as pessoas adoram revisitar o passado, e os anos 1980, por diversas razões, se mostraram particularmente cativantes. Em um artigo de 2018, a *Newsweek* perguntou: "Por que amamos tanto os anos 1980?", apontando não apenas para o fenômeno *Stranger Things*, mas também para filmes como *Jogador Número Um*, álbuns como *1989* de Taylor Swift e o renascimento dos estilos e das modas da década de 1980.

Muitas vezes, esquecemos que esse reavivamento foi, em grande parte, impulsionado pelos jovens. Isso é o que fez de *Stranger Things* um fenômeno. Muitos dos fãs mais ardentes da série não cresceram durante os anos 1980. A série é tão popular, se não mais, entre os Millenials e a Geração z quanto é para a Geração x e os Xennials. Os fãs jovens são fascinados pela história dentro da história: eles querem saber mais sobre The Clash, Stephen King e *Os Caça-Fantasmas*; eles estão encantados com as bicicletas, os walkie-talkies e a liberdade para vagar por aí depois da escola.

É disso que este livro trata — todos os detalhes, conexões, referências e inspirações do período que tornam o programa o que é. Dustin chamaria isso de "jornada de curiosidade".

Então... se você viveu os anos 1980 ou não, este livro é seu DeLorean, e estamos voltando para a era Reagan. São poucos os seriados que encorajam esse tipo de jornada, e menos ainda aqueles que levam você em uma viagem como a de *Stranger Things*.

REC ◻ 🔋

STEPHEN KING

ESTRANHO MESTRE

Em julho de 2016, o autor best-seller Stephen King tuitou que assistir *Stranger Things* era como assistir a uma mistura de seus maiores sucessos. "Eu digo isso como uma coisa boa",[1] esclareceu. Não estava errado.

Os fãs do escritor de terror documentaram em detalhes conexões exaustivas — umas mais sutis, outras explícitas — entre o trabalho de King e *Stranger Things*. Por sua vez, os Irmãos Duffer reconheceram com gratidão essa influência em quase todas as entrevistas que deram falando sobre o programa. "Ele foi uma inspiração enquanto crescíamos",[2] disse Ross Duffer ao *The Hollywood Reporter*. "Ele é como um deus para nós e, portanto, é surreal apenas poder conversar com ele." Parte do que *Stranger Things* lembrou aos telespectadores é a influência gigantesca de Stephen King — não apenas para os Duffer, mas para os anos 1980 de forma mais ampla.

Naquela década, King era um fenômeno cultural. Seus romances eram onipresentes em mercearias, shoppings e bancas de jornal. Em termos de vendas de livros, era difícil de competir com ele, que vendeu cerca de 100 milhões de cópias ao longo da década. Em 1987, quatro de seus romances apareceram na lista de mais vendidos do *New York Times* ao mesmo tempo, algo que nunca havia acontecido antes.

Segundo a *Publisher Weekly*,[3] dos 25 livros mais vendidos da década, sete foram escritos por King.

Em uma reportagem de capa da *Time* sobre o autor,[4] em 1986, King se descreveu como "o equivalente literário de um Big Mac e batatas fritas do McDonald's". A observação de King capturou seu apelo generalizado às pessoas comuns. No entanto, ele também destacou uma crítica comum — que seu trabalho era "ficção de gênero" barata, estereotipada e frívola (o crítico literário Harold Bloom o considerava infame como "outro golpe do chocante processo de emburrecer nossa vida cultural".[5]

> **"Assistir Stranger Things é como ver Os Melhores de Steve King. Eu digo isso como uma coisa boa."**
> **— Stephen King, 17 de julho de 2016**

No entanto, independente dessas críticas esnobes, os romances de King ressoaram — não apenas porque falavam tão intimamente aos leitores, mas também porque falavam diretamente ao período em que foram divulgados. O trabalho de King era sobre o que estava abaixo da superfície plácida — o pesadelo sob o tal Sonho Americano.[6] Ele escreveu sobre o fanatismo religioso, conspirações do governo, abuso de drogas e álcool, discriminação, intimidação e pânico social. Seu trabalho explorou nossos medos, ansiedades, segredos e pecados. Seus personagens eram muitas vezes estranhos, malucos, perdedores e solitários.

Quando as pessoas compravam (ou retiravam da biblioteca) um livro de Stephen King, elas sabiam que teriam uma história que era garantia em entreter — e, geralmente, em aterrorizar. Claro, essa fórmula chamou a atenção nos anos 1980. Os romances não eram apenas maciçamente populares, muitos também foram adaptados para filmes icônicos, incluindo:

- *O Iluminado* (romance publicado em 1977;* filme lançado em 1980);
- *A Zona Morta / Na Hora da Zona Morta* (romance publicado em 1979; filme lançado em 1983);
- *A Incendiária / Chamas da Vingança* (romance publicado em 1980; filme lançado em 1984);
- *Cujo* (romance publicado em 1981; filme lançado em 1983);
- *O Concorrente / O Sobrevivente* (romance publicado sob o pseudônimo de Richard Bachman, em 1982; filme lançado em 1987);
- *Outono da Inocência* (conto publicado na coleção *Quatro Estações* em 1982; filme *Conta Comigo*, lançado em 1986);
- *Primavera Eterna* (conto publicado na coleção *Quatro Estações* em 1982; filme *Um Sonho de Liberdade*, lançado em 1994);
- *O Cemitério / Cemitério Maldito* (romance publicado em 1983; filme lançado em 1989);
- *A Coisa / IT: Uma Obra-Prima do Medo / IT: A Coisa* (romance publicado em 1986; filme para TV lançado em 1990; longa-metragem lançado em 2017);
- *Angústia / Louca Obsessão* (romance publicado em 1987; filme lançado em 1990).

A prolífica produção de King nesse período — e sua saturação cultural por meio de livros e filmes — é, provavelmente, inigualável. Como o autor Tony Magistrale coloca: "O que os Beatles eram para o rock nos anos 1960, Stephen King era para a ficção de horror e para o cinema nos anos 1980".[7]

---

* Optamos por deixar as datas das publicações originais nos Estados Unidos, para que o leitor possa entender seu impacto para os criadores de *Stranger Things*.

Conta Comigo

Sobre jornadas — às vezes traiçoeiras, engraçadas ou comoventes

01. Como a influência de King se manifesta em *Stranger Things*? Como mencionado na introdução, a conexão começa na sequência de abertura. Esse estilo de fonte retrô em vermelho-sangue é exatamente a mesma tipografia — ITC Benguiat — usada em muitos romances de Stephen King nos anos 1980, incluindo *A Incendiária*. Além disso, o clima da série tem a mesma sensação sombria e pressagiosa do trabalho de King.

A conexão fica ainda mais clara no capítulo 4 da primeira temporada ("O Corpo"). O título do episódio é uma homenagem ao conto de mesmo nome de King, incluído em sua coleção de 1982, *Quatro Estações*. No Brasil, ele foi chamado de "Outono da Inocência". Essa história é mais conhecida como o material fonte do filme clássico de 1986, *Conta Comigo*, dirigido por Rob Reiner e apresentando performances de destaque de Wil Wheaton (Gordie), River Phoenix (Chris), Corey Feldman (Teddy) e Jerry O'Connell (Vern). O filme é amplamente reconhecido como um dos melhores filmes de amadurecimento de todos os tempos.

Até mesmo Stephen King elogiou o filme como sua adaptação favorita de seu trabalho. "Eu achei que se manteve fiel ao livro",[8] ele explicou, "(...) tinha a gradação emocional da história. Era emocionante... Quando o filme acabou, eu abracei [o diretor Rob Reiner] porque eu estava às lágrimas, pois era muito autobiográfico."

Ross Duffer descreve *Conta Comigo* como o "pináculo de performances infantis em filmes ou séries",[9] uma autenticidade que ele queria replicar em *Stranger Things*. De fato, os Duffer admiravam tanto as interpretações que, quando procuravam atores para o seriado, eles pediam às crianças que recitassem as falas do filme em suas audições.

Essa decisão faz muito sentido, considerando o quanto *Stranger Things* dependia de escalar atores infantis que, como em *Conta Comigo*, parecessem totalmente redondos e reais. Além disso, ambas as histórias capturam um momento semelhante na vida. Como *Conta Comigo*, *Stranger Things* apresenta quatro jovens que embarcam em uma jornada juntos. Essa jornada, às vezes traiçoeira, às vezes engraçada, às vezes profundamente comovente, não apenas permite que eles cresçam como indivíduos, mas também solidifica seu vínculo como amigos.

Várias cenas de *Stranger Things* inspiram-se diretamente em *Conta Comigo*. Qualquer um familiarizado com o filme reconheceu imediatamente o visual na primeira temporada, capítulo 5 ("A Pulga e O Acrobata"), quando as crianças caminham pelos trilhos do trem. É quase idêntico à icônica caminhada no trilho de ferro em *Conta Comigo* — só que, em vez de quatro garotos, Eleven (Millie Bobby Brown) faz parte da equipe, andando ao lado de Mike (Finn Wolfhard), enquanto Lucas (Caleb McLaughlin) caminha ao lado de Dustin (Gaten Matarazzo). Os Duffer reconheceram a inspiração de *Conta Comigo* para a cena (que é revisitada na segunda temporada, desta vez com Steve, interpretado por Joe Keery, e Dustin percorrendo os trilhos).

Essas cenas não ficam só bonitas na câmera, elas simbolizam a jornada das crianças. Também representam uma encruzilhada, sugerindo que os personagens acabarão em um lugar diferente daquele em que começaram. Talvez o aspecto mais importante, as cenas do trem permitem que *Stranger Things* faça o que *Conta Comigo* fez tão bem — capturar a vulnerabilidade e a camaradagem dos personagens. Aqui, longe da escola, da casa e da cidade, eles podem ser verdadeiramente honestos uns com os outros.

Como em *Conta Comigo*, as crianças de *Stranger Things* estão procurando por algo — literal e figurativamente. Em *Conta Comigo* é um corpo morto; em *Stranger Things*, o amigo perdido, mas — eles esperam — ainda vivo, Will (interpretado por Noah Schnapp). O que eles estão procurando em sentido figurado é mais complexo: uma fuga, uma aventura, uma conexão, um entendimento. O que as duas histórias fazem tão bem é mostrar a intimidade da amizade infantil. Como reflete o narrador de *Conta Comigo*: "Eu nunca mais tive amigos como os que eu tive quando tinha doze anos. Meu Deus, e alguém tem?".

A amizade é fundamental em *Conta Comigo* e em *Stranger Things*. É tão importante para os meninos que eles se sentem obrigados a explicar para Eleven, que nunca teve amigos antes, o que aquilo significa. Os amigos cumprem suas promessas, eles dizem a ela. Amigos não mentem. Os amigos protegem uns aos outros. Eleven é enfim aceita no grupo por fazer exatamente essas coisas.

Vemos uma série de exemplos de sua lealdade ao longo da primeira temporada. No capítulo 6 ("O Monstro"), por exemplo, Dustin e Mike são emboscados por seus arqui-inimigos, Troy e James. Troy coloca uma faca na garganta de Dustin, ameaçando cortar seus dentes se Mike não pular do penhasco para o lago abaixo. A cena se assemelha a uma cena de *Conta Comigo*, em que os meninos finalmente descobrem o corpo perdido, apenas para serem confrontados por Ace Merrill e sua gangue.

Como Troy com Dustin, Ace puxa um canivete contra Chris. Nas duas cenas, porém, os garotos ameaçados escapam — em *Conta Comigo*, quando Gordie inesperadamente puxa uma arma para salvar seu amigo Chris; em *Stranger Things*, por meio do heroísmo sobrenatural de Eleven, que primeiro resgata Mike no ar durante sua queda do penhasco, e depois quebra o braço de Troy com sua mente. As duas cenas são momentos dramáticos em suas respectivas histórias; no entanto, elas também demonstram a importância da amizade verdadeira.

Os Duffer sabiam que queriam capturar a magia de *Conta Comigo* (e sua história de origem, "Outono da Inocência") em *Stranger Things*: uma história de amadurecimento assustadora e cheia de suspense, mas também emocionalmente tocante. "Nós amamos essa história e esse filme com todos os nossos corações de menino, e seu DNA está escrito em todo o seriado",[10] eles reconheceram.

O sentimento, aparentemente, é mútuo. Não apenas Stephen King expressou admiração pela série; Wil Wheaton, que interpretou Gordie em *Conta Comigo*,[11] elogiou *Stranger Things*, chamando a série de "uma das melhores coisas que já experimentei em minha vida como espectador".[12]

Assim como o fez em *Conta Comigo*, ele atribui grande parte de sua ressonância aos personagens. "É o que faz algo como *Stranger Things* tão maravilhoso e tão gratificante e tão memorável. Nós conseguimos ver atores que nunca vimos antes se tornarem esses papéis. Podemos aceitar os personagens, e eles se tornam reais da mesma forma que os personagens de *Conta Comigo* foram para a nossa geração", diz.

JOSEPH VOGEL

STRANGER FANS

It: A Coisa

**Entre palhaços e Demogorgons:
seres tão aterrorizantes quanto mortais**

02. Tão profundamente inserido no DNA de *Stranger Things* está outro clássico de Stephen King: o extenso romance de 1200 páginas *It: A Coisa*. Originalmente lançado em 1986, se tornou uma sensação logo em seguida, vendendo mais de 800 mil cópias em sua primeira edição e passando quatorze semanas no topo da lista de mais vendidos do *New York Times*. Apesar de suas falhas, é considerado um dos melhores romances de King.

Perguntados pelo *Hollywood Reporter* sobre qual dentre todos os livros de Stephen King foi o mais formativo para eles, ambos os Irmãos Duffer apontaram *It*. "É o maior",[13] confirmou Ross, "e é, óbvio, uma grande inspiração para o seriado. Essa é provavelmente a maior [influência], eu acho que tem a ver com a idade dos personagens da série, que é parecida com a dos jovens no romance. Então, não é que os outros livros dele não sejam incríveis, eles são." Matt concordou: "O fato da idade provavelmente teve o maior impacto sobre nós quando relemos, fazia um cinco ou seis anos que eu não lia, mas é um livro tão incrível".

Como *Conta Comigo*, trata-se de um grupo de amigos desajustados — eles se autoproclamam "O Clube dos Otários" — que estão juntos lutando contra o trauma e enfrentando terrores internos e externos. Esse terror e esse trauma vêm de várias fontes. Há a Gangue Bowers — um grupo de valentões liderados pelo sádico e sociopata Henry Bowers. Um corolário de Henry em *Stranger Things* é Billy (interpretado por Dacre Montgomery): um "antagonista humano" igualmente abusivo, racista e homofóbico, que, como Henry, tem ele mesmo uma história de abuso.

> **"Talvez não existam coisas como amigos bons ou ruins. (...) Só pessoas com quem você quer e precisa estar; pessoas que constroem casas no seu coração."**
> **— It: A Coisa**

E então há A Coisa, a criatura misteriosa, demoníaca e mutante que assume a forma do maior medo de cada criança. Sua forma mais comum, é claro, é como o palhaço Pennywise — um dos vilões mais emblemáticos de todos os tempos. Pennywise atrai George para o esgoto, de onde o menino nunca mais volta. Mas seu apetite por crianças se estende desde muito antes daquele terrível incidente em 1957. Ele é um ser primordial, que volta para assombrar e atacar os jovens de Derry, Maine, a cada 27 anos.

Em *Stranger Things*, as crianças também encontram uma criatura misteriosa e sobrenatural que ataca os humanos. Como em *It*, esta criatura não tem nome até que os meninos, a partir do jogo de RPG *Dungeons & Dragons*, decidem batizá-lo de Demogorgon. Assim como A Coisa, o Demogorgon é uma criatura principalmente subterrânea, emergindo de outra dimensão: o Mundo Invertido. E, como A Coisa, o Demogorgon é tão aterrorizante quanto mortal. Confrontar-se com essa fonte primordial de medo e terror, como em *It*, torna-se o conflito central da primeira temporada de *Stranger Things* (na segunda temporada, o vilão primário se torna o mal cósmico, o Devorador de Mentes).

Assim como A Coisa, o Demogorgon é uma criatura principalmente subterrânea, emergindo de outra dimensão: o Mundo Invertido. E, como A Coisa, o Demogorgon é tão aterrorizante quanto mortal.

Além dessas semelhanças conceituais maiores, há uma série de alusões mais específicas a *It* em *Stranger Things*. Na primeira temporada, capítulo 1 ("O Desaparecimento de Will Byers"), vemos um flashback em que Joyce surpreende Will com ingressos para ver o filme de terror de 1983, *Poltergeist — O Fenômeno*. Will garante a sua mãe que ele vai ficar bem assistindo o filme, que ele não fica mais com medo, ao que ela responde: "Ah, é? Nem mesmo de… palhaços?". Uma referência clara a *Pennywise* (embora o romance tecnicamente só seria publicado em alguns anos).

Na segunda temporada, capítulo 3 ("O Girino"), os palhaços surgem novamente. Desta vez Will está conversando com Bob Newby (interpretado por Sean Astin), que se ofereceu para levá-lo à escola. Empático ao trauma ainda persistente de Will dos eventos do ano anterior, Bob conta a ele sobre uma experiência que teve quando criança, no qual ele estava esperando na fila de uma feira quando um palhaço chamado Mr. Baldo tocou seu ombro: "Ei, garoto, você gostaria de um balão?", o palhaço disse. A frase é quase idêntica a uma frase da adaptação cinematográfica de *It*, quando Pennywise pergunta a George: "Você quer um balão?", antes de atraí-lo para o esgoto.

Depois da estreia da segunda temporada,[14] os fãs de *Stranger Things* levaram a conexão um passo adiante. Bob Newby, os fãs notaram, era do Maine, e teria sido uma criança no final dos anos 1950: a localização e o período de tempo exatos de *It*. Seria possível que esses dois mundos fictícios estivessem colidindo? Bob era precisamente um dos garotos de *It*? Os Irmãos Duffer não confirmaram ou rejeitaram a teoria.

Em uma entrevista para a *Vulture*, no entanto, Matt Duffer reconheceu que, como Bob, ele e seu irmão tinham um medo enorme de palhaços — em grande parte por causa de *It*. "Foi um problema real para mim",[15] disse ele. "Então, em 1990, vimos a minissérie *It* e o desempenho de Tim Curry, e Pennywise realmente mexeu comigo. Tipo, isso me assustou pra caramba. Foi uma das primeiras coisas verdadeiramente horrorosas que eu tinha visto, e eu não tinha experimentado nada do Stephen King antes. Essa foi minha primeira experiência com King, então esse foi um ponto importante de verdade em minha vida. Foram pelo menos duas semanas sem dormir por causa disso. Então, sim, eu acho que [a história do palhaço de Bob] era realmente eu descrevendo algo que me assustou. Eu não tive essa experiência de fato. Eu tinha pesadelos assim."

Se Bob pertencia mesmo ao mundo ficcional de *It*, isso é deixado para o público decidir, mas Matt Duffer admite que "Stephen King existe neste mundo".[16]

Outra conexão com *It* é Lucas usando um estilingue. Dustin tira sarro repetidas vezes de Lucas por achar que pode enfrentar um Demogorgon com uma arma tão inferior. O estilingue, no entanto, carrega uma associação mítica como a arma do oprimido. Foi a arma que Davi usou para derrotar Golias. Encontra-se precisamente neste contexto na adaptação de 1990, em que Pennywise é finalmente derrubado por uma criança com um estilingue. Da mesma forma, em *Stranger Things*, Lucas usa o estilingue no confronto final com o Demogorgon na primeira temporada, capítulo 8 ("O Mundo Invertido"). Enquanto os primeiros tiros quase não atingem o monstro, o tiro final vai direto em sua cabeça, jogando a criatura contra a lousa da sala de aula, para que Eleven possa efetivamente terminar o serviço.

Tão grande era o interesse deles por *It*, que os Irmãos Duffer realmente falaram com a Warner Bros. para dirigir a adaptação cinematográfica de 2017 do romance (isso foi em 2014, antes de *Stranger Things*).

Outra conexão com It: A Coisa é Lucas usando um estilingue. Este objeto carrega uma associação mítica como a arma do oprimido — foi a arma que Davi usou para derrotar Golias.

Como era um romance muito extenso, a ideia deles era fazer uma série de oito a dez horas. No final, contudo, o filme foi entregue a um diretor mais reconhecido, Andy Muschietti. Sua adaptação do romance, lançada em 2017, foi um enorme sucesso, tornando-se o filme de terror de maior bilheteria de todos os tempos. Ironicamente, também contou com um dos principais atores de *Stranger Things*, Finn Wolfhard (Mike), que interpreta Richie em *It: A Coisa*.

JOSEPH VOGEL
STRANGER FANS

Já leu Stephen King?

Carrie e A Incendiária, de Stephen King, também serviram de inspiração

03. Além das duas grandes referências — *Conta Comigo* e *It* —, há várias outras alusões a Stephen King em *Stranger Things*. Quando o xerife Hopper (interpretado por David Harbour) e Joyce (interpretada por Winona Ryder) visitam Terry Ives na primeira temporada, capítulo 6 ("O Monstro"), sua irmã Becky explica que Terry acreditava que sua filha (Jane) tivesse sido roubada dela por conta de suas "habilidades especiais". Joyce pergunta o que ela quer dizer com habilidades especiais. "Já leu algum livro do Stephen King?", Becky diz. "Telepatia, telecinesia... você sabe, coisas que você pode fazer com a sua mente." A cena termina, não por coincidência, com um palhaço móvel girando ameaçadoramente sobre o berço da criança desaparecida.

> **"Carrie fala sobre como as mulheres encontram seus próprios canais de poder (...) [ela] usa seu 'talento selvagem' para derrubar toda aquela sociedade podre." — Stephen King**

A frase "Já leu Stephen King?" refere-se, claro, a dois romances clássicos do autor sobre garotas com habilidades sobrenaturais: *Carrie: A Estranha* e *A Incendiária*. Publicado em 1974, *Carrie: A Estranha* fala sobre uma menina no ensino médio que é intimidada e atormentada por seus colegas até que ela finalmente não aguenta mais e evoca vingança com seus poderes telecinéticos.

Carrie foi o primeiro romance publicado de Stephen King. É também um dos seus mais controversos, ainda frequentemente proibido em muitas escolas americanas. Para King, no entanto, o romance tratou de um assunto importante: "*Carrie*, em grande parte, fala sobre como as mulheres encontram seus próprios canais de poder, e o que os homens temem sobre mulheres e sua sexualidade",[17] ele refletiu: "Para mim, Carrie White é uma triste adolescente abusada, um exemplo frequente do tipo de pessoa cujo espírito acaba quebrado para sempre, por conta daquele poço de feras canibais que chamamos de colégio suburbano normal. Mas ela também é mulher, sentindo seus poderes pela primeira vez e, como Sansão, destruindo todos os inimigos a vista... Carrie usa seu 'talento selvagem' para derrubar toda aquela sociedade podre".

O romance de King foi adaptado em um filme de Brian de Palma estrelado por Sissy Spacey, em 1976,

que se tornou um clássico cult. Muitos espectadores notaram o momento em que a mão de Nancy se estende para fora do portal na árvore da primeira temporada, no capítulo 5 ("O Monstro"), e como isso se assemelhava à icônica cena final de *Carrie*.

A conexão mais significativa do seriado com *Carrie*, claro, é entre suas protagonistas femininas, Carrie e Eleven — do abuso que sofrem (Carrie em sua escola, Eleven no Laboratório Nacional de Hawkins), ao isolamento e solidão, à percepção gradual de seus poderes. Eleven é menos destrutiva, mas, como Carrie, pode chegar até o ponto de ruptura. Afinal de contas, ela mata várias pessoas nas duas primeiras temporadas e machuca muitas outras.

Talvez *A Incendiária* seja ainda mais influente em *Stranger Things*. O livro *A Incendiária* foi publicado em 1980 e adaptado para um filme — estrelado por Drew Barrymore — em 1984. Como *Stranger Things*, *A Incendiária* apresenta uma agência governamental sinistra — conhecida como *A Oficina* — que usa seres humanos para experimentos induzidos por drogas. No romance de King, a jovem protagonista feminina, Charlie McGee, também possui uma habilidade especial: pirocinese, a capacidade de criar fogo com sua mente. Os pais de Charlie também têm habilidades especiais: sua mãe, Victoria, tem poderes telecinéticos e seu pai, Andy, tem um poder auto-hipnótico chamado "o empurrão". Essas habilidades, como em *Stranger Things*, são testadas e exploradas pelo governo até que Andy e Charlie conseguem escapar.

Como Eleven, as habilidades de Charlie gradualmente se tornam mais e mais fortes. E como Eleven, ela é forçada a usar esses poderes, enquanto os agentes do governo perseguem-na implacavelmente. A duas personagens, em essência, são fugitivas esquisitas, que devem se esconder, se evadir e se afastar daqueles que pretendem usá-las e controlá-las. Se a conexão entre as histórias já não é suficientemente visível, vale comentar que, na adaptação cinematográfica dirigida por Mark Lester, o pai de Charlie, Andy, sangra pelo nariz quando usa seu poder, exatamente como Eleven.

JOSEPH VOGEL

STRANGER FANS

Eu amo esse livro

Stephen King, o mestre da literatura dark, aparece muito em Stranger Things

04. Quer mais conexões com Stephen King? Que tal a referência a Steve Harrington como "King Steve" [Rei Steve], uma inteligente inversão do nome do autor? Ou o título da primeira temporada, capítulo 2 — "A Estranha da Rua Maple" —, que não só lembra o clássico episódio de *Além da Imaginação*, "O Monstro da Rua Maple", mas também o conto de King escrito em 1993, "A Casa da Rua Maple".

Quando Joyce corta a parede externa de sua casa com um machado na primeira temporada, capítulo 3 ("Caramba"), muitos espectadores reconheceram a semelhança com a cena icônica de *O Iluminado* de Stanley Kubrick — baseado no romance de King, escrito em 1977 —, quando Jack passa pela porta do banheiro, gritando: "Aqui está o Johnny!". Ross Duffer também reconheceu que algumas das tomadas de ângulo aberto nos corredores da escola foram inspiradas em *O Iluminado*.

A resposta de Stephen King ao vasto leque de alusões e homenagens ao seu trabalho em *Stranger Things* foi positiva. Depois de assistir a primeira temporada, ele tuitou: "*Stranger Things* é pura diversão. Nota A+. Não perca. Winona Ryder brilha".[18] Ele também tuitou sua aprovação depois da segunda temporada: "*Stranger Things* 2: Senhoras

e senhores, é assim que se faz: sem papo furado, com o pé no acelerador do entretenimento. Direto ao ponto".[19]

Os criadores da série ficaram compreensivelmente aliviados e honrados por receber tais elogios de seu herói de infância. "Ele é incrível",[20] disse Matt Duffer, "e quando ele tuitou sobre *Stranger Things*, eu estava tentando não chorar, porque isso foi logo antes da estreia... Faltavam vinte minutos antes da gente entrar no carro pra ir, e eu pensava 'como posso funcionar agora?'".

A resposta de King ao vasto leque de alusões e homenagens ao seu trabalho foi positiva: "Stranger Things é pura diversão. A+. Não perca. Winona Ryder brilha".

Os Duffer tentam claramente prestar homenagem ao homem de quem tiraram tanta inspiração. Talvez um dos melhores tributos prestados a

Stephen King na série esteja na primeira temporada, capítulo 4 ("O Corpo") — o episódio mencionado anteriormente por compartilhar seu título com o conto clássico de King. O xerife Hopper vai ao necrotério para verificar o que pode ou não ser o corpo de Will. Quando ele chega, um guarda de segurança está sentado em uma cadeira, lendo concentrado um livro — que acaba sendo um romance de Stephen King.

Na contracapa, vemos uma foto do autor. Não vemos a capa. Mas, quando Jim Hopper passa correndo, ele dá um sorriso, antes de comentar: "Eu amo esse livro... É um vira-lata terrível". A referência é a *Cujo*, o clássico romance de King sobre um cão raivoso, escrito em 1981 e adaptado para o cinema em 1983, o mesmo ano em que ocorre a primeira temporada de *Stranger Things*. É um reconhecimento apropriado para o autor mais influente para a série e o escritor mais popular dos anos 1980.

"Ele [Stephen King] é incrível! E quando ele tuitou sobre Stranger Things, eu estava tentando não chorar, porque isso foi logo antes da estreia." — Matt Duffer

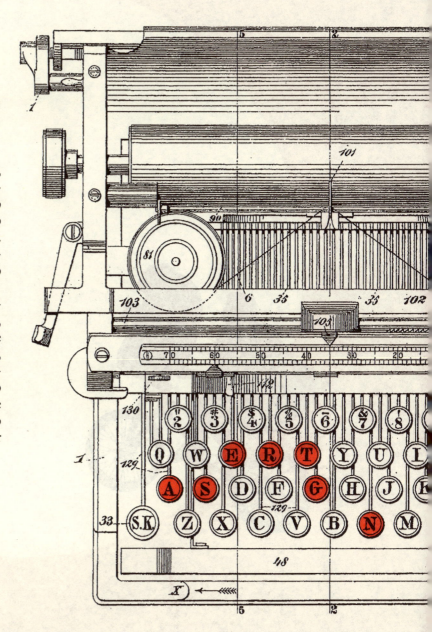

STEVEN SPIELBERG

O NARRADOR VISUAL DOS ANOS 1980

Se alguém foi tão importante para a cultura dos anos 1980 quanto Stephen King, esse alguém foi o lendário cineasta Steven Spielberg. De fato, os dois compartilham muito em comum: ambos têm a mesma idade; ambos dispararam para a estratosfera em meados dos anos 1970 com contos revolucionários de "gênero" (*Carrie: A Estranha* e *Tubarão*); e ambos têm preocupações temáticas semelhantes — infância, desajustados, mistério, fantasia.

"Eu não sei como Stephen King e eu não somos parentes de sangue",[1] disse Spielberg à *Entertainment Weekly* em uma entrevista em 2018. "Eu não posso acreditar que Stephen King não é parte judeu, e eu não posso acreditar que nós não fizemos um filme juntos. Eu realmente acho que Stephen e eu temos uma conexão espiritual em termos de filmes e histórias que adoramos contar."

O par quase se juntou em *Poltergeist — O Fenômeno*, em 1982, mas conflitos de agenda impediram que a colaboração viesse à tona. Suas carreiras, no entanto, surgiram nos anos Reagan em fluxos paralelos. Como King, é impossível imaginar os anos 1980 sem Spielberg. Para as crianças que cresceram na década, seus filmes foram plantados profundamente em nossa consciência coletiva. Eles nos deram um conjunto compartilhado de arquétipos, símbolos, personagens, histórias. Eles nos deram uma linguagem comum.

Spielberg foi, sem dúvida, o narrador visual mais influente de uma geração. Alguns críticos sentiam que seus filmes eram juvenis, sentimentais e exagerados. Eles o identificaram — juntamente com o criador de *Star Wars*, George Lucas — como o principal culpado pelo emburrecimento geral e pela suavização do conteúdo dos filmes e uma escalada destes ao patamar de espetáculo, excesso e mercantilização de *blockbusters*. Os filmes de Spielberg às vezes eram depreciativamente chamados de "sessão da tarde" — código para escapismo barato direcionado ao gosto grosseiro das massas.

> "Eu realmente acho que Stephen e eu temos uma conexão espiritual em termos de filmes e histórias que adoramos contar."
> — Steven Spielberg

Mas para a maioria dos espectadores, a opinião era diferente. Seus filmes eram embalados com fantasia, magia, aventura. Como não se empolgar com *Contatos Imediatos de Terceiro Grau*, *Tubarão*, *E.T. — O Extraterrestre* e *Indiana Jones*? Eles eram pura euforia cinematográfica. Representavam uma espécie de limiar: entre a infância e a idade adulta, entre a inocência e a experiência, entre o conhecido e o desconhecido, entre o medo e a transcendência. Uma vez que você entrava no universo de Spielberg, você nunca mais era o mesmo.

Esta foi certamente a experiência dos Irmãos Duffer. Eles não só cresceram com filmes de Spielberg; eles se tornaram estudantes de seu ofício — obcecados com a forma como a magia na tela era criada.

Eles queriam aquele "DNA da *Amblin*", como descreveram, em *Stranger Things*. Ross Duffer explica: "O que Spielberg fez nos anos 1980 foi adotar esse tipo de temática de filme B, como discos voadores ou tubarões assassinos, e a levou para outro nível. Neste novo formato, [nossa ideia era] poder voltar atrás e tentar fazer um pouco do que ele fez, pegar algo que fora relegado ao brega e fazer uma versão de outro nível".[2] O diretor de fotografia Tim Ives disse que o mantra no set da primeira temporada era: "O que Spielberg faria?".[3]

JOSEPH VOGEL

E.T.: O Extraterrestre

Uma obra sobre um garoto solitário
e sua amizade com um alienígena

01. É claro que o mantra foi levado a sério. Nenhum diretor é tão essencial ao mundo de *Stranger Things* quanto Steven Spielberg. E nenhum filme é tão importante para a série quanto o *E.T. — O Extraterrestre*.

Lançado no verão de 1982, ninguém esperava que o filme se tornasse um *blockbuster*, e muito menos que seria a maior bilheteria de todos os tempos até aquele momento. Enquanto Spielberg o dirigiu, o filme tinha sido escrito e produzido por mulheres (Melissa Mathison e Kathleen Kennedy, respectivamente), uma raridade na indústria. Não apresentava grandes estrelas do cinema e foi feito com um orçamento relativamente pequeno — dez milhões de dólares (para contextualizar, o filme de 1978, *Superman*, estrelado por Christopher Reeve, havia custado 55 milhões de dólares).

No entanto, o filme sobre um garoto solitário fazendo amizade com um estranho alienígena chamou a atenção. Tornou-se o maior sucesso comercial da década, ganhando mais de 400 milhões de dólares — mais do que *Star Wars: o Império Contra-Ataca*, *Os Caçadores da Arca Perdida*, *De Volta Para o Futuro*, *Batman* ou *Os Caça-Fantasmas*. Mais do que um filme, foi um fenômeno cultural, exibido para o presidente Reagan na Casa Branca. O pop star Michael Jackson estava tão obcecado por ele que concordou em narrar o audiolivro. Em meados da década de 1980, fazia parte de praticamente todas as coleções de VHS das famílias.

A influência de *E.T.* em *Stranger Things* é super visível. Ele aparece constantemente, de cenas e personagens específicos a conceitos e temas mais amplos. As duas histórias acontecem em cidades pequenas e suburbanas (*E.T.* em um subúrbio sem nome na Califórnia; *Stranger Things*, na fictícia Hawkins, Indiana), cercadas por florestas densas e misteriosas; ambas apresentam mães solos e crianças com liberdade de perambular; ambas, como mencionado no capítulo 1, caracterizam as bicicletas como símbolos da mobilidade e liberdade da infância; e ambas exploram como a sociedade — e os indivíduos — respondem a seres e eventos estranhos e sobrenaturais.

Traçamos paralelos com o filme de Spielberg imediatamente. A abertura, na qual a câmera filma em direção às estrelas e gradualmente se ajusta à terra, é quase idêntica ao início de *E.T.* Assim é a primeira cena com os meninos — Mike, Will, Lucas e Dustin — no porão dos Wheeler. Os cenários são uma casa suburbana à noite; as crianças estão brincando sentados à mesa e jogam o mesmo jogo que os personagens em *E.T. — Dungeons & Dragons*. E, em ambos os casos, a comida preferida é pizza (a famosa cena em que Elliot sai para pegá-la do entregador; Dustin oferece uma fatia para Nancy — interpretada por Natalia Dyer — quando está saindo).

Além desses paralelos, os Duffer queriam capturar a química da cena de *E.T.*: a sensação de crianças sendo apenas crianças, e não atuações excessivamente planejadas para a câmera. Foi a primeira cena que eles escreveram para o seriado, e eles estavam compreensivelmente nervosos sobre como isso seria traduzido em imagem. "Prendemos a respiração falamos ação e... deu certo",[4] lembram eles. "Nossos garotos passaram pela cena sem esforço e energicamente, e a química deles era elétrica; parecia que se conheciam desde sempre. Fora quando vendemos o programa para a Netflix, esse foi o melhor momento para *Stranger Things*."

As homenagens continuam durante todo o primeiro capítulo da primeira temporada ("O Desaparecimento de Will Byers"). Mais tarde no episódio, quando Will está fugindo do Demogorgon, ele corre para um galpão próximo. É também em um galpão onde Elliot descobre o *E.T.* A dinâmica dessas duas cenas, no entanto, é essencialmente invertida. Como diretor de fotografia, Tim Ives explica: "Em *E.T.*, Elliot vai ao depósito com o intuito de encontrar o monstro. Will está querendo fugir do monstro e se esconder." Alguns dos visuais nas cenas do galpão também são muito semelhantes.[5] "Tem uma tomada muito semelhante, que foi uma homenagem [a *E.T.*]",[6] reconhece Ives. "Era um plano amplo, que mostrava a casa à esquerda e o galpão à direita. Foi uma espécie de assinatura para nós, e acho que o público respondeu muito bem a isso."

Não há corolário direto para Elliot — o desajustado sensível — em *Stranger Things*, apesar de vermos qualidades semelhantes às dele tanto em Will quanto em Mike. Da mesma forma, não há um corolário direto para o *E.T.* — o adorável extraterrestre de olhos arregalados vindo de um planeta distante. No entanto, existem algumas conexões bastante óbvias entre *E.T.* e Eleven. O momento no final do capítulo 1 ("O Desaparecimento de Will Byers"), quando os garotos descobrem Eleven na floresta, por exemplo, é muito semelhante à descoberta de *E.T.* no milharal. Em ambas as cenas, as crianças carregam lanternas e o encontro provoca um choque mútuo. Eles não sabem o que achar um do outro. O medo visceral do *E.T.* é replicado por Eleven, que treme sob o brilho severo da luz e da chuva. Como *E.T.*, ela está desabrigada e assustada.

Existem também muitas semelhanças entre as relações de Mike e Eleven e Elliot e o *E.T.* Elliot leva o extraterrestre para sua casa, os meninos levam Eleven de volta para a casa dos Wheeler. Enquanto os outros meninos permanecem desconfiados e ressentidos com a presença de Eleven, Mike é atencioso e carinhoso com ela — uma dinâmica que se assemelha à relação entre Elliot e *E.T.* De alguma forma, eles simplesmente se conectam.

Como Elliot, Mike age como uma espécie de protetor. Ele encontra roupas para Eleven e constrói um quarto improvisado no porão. No início do capítulo 2 ("A Estranha da Rua Maple"), ele leva ao subsolo um waffle Eggo[7] antes de sair para a escola. Os Irmãos Duffer reconhecem "muitas citações não tão sutis a *E.T.* neste capítulo", particularmente com a relação entre Mike e Eleven: "Da mesma forma que *E.T.* é sobre a conexão entre *E.T.* e Elliot, este capítulo é sobre a conexão entre Eleven e Mike. Ao longo do dia, eles começam a se unir e empatizar um com os outro de formas surpreendentes". Muitas dessas maneiras intuitivas, sem palavras, já que Eleven, como *E.T.*, mal fala e realmente não entende o novo mundo em que se encontra. Como os Irmãos Duffer explicam, ela "se torna a forasteira por excelência em uma terra estranha, não familiarizada com os costumes e o estilo de vida".

Com Mike na escola, Eleven — assim como *E.T.* — está sozinha em casa, onde ela circula e explora — comendo junk food, testando a poltrona reclinável, tentando usar o telefone. Ela não fica bêbada como *E.T.*, mas ambos acabam hipnotizados pela TV.

Como o alienígena, Eleven também faz as coisas levitarem com sua mente: *E.T.* pega um monte de bolas de massinha e as faz girar como o sistema solar; Eleven atordoa os meninos fazendo uma Millenium Falcon de brinquedo subir no ar. Ela subsequentemente demonstra poderes muito maiores, incluindo a capacidade, similar à de *E.T.*, de se comunicar através de dimensões.

A influência de E.T. em Stranger Things é visível a tal ponto que criamos paralelos entre as duas obras — seja com relação às cenas, personagens, conceitos ou temas mais amplos

Talvez a conexão mais amplamente notada entre o *E.T.* e Eleven acontece na primeira temporada, capítulo 4 ("O Corpo"), quando os garotos ajudam a vesti-la para ir à escola, inclusive fazendo com que ela use uma peruca loira. *E.T.*, é claro, é igualmente vestido por Gertie, que também dá ao forasteiro uma peruca e um vestido.

Em outra cena Gertie-*E.T.*, a menina ensina o alienígena — com a ajuda da TV — o alfabeto. Quando *E.T.* diz "B", Gertie responde: "Bom!", que *E.T.* entende como "Seja bom!" Um momento semelhante acontece em *Stranger Things* depois que os meninos ajudam Eleven a se vestir. Mike diz que ela está bonita — mas depois, envergonhado, acrescenta: até que. Até que bonita. Olhando para si mesma no espelho, Eleven repete a frase: "Até que... bonita".

Enquanto Eleven e *E.T.* compartilham muito em comum, no entanto, os Duffer são rápidos em destacar as distinções. Além do fato óbvio de que El é literalmente uma garota (ainda que uma menina com habilidades sobrenaturais) e *E.T.* é um alienígena, El também é mais volátil e perigosa. "Eleven não é uma garota normal",[8] explicam os Duffer, "e ela também não é uma gentil alienígena cuidadora de plantas. Ela tem poderes sobrenaturais imprevisíveis que certamente colocarão nossos garotos em risco."

Existem inúmeros outros pontos de comparação entre *E.T.* e *Stranger Things*: a ignorância dos pais em relação à presença de Eleven — mesmo quando dividem o mesmo teto; Mike, como Elliot, finge estar doente para não ir à escola; Dustin usa um rastro de mortadela para atrair Dart (semelhante a Elliot atraindo *E.T.* com um rastro de chocolate). Na segunda temporada, capítulo 4 ("Will, o Sábio"), enquanto os garotos discutem a possibilidade de Will interagir com outra dimensão, Mike declara: "Aqui não é *D&D*. É a vida real". A fala lembra o famoso gracejo de Elliot em resposta à sugestão de que *E.T.* simplesmente "irradie" para o seu planeta natal: "Esse é o mundo real, Greg!".

Ademais, há recorrentes cenas de adultos vasculhando a floresta com lanternas; de homens em trajes de proteção; da presença ameaçadora de agentes federais; de cenas de épicas perseguições de bicicleta. Nós vemos até um *E.T.* de brinquedo no quarto de Dustin!

Mais do que qualquer filme, *E.T.* está entrelaçado na trama de *Stranger Things* — ainda assim, dando crédito ao programa, isso acontece de uma maneira quase nova e fresca. Eleven é como *E.T.*, mas distinta de maneiras cruciais; Mike é como Elliot, mas diferente; Joyce é muito mais experiente que Dee Wallace, a mãe solo do filme. De fato, tanto quanto *E.T.* merece o status de clássico, *Stranger Things* é muito mais amplo e profundo em termos de desenvolvimento de personagens e enredos. Além disso, enquanto *Stranger Things* certamente tem seus momentos emotivos, o tom da série é notavelmente mais sombrio. Desta forma, também se assemelha a outro clássico de Spielberg: *Tubarão*.

Tubarão

O clássico aterrorizante da década de 1980 entra no imaginário da série

02. Os Irmãos Duffer foram tão inspirados por *Tubarão*, que quase montaram *Stranger Things* na mesma cidade de Montauk, em Long Island (a cidade fictícia Amity foi baseada em Montauk, onde um grande tubarão branco de mais de 2 mil quilos foi capturado nos anos 1960, embora o filme tenha sido filmado em Martha's Vineyard).

Tubarão foi acompanhado por uma enorme campanha de marketing e merchandising, incluindo camisetas, livros, brinquedos e cartazes — como o que está presente no quarto de Will Byers

"Gostamos de Montauk",[9] explicou Matt Duffer, "porque gostávamos do ambiente costeiro, e Montauk era a base de Amity, e *Tubarão* é provavelmente nosso filme favorito, então pensei que se inspirar na cidade seria muito legal. Seria realmente impossível filmar em Long Island no inverno. Isso só seria deprimente e caro." Os Irmãos Duffer acabaram filmando *Stranger Things* nos subúrbios de Atlanta, mas a influência de *Tubarão* continua muito presente.

Tubarão foi lançado no verão de 1975, mas permaneceu em ampla circulação nos anos 1980, período em que várias sequências foram lançadas. Credenciado como o primeiro blockbuster de verão, *Tubarão* foi acompanhado por uma enorme campanha de marketing e merchandising, incluindo camisetas, livros, brinquedos e cartazes. Não é surpresa, então, que vemos o pôster icônico pendurado no quarto de Will Byers. *Tubarão* foi o filme de maior bilheteria de todos os tempos até ser superado por *Star Wars* (e mais tarde *E.T.*) e definiu os parâmetros para uma nova geração de filmes de grande sucesso.

Talvez a primeira conexão óbvia de *Tubarão* em *Stranger Things* venha na primeira temporada, capítulo 1 ("O Desaparecimento de Will Byers"), quando somos apresentados ao xerife Jim Hopper e ao Departamento de Polícia de Hawkins. O xerife Hopper é um personagem muito parecido com o xerife Martin Brody, de *Tubarão* — ambos são ex-policiais da "cidade grande" com passados complicados, agora atuando como chefes de polícia em cidades pacatas. Quando vemos a delegacia pela primeira vez, a secretária do xerife Hopper informa a ele que "algumas crianças estão roubando os anões do jardim" de um residente local, um incidente que mimetiza uma cena de *Tubarão*, quando a secretária de Brody o informa que algumas "crianças de nove anos de idade da escola têm feito karatê nas cercas de piquete".

As duas anedotas humorísticas destinam-se a enfatizar o baixo risco dos eventos diários típicos nessas pequenas cidades. E em ambos os casos, outro dia típico no escritório é repentinamente interrompido com incidentes muito mais sérios: em *Tubarão*, um telefonema do médico legista contando sobre uma garota encontrada morta na praia; e em *Stranger Things*, uma visita de Joyce Byers, que está desesperada com o desaparecimento de seu filho, Will. Os Irmãos Duffer reconheceram que a cena em que o xerife Hopper digita "desaparecido" no relatório policial foi diretamente inspirada pela cena de *Tubarão*, quando o xerife *Brody* digita "ataque de tubarão".

Terríveis criaturas se escondem logo abaixo (ou além) da superfície plácida — por boa parte do tempo não vemos nem o tubarão de Spielberg, nem o Demogorgon dos Duffer

O xerife Hopper certamente não é uma réplica exata do xerife Brody. Hopper está mais quebrado — descobrimos que sua filha, Sarah, faleceu jovem de câncer e que seu casamento acabou desmoronando. Ele vive sozinho e depende de uma combinação pesada de cerveja, cigarros e remédios não identificados para passar os dias. Em contraste, o xerife Brody ainda é casado e tem filhos pequenos. No entanto, os dois são levados, particularmente após os incidentes que perturbam suas respectivas cidades, por um desejo feroz de proteger suas comunidades — especialmente as crianças. Os dois homens também se tornam aos poucos conscientes de forças maiores que pretendem encobrir informações perturbadoras.

Incidentalmente, o ponto de ruptura de cada homem vem com a percepção concreta de que uma teoria, ao que parece conspiratória, é verdadeira. Em *Tubarão*, o pânico em torno do animal assassino é aparentemente colocado em repouso quando um grande tubarão branco é capturado. Baseado no tamanho de sua boca, no entanto, o oceanógrafo Matt Hooper (interpretado por Richard Dreyfus) duvida que seja o mesmo tubarão que eles estão procurando. Enquanto o prefeito não quer ouvi-lo, o xerife Brody suspeita de que Hooper esteja certo.

Juntos, o xerife Brody e Matt Hooper, se infiltram na instalação onde o tubarão está sendo mantido e, quando abrem a fera, suas suspeitas são confirmadas. Não é o tubarão assassino, mas sim um tubarão que parece ter migrado da corrente do golfo sem nada dentro, a não ser peixes, latas de cerveja e uma placa de Louisiana. Em *Stranger Things*, da mesma forma, um corpo morto é usado para pacificar a cidade, mas Joyce Byers e o xerife Hopper suspeitam de que possa ser um engano.

Assim como em *Tubarão*, o xerife Hopper descobre a verdade invadindo uma instalação e abrindo um corpo — nesse caso, o cadáver de Will. O corpo está cheio de algodão, confirmando definitivamente uma conspiração para encobrir o desaparecimento do garoto. O xerife Hopper dá ouvidos a Joyce (que se sentia como se estivesse enlouquecendo — e era tratada como tal), assim como o xerife Brody e Matt Hooper se validam mutuamente, capacitando-os a continuar a busca pela verdade.

Outra conexão importante entre *Stranger Things* e *Tubarão* são as terríveis criaturas que se escondem logo abaixo (ou além) da superfície plácida. Uma das decisões mais brilhantes de Spielberg em *Tubarão* (em parte necessária pelo mau funcionamento do tubarão mecânico) foi não permitir que o público visse o tubarão por um bom tempo do filme. Em vez disso, sua presença era apenas sugerida — com o tema musical primordial de duas notas, a visão ameaçadora de uma barbatana ou flashes breves e violentos.

Da mesma forma, em *Stranger Things* não vemos o monstro na maior parte da primeira temporada. Na verdade, durante esse tempo, não sabemos ao certo o que ele é. Quando o vemos, muitas vezes é parcialmente obscurecido ou em quadros rápidos. Isso foi intencional por parte dos Irmãos Duffer, que descreveram seu monstro como "um ser interdimensional que tem mais em comum com o Tubarão do que com Pennywise de *It: A Coisa*. Quando o monstro entra em nossa dimensão, é como um tubarão rompendo a água. Muito parecido com o predador aquático, ele arrasta sua presa de volta para sua casa, onde se alimenta. Cada vez que entra em nosso mundo, deixa uma pequena lágrima ou ferida."[10]

Mark Steger, que interpreta o monstro em *Stranger Things*, reconheceu a inspiração de *Tubarão*. "Quando entro em nossa realidade de consenso, é como se eu estivesse quebrando a superfície. [É

como] se eu estivesse pulando e pegando o [ator de *Tubarão*] Robert Shaw e o puxando de volta para o fundo do mar."[11]

De fato, a morte de Barb (interpretada por Shannon Purser) ocorre de uma maneira muito semelhante às mortes em *Tubarão*: ela senta no trampolim, seus pés balançando na piscina de Steve. A estranha calma é interrompida quando uma gota de sangue cai de seu dedo na água. O sangue parece atrair o monstro, que repentinamente a arrebata em uma visão invisível durante a noite.

A cena tem uma série de semelhanças com os ataques do monstro em *Tubarão*: da atração ao sangue à proximidade da água, ao choque súbito associado a um ataque (o sangue também atrai o Demogorgon no final da temporada, na casa dos Byers, quando Nancy e Jonathan intencionalmente cortaram suas mãos, e na Escola Hawkins, depois de Eleven matar vários agentes). O monstro, como o tubarão, é, como Mark Steger coloca, "uma perfeita máquina devoradora",[12] ainda mais aterrorizante por ser elusivo e envolto em mistério.

JOSEPH VOGEL

STRANGER FANS

Contatos Imediatos de Terceiro Grau

03. Além de *Tubarão* e E.T., outra importante referência de Spielberg para *Stranger Things* é *Contatos Imediatos de Terceiro Grau* (1977). Assim como o xerife Hopper lembra o xerife Brody, muitos viram em Joyce Byers ecos de Roy Neary (interpretado por Richard Dreyfuss) — uma figura similarmente zelosa cuja determinação em encontrar a verdade mais parece uma jornada à loucura para aqueles ao seu redor (incluindo a família). Essa conexão foi conscientemente feita pelos Irmãos Duffer. "Nós sabíamos que [Winona Ryder] tinha uma energia muito específica",[13] disse Matt Duffer, "e pensamos que deveríamos nos apoiar nisso, o que nos levou a falar sobre o papel de Richard Dreyfuss em *Contatos Imediatos*, e à ideia de 'Winona Versus o Mundo', e amamos esse conceito."

Em uma das cenas mais memoráveis de *Contatos Imediatos*, um monomaníaco Roy transforma seu prato de purê de batatas em uma modelo da Torre do Demônio, que ele não consegue tirar da cabeça. "Todo mundo acha que ele está fazendo uma montanha com purê de batatas",[14] explica Matt Duffer. "E eu pensei: quero ver Winona fazendo uma montanha com purê de batata. Essa vai ser uma ótima cena."

No caso de Joyce, o purê de batatas foram as luzes de Natal. Na primeira temporada, capítulo 3 ("Caramba"), quando ela acende as luzes multicoloridas em toda a casa com letras pintadas na parede alegando que isso permitiria que se comunicasse com Will, até mesmo seu simpático filho, Jonathan, pensa que ela está no fundo do poço. As lágrimas de Jonathan enquanto sua mãe se apega às luzes de Natal e teorias da conspiração ecoam a cena da mesa de jantar em *Contatos Imediatos* na qual a família de Roy também é levada às lágrimas por sua crescente obsessão.

Por acaso, as luzes de Natal de Joyce também lembram o clímax de *Contatos Imediatos* — as luzes piscantes coloridas transformadas em um elaborado sistema de comunicação paranormal.

No entanto, talvez a conexão mais marcante entre *Contatos Imediatos* e *Stranger Things* esteja na segunda temporada, no capítulo 1 ("MADMAX"). Perto do começo do episódio, Will vê seus arredores no fliperama serem subitamente transformados no Mundo Invertido. Ele está sozinho e caminha para o lado de fora, onde vê uma tempestade agourenta se formando. Este encontro é repetido perto do final do episódio: emoldurado pela porta, ele olha para um céu vermelho apocalíptico. Esse quadro é quase idêntico à cena icônica de *Contatos Imediatos* na qual o pequeno Barry Guiler é atraído para o brilho em um buraco de fechadura e abre a porta, hipnotizado pela luz laranja que emana das naves espaciais invasoras. Este visual também foi usado como capa para *Stranger Things 2*.

JOSEPH VOGEL
STRANGER FANS

Indiana Jones

04. Uma conexão talvez menos óbvia de Spielberg com *Stranger Things* é a trilogia de *Indiana Jones*. O xerife Hopper relembra Indiana Jones de várias maneiras: o tema de pessoa comum durante o dia, herói de aventuras à noite; a forma meio lacônica de brincar; a propensão a levar um bom soco; até mesmo o icônico chapéu.

Algumas das conexões mais explícitas, no entanto, vêm na segunda temporada, particularmente de *Indiana Jones e o Templo da Perdição* (que, não coincidentemente, saiu em 1984, o ano no qual se passa a segunda temporada). Os Duffer reconhecem que queriam que a segunda temporada modelasse o tom mais sombrio de *Templo da Perdição*. "Eu amo que fica um pouco mais escuro e mais estranho do que em *A Arca Perdida*",[15] colocou Matt, "Eu gosto que se seja muito diferente do que *A Arca Perdida*. Mesmo que provavelmente tenha sido criticado na época — obviamente, agora as pessoas olham para a sequência com carinho, mas isso chocou muitas crianças, e eu adorei isso no filme —, algo que realmente traumatizou algumas crianças. Não estou dizendo que queremos traumatizar as crianças, só que queremos ter coisas mais sombrias e estranhas."

Um dos momentos mais sombrios é o exorcismo de Will. Atormentada pela dor, Nancy finalmente decide pegar um atiçador quente do fogo e colocar nele, em uma tentativa de libertá-lo das garras do monstro. Este momento é semelhante à cena de *Templo da Perdição* na qual Indiana Jones está possuído, até que ele seja trazido de volta à razão por Short Pound, que também usa fogo para salvar seu amigo.

Stranger Things também se baseia em alguns momentos mais leves de *Templo da Perdição*. Quando Nancy e Jonathan visitam Murray Bauman e estão tentando descobrir onde vão dormir, no capítulo 6 ("O Espião"), a cena se assemelha à dinâmica entre Indy e Willie em *Templo da Perdição*. Eles querem dormir juntos, mas são reticentes em admitir isso. Matt Duffer explica a cena: "É a dança do quarto. Deixando o quarto, relutando, indo, voltando atrás, isso é *Templo da Perdição*".[16]

Outro momento engraçado vem no capítulo 9 ("O Portal"), quando Max (interpretada por Sadie Sink) dirige o carro com um bloco sob o pé para ajudá-la a alcançar o acelerador. "Isso é exatamente como Short Pound no *Templo da Perdição*",[17] reconhece Ross Duffer.

A conexão de Indiana Jones é provavelmente mais aparente no capítulo 5 ("Dig Dug"), quando o xerife Hopper caminha pelos escuros e intrincados túneis subterrâneos. O terreno — dos caminhos cavernosos às videiras às criaturas parecidas com cobras — lembra o terreno sinistro e claustrofóbico enfrentado por Indiana Jones. Na verdade, em um ponto, a silhueta de Hopper é enquadrada com seu chapéu, um visual que quase poderia ser confundido com Indiana Jones.

Talvez a melhor referência seja quando o xerife Hopper retorna para recuperar seu chapéu — um momento icônico de Indiana Jones em *Templo da Perdição*. Ross Duffer comenta: "Andrew Stanton, que dirigiu o episódio [adicionou o chapéu porque] não estava no roteiro, mas ele disse: 'Hopper tem que deixar seu chapéu e voltar pra pegar'. Está vendo, nenhum de nós pode parar de fazer essas referências, é muito divertido".[18]

JOSEPH VOGEL

Parque dos Dinossauros

Repaginando memoráveis perseguições do filme de sessão da tarde de Spielberg

05.

Embora *Parque dos Dinossauros* tenha surgido na década de 1990 — em 1993, para ser exato —, sua influência em *Stranger Things* é muito proeminente para ser ignorada. O *Parque dos Dinossauros* era, indiscutivelmente, o último grande "filme de sessão da tarde" de Spielberg — pelo menos até o lançamento do *blockbuster* de 2018, *Jogador Número 1*. Como os maiores filmes do diretor dos anos 1970 e 1980, *Parque dos Dinossauros* foi um grande sucesso, arrecadando mais de 900 milhões de dólares enquanto saturava a cultura popular.

Referências ao filme Parque dos Dinossauros surgem, velozes e furiosas, ao longo da primeira temporada com laboratórios, perseguições, criaturas assustadoras e walkie-talkies

A primeira cena em *Stranger Things* que ecoa *Parque dos Dinossauros* vem na primeira temporada, capítulo 1, quando Will corre dentro de sua casa, tentando escapar do Demogorgon. Quando ele pega o telefone para tentar obter ajuda, vemos e ouvimos o monstro pela janela da porta da frente. Seus sons e movimentos lembram estranhamente o velociraptor do *Parque dos Dinossauros*, especificamente a cena em que os *raptors* atingem a janela da porta da cozinha. Assim como naquela cena memorável, o Demogorgon consegue abrir a porta lentamente.

A influência de *Parque dos Dinossauros* realmente começa a surgir, no entanto, a partir da metade da segunda temporada, quando os Demodogs começam a causar estragos em Hawkins. Compare, por exemplo, a cena do capítulo 6 ("O Espião") quando Steve sai em um ferro-velho para confrontar o Demodog, antes de perceber que ele está cercado por um bando, à famosa cena em *Parque dos Dinossauros* quando Robert Muldoon está caçando um velociraptor apenas para perceber que ele caiu na armadilha dos dinossauros hiperinteligentes. Como Steve, ele está cercado, levando à memorável fala: "Garota esperta".

As referências de *Parque dos Dinossauros* surgem velozes e furiosas no capítulo 8 ("O Devorador de Mentes") quando os Demodogs se infiltram no Laboratório Nacional de Hawkins. Quando Jonathan e Nancy se encontram com Steve e as crianças do lado de fora do prédio, os gritos que ouvem ao longe parecem muito

com os dinossauros de *Parque dos Dinossauros*. Enquanto isso, dentro da instalação, como em *Parque dos Dinossauros*, a eletricidade deve ser restaurada, mas atingir os disjuntores é assustador. Em *Parque dos Dinossauros*, o dr. Sattler aceita a missão, e o criador do parque, John Hammond, dá as instruções via walkie-talkie. Em *Stranger Things*, a tarefa é executada por Bob Newby enquanto o dr. Owens oferece instruções, também por walkie-talkies.

À medida que Bob caminha pelos corredores escuros e escadarias do laboratório, os visuais parecem muito semelhantes a *Parque dos Dinossauros*, assim como a urgência da missão e a tensão das ameaças ao redor. Como o dr. Sattler, Bob consegue alcançar com sucesso os disjuntores e enfim restaurar a energia.

No entanto, como para o dr. Sattler, o retorno se mostra mais difícil. O recuo de Bob ao depósito é um momento muito semelhante a *Parque dos Dinossauros* — os Demodogs, como os dinossauros, são sensíveis ao som e ao movimento. Bob consegue ficar quieto e sem se mover até o monstro passar, mas quando tenta escapar, acidentalmente tomba sobre uma vassoura.

O dr. Owens gritando: "Corra!" ecoa o dr. Sattler gritando o mesmo no filme de Spielberg. Bob batendo a porta pouco antes de o monstro chegar a ele também lembra *Parque dos Dinossauros*. Enquanto o dr. Sattler escapa por pouco dos velociraptors, bem… nós sabemos o que acontece com Bob. Que ele descanse em paz.

"A vida se libera. Cruza fronteiras, rompe barreiras. Dolorosa ou perigosamente, mas, bem, é como é."
— Parque dos Dinossauros

Poltergeist: O Fenômeno

Will e Carol Anne precisam de ajuda para sair de uma dimensão alternativa

06. Há uma série de outras referências a Spielberg em *Stranger Things* — incluindo os filmes dos anos 1980 que Spielberg escreveu ou produziu, em vez de dirigir. Uma referência direta vem na primeira temporada, capítulo 1 ("O Desaparecimento de Will Byers") quando, em um flashback, Joyce surpreende Will com ingressos para ver o filme de terror *Poltergeist*. Lançado no verão de 1982, *Poltergeist* foi escrito e produzido por Spielberg (uma cláusula no contrato o impedia de dirigi-lo). Acabou sendo dirigido por Tobe Hooper, mais conhecido anteriormente pelo *O Massacre da Serra Elétrica*, e se tornou um dos maiores filmes daquele ano, arrecadando mais de 75 milhões de dólares.

Stranger Things extrai de *Poltergeist* de várias maneiras. Os Irmãos Duffer reconheceram pensar muito sobre o filme ao esboçar os primeiros roteiros da série, particularmente a dinâmica de uma família comum perdendo uma criança para outra dimensão. Como a jovem Carol Anne, de *Poltergeist*, Will é sugado para uma dimensão alternativa — no caso dele, o Mundo Invertido. Como em *Poltergeist*, grande parte da história resultante é conduzida por uma família, com a ajuda de outros, tentando resgatar uma criança perdida.

Will e Carol Anne também atuam como figuras proféticas. "Eles estão aqui", Carol Anne memoravelmente adverte sobre os fantasmas demoníacos prestes a invadir sua casa dos subúrbios. Da mesma forma, na segunda temporada, capítulo 1, Will diz ao dr. Owen que o Devorador de Mentes está com raiva e pretende matar todo mundo (exceto ele).

> "Você não pode escolher entre a vida e a morte quando precisa lidar com o que há no meio disso."
> — Poltergeist

Além dos paralelos temáticos, há também uma semelhança visual impressionante no final da segunda temporada, capítulo 2 ("Gostosuras ou Travessuras, Aberração"), quando Eleven está assistindo TV na cabana do xerife Hopper. Filmada por trás de sua cabeça, ela se parece muito com a cena mais icônica de *Poltergeist* (mostrada no cartaz) onde Carol Anne olha para uma TV com estática.

JOSEPH VOGEL
STRANGER FANS

Gremlins

A origem do querido D'Artagnan, o girino de Dustin

07. Os Duffer atribuíram a influência de um episódio inteiro — segunda temporada, capítulo 3 ("O Girino") — a outro clássico filme dos anos 1980 produzido por Spielberg: *Gremlins*. Esse filme de terror e comédia de 1984 sobre uma criatura bonitinha aparentemente inofensiva chamada Gizmo, adotada por um garoto (Billy), que posteriormente evolui para algo muito mais perigoso e ameaçador, é a base para Dustin e a criatura parecida com um girino que ele nomeia D'Artagnan (Dart, para os íntimos). De fato, as duas criaturas não apenas crescem; elas se multiplicam. No entanto, em ambos os casos, as criaturas originais — Gizmo e Dart, respectivamente — mantêm uma certa lealdade aos seus mestres, enquanto as criaturas que elas criaram tornam-se, em essência, máquinas de matar.

"A regra que você nunca pode esquecer, não importa o quanto ele chore, não importa o quanto implore, nunca o alimente depois da meia-noite." — Gremlins

O conceito de *Gremlins* era algo no qual os Duffer pensavam no início do planejamento da segunda temporada. "Além de Will ser possuído",[19] disseram à *Vulture*, "essa história sempre foi moldada em nossa primeira ideia: um menino e seu monstro, Dustin encontrando uma criatura que vai crescer. Essa foi a nossa primeira ideia para a segunda temporada."

JOSEPH VOGEL
STRANGER FANS

Os Goonies

Nem mesmo incidentes extraordinários podem abalar uma amizade verdadeira

08. E então há *Os Goonies*. Como *Poltergeist* e *Gremlins*, Spielberg não dirigiu oficialmente *Os Goonies* (foi dirigido por Richard Donner), mas suas digitais estão por toda parte. Ele não apenas criou a história e produziu o filme, como também esteve no *set* de boa parte das gravações, atuando como uma espécie de codiretor não creditado. O filme foi um grande sucesso em 1985, e desde então se tornou um clássico cult.

Os Goonies estão entre as maiores influências de *Stranger Things*, desde a equipe meio esfarrapada de crianças e adolescentes até a presença de bicicletas; da rede labiríntica de túneis subterrâneos pelos quais navegam até a missão marcada pela curiosidade. Enquanto *Stranger Things* é definitivamente mais fundamentada no gênero de terror, ambos compartilham tons semelhantes, equilibrando aventura, medo, humor e fantasia.

Até mesmo algumas das decisões mais específicas de personagens em *Stranger Things* foram baseadas em *Os Goonies*. Os Irmãos Duffer disseram que o personagem de Mike Wheeler foi originalmente baseado no Mikey do filme de 1985 — "um tipo sonhador, de fala mansa como Sean Astin".[20] Esse personagem foi um pouco modificado quando Finn Wolfhard subiu a bordo, mas ele ainda retinha certas qualidades que se assemelham a Mikey, incluindo seu foco, sensibilidade e determinação.

Aliás, o ator que interpretou Mikey em *Os Goonies* — Sean Astin — se juntou a *Stranger Things* na segunda temporada como Bob Newby, que se tornou um dos personagens mais queridos da série. Enquanto seu personagem é obviamente muito diferente do que interpretou em *Os Goonies*, os Duf-

> **"A verdadeira magia dessa história está sobretudo naquilo que eles se tornam uns para os outros, de uma maneira muito especial."**
> **— Steven Spielberg**

fer conseguiram uma alusão inteligente ao filme quando Bob está ajudando os garotos a entender os desenhos de Will. Mike explica a Bob que eles estão tentando encontrar o x dentro do intrincado labirinto de Will. "O que há no x?" Bob brinca. "Um tesouro pirata?"

"Eu jamais trairei meus amigos das Docas Goon; Juntos ficaremos até o mundo inteiro acabar. No céu e no inferno e na guerra nuclear, grudados feito piche, como bons amigos iremos ficar (...)"

Tesouro de piratas, é claro, é exatamente a motivação de Mikey e seus amigos em *Os Goonies*, quando as crianças descobrem o mapa do infame pirata, Willie de Um Olho Só. "Sean adorou [a referência]",[21] disse Matt Duffer, "ele estava totalmente dentro. Ele gosta de falar sobre [*Os Goonies*], felizmente. Nós perguntávamos coisas sobre o filme para ele o dia todo, e as crianças são grandes fãs, então elas o perturbaram o dia todo também."

Outros personagens em *Stranger Things* também foram claramente inspirados em *Os Goonies*: Dustin interpreta uma variação mais convincente de Chunk — um garoto indisciplinado, divertido e amante de comida que se apresenta como alívio cômico em alguns dos melhores momentos do filme. Jonathan (interpretado por Charlie Heaton) ecoa Brand (interpretado por Josh Brolin) — pessoas tranquilas que não se encaixam bem na cena da escola, mas possuem um certo ar descolado que intriga as garotas.

Em *Os Goonies*, Brand consegue ganhar o carinho da menina bonita e popular, Andy, enquanto Jonathan por fim fica com Nancy (embora se deva notar que Steve usa a bandana vermelha, bem parecida com a que Brand usa, quando eles descem para os túneis na segunda temporada).

Talvez o paralelo de personagem mais notadamente observado seja entre Stefe e Barb, personagens peculiares, nerds e leais à garota popular (Andy e Nancy, respectivamente). As semelhanças não param por aí. Ambas são colocadas na desconfortável posição de "vela". Ambas têm cabelos ruivos. E ambas têm um senso de estilo parecido (perceba os grandes óculos e os *mom jeans*).

Mais amplamente, *Stranger Things* modela a dinâmica em *Os Goonies* por ter enredos misturados tanto para a geração do ensino médio quanto para o grupo mais jovem de crianças, apelando para as duas gerações de espectadores.

JOSEPH VOGEL

Uma nova voz

A imensa dedicação de Spielberg transformou o cinema e o Zeitgeist

09. Todos os filmes mencionados neste capítulo foram feitos entre 1975 e 1993. Representam uma notável explosão do quão influente foi a produção de Spielberg. De fato, cinco dos oito filmes mencionados foram feitos entre 1982 e 1985, o período exato em que *Stranger Things* acontece. E três filmes — *Tubarão*, *E.T.* e *Parque dos Dinossauros* — já tiveram o título de filme de maior bilheteria de todos os tempos.

Cinco dos oito filmes mencionados foram feitos entre 1982 e 1985, e três deles — Tubarão, E.T. e Parque dos Dinossauros — já tiveram o título de filme de maior bilheteria de todos os tempos

Não é de se admirar, portanto, que *Stranger Things* faça tantas referências a Spielberg: seus primeiros filmes não só transformaram o cinema; eles faziam parte do Zeitgeist. De acordo com o produtor Shawn Levy,[22] as referências aos filmes de Spielberg são homenagens menos "deliberadas" do que uma influência instintiva e subconsciente — como ele disse, seus filmes correm "em nossas veias".

Embora Spielberg não tenha falado publicamente sobre *Stranger Things*,[23] Levy diz que o diretor foi "muito elogioso" nos bastidores. Quando ele e os Duffer conversaram com Spielberg, diz Levy, "não falamos sobre o fato de que havia alusões a ele a torto e a direito, mas acho que é a lisonja não dita e reconhecida inerente à série. Ele, francamente, como eu, vê nos irmãos a chegada de uma nova voz."[24]

Essa nova voz certamente deve muito a Spielberg; mas há uma série de outras influências cinematográficas que o programa também traz consigo. Não é surpresa que a maioria foi feita nos anos 1980. Essas inspirações são exploradas no próximo capítulo.

CINEMA 1980

MONSTROS & ALIENS NO IMAGINÁRIO

Quando os Irmãos Duffer apresentaram o projeto de *Stranger Things*, eles também mostraram um remix de cerca de trinta filmes — a maioria deles dos anos 1980 — que transmitiam sua visão para a série. Era uma mistura eclética de gêneros, estilos e diretores. Tão impregnante quanto a influência de Spielberg vista no seriado, esse vídeo mostrava a estética, uma fusão com uma ampla gama de outras influências que tornaram a série verdadeiramente atraente e única. "John Carpenter misturado com *E.T.* era muito legal",[1] disse Matt Duffer. "Então foi aí que começamos a descobrir o tom do seriado."

A referência de John Carpenter é importante. Junto com Spielberg e Stephen King, John Carpenter é talvez o terceiro nome mais citado na Divina Trindade dos Irmãos Duffer. No entanto, ao contrário das duas primeiras figuras, Carpenter não é um nome tão familiar — seus filmes desenvolveram um culto de seguidores, mas não estavam nem perto de serem fenômenos campeões de bilheteria, como Spielberg e King.

Ainda assim, John Carpenter tem larga estima entre os fãs de cinema, particularmente os fãs de filmes de terror, o gênero no qual ele deixou sua maior marca. Seu filme mais influente, *Halloween — A Noite do Terror*, era uma obra de baixo orçamento sobre um garoto — Michael Myers — que mata sua irmã, é mandado para um asilo e retorna anos depois para causar estragos em sua cidade natal, em Illinois. Lançado em 1978, ganhou força por meio do boca a boca e acabou se tornando um dos filmes de terror mais populares de sua época, arrecadando cerca de 70 milhões de dólares com um orçamento de 300 mil. Alguns críticos de cinema o citam como o pai do cinema de terror moderno e o começo de uma renascença de horror nos anos 1980.

Também é conhecido por suas trilhas sonoras minimalistas e sinistras, compostas pelo próprio diretor. Carpenter sonorizaria quase todos os seus outros filmes. "Eu não sou um compositor talentoso de sinfonias",[2] reconheceu o diretor. "Eu apenas faço música básica, direta e levada por riffs." Suas limitações, no entanto, deram à música um tipo de impacto primordial. Em contraste com a maravilha e o calor de *E.T.*, é algo mais próximo do terror arrepiante de *Psicose* ou *Tubarão*, mas com um toque mais contemporâneo por conta dos sintetizadores.

Nós ouvimos essas linhagens do pulso do ritmo, da tensão e do pavor de Carpenter na música de Kyle Dixon e Michael Stein em *Stranger Things*. "Queríamos uma trilha sonora totalmente eletrônica",[3] explicou Matt Duffer. "Em parte, só porque eu acho que quando você vê uma história como essa que tem algum tipo de DNA da Amblin, você vai esperar uma espécie de partitura orquestral de John Williams. Nós meio que queríamos jogar contra essas expectativas. Também queríamos que fosse um pouco mais obscuro, com uma ponta de John Carpenter, e esse tipo de música nos permitiu fazer isso."

Também vemos elementos do trabalho de câmera de Carpenter. O filme *Halloween* começa com uma longa tomada do ponto de vista do assassino (Michael Myers). Carpenter usou um Steadicam para a cena, um dos primeiros diretores a descobrir como usá-la efetivamente. Vemos a casa do lado de fora, enquanto o jovem assassino se move de janela em janela, depois para a porta dos fundos, sobe as escadas e entra no quarto mal iluminado. O efeito era realista e fazia o coração acelerar.

Da mesma forma, em *Stranger Things*, os Duffer costumam usar movimentos de câmera baseados nos pontos de vista dos personagens. "Nós filmamos com uma câmera digital",[4] explicaram, "mas adicionamos granulação de película, e queríamos ter uma aparência mais de filme. Tentávamos mover a câmera o máximo que podíamos, desde que tivéssemos motivo." Também vemos alguns dos *widescreen* de Carpenter em *Stranger Things*.[5] Como diretor de fotografia, Tim Ives explicou: "Nossa abordagem às lentes era ser um pouco mais cinematográfico do que a maioria dos programas na televisão. Nós usamos uma proporção de imagem 2:1, por isso há ligeiramente essa sensação de paisagem. Nós realmente queríamos que não se parecesse com um programa de televisão normal — você deveria estar assistindo algo que era um evento".

Dada a influência de Carpenter para os Duffer, não é de surpreender que também vejamos uma série de referências diretas ao trabalho do diretor no seriado. Na primeira temporada, capítulo 2 ("A Estranha da Rua Maple"), enquanto os garotos estão

tentando descobrir de onde Eleven veio, Lucas conclui que "ela é provavelmente uma psicopata". "Como Michael Myers", Dustin diz, referenciando o infame vilão de *Halloween*. "Exatamente!", Lucas responde. Na segunda temporada, capítulo 2 ("Gostosuras ou Travessuras, Aberração"), *Halloween* é novamente referenciado quando Max usa a icônica máscara branca, criada por Michael Myers, enquanto sai em busca de gostosuras ou travessuras.

"John Carpenter misturado com E.T. era muito legal. Foi aí que começamos a descobrir o tom do seriado." — Matt Duffer

Outros fãs notaram semelhanças com o filme de Carpenter de 1980, *A Bruma Assassina*, sobre uma presença misteriosa e sobrenatural que se infiltra em uma pequena cidade. Mas talvez a maior influência de Carpenter em *Stranger Things* seja *O Enigma de Outro Mundo*. Lançado em 1982, o filme não foi bem nas bilheterias, acreditam alguns, porque competia com E.T. Em contraste com o filme de Spielberg, esse era lúgubre e sinistro. A ação se passa na Antártida, onde um grupo de pesquisadores norte-americanos é sitiado por um tipo de vida alienígena parasita que toma a forma de tudo o que mata. Embora o filme tenha sido atacado pelo público e pelos críticos em 1982, ele se tornou um clássico cult e ganhou reconhecimento como talvez o melhor filme de Carpenter.

Alusões ao filme em *Stranger Things* são abundantes. O mais óbvio é o cartaz pendurado no porão dos Wheeler. Não só permite que os Duffer prestem homenagem ao filme, mas também sugere que Mike Wheeler e seus amigos não assistem apenas às grandes franquias de sucesso de bilheteria, como também apreciam um filme sombrio e profundo que estava fora da tendência do momento. Também indica — como o interesse de Will em *Poltergeist — O Fenômeno* — que essas crianças têm gosto por alguns filmes bem assustadores — no caso de *O Enigma de Outro Mundo*, um filme tão grotesco e violento que recebeu uma classificação etária de dezoito anos (para contextualizar, *Tubarão* foi classificado como apropriado para maiores de quatorze anos).

O Enigma de Outro Mundo também é referenciado na primeira temporada, capítulo 7 ("A Banheira"), quando Dustin faz uma ligação tarde da noite para o sr. Clarke para perguntar sobre como construir um tanque de privação sensorial. O sr. Clarke está em um encontro, assistindo a um vhs de *O Enigma de Outro Mundo*. Eles estão na parte em que um Norris possuído (interpretado por Charlie Hallahan) é incendiado, e sua cabeça decapitada cai lentamente no chão. "Você sabe como eles fizeram isso?" O sr. Clarke diz à mulher. "Sabe o que é aquilo? Plástico derretido e chiclete esquentado no micro-ondas."

Mais amplamente, *Stranger Things* baseia-se na premissa de *O Enigma de Outro Mundo*: uma forma de vida alienígena que invade, possui e controla o corpo humano — que, no caso de *Stranger Things*, acontece com Will. Observe também os tentáculos parecidos com minhocas que chegam até a garganta de Will, que lembram vividamente o método de invasão dos alienígenas em *O Enigma de Outro Mundo*. De fato, uma das formas pelas quais *Stranger Things* parece mais inspirado em *O Enigma de Outro Mundo* é por meio dos efeitos especiais viscosos, táteis e horripilantes do filme. No filme de Carpenter, esses efeitos inovadores foram criados por Rob Bottin, com a ajuda do lendário Stan Winston.

É mais comum agora que tais efeitos de *CGI* apareçam como imaculados e polidos, mas *Stranger Things* dá às suas criaturas — e ao Mundo Invertido

— uma sensação tangível e texturizada que lembra filmes de terror dos anos 1980 como *O Enigma de Outro Mundo*. "Como muitos cineastas da nossa idade e mais velhos",[6] explicaram os Irmãos Duffer, "crescemos com filmes que existiam antes da computação gráfica. Havia algo sobre os efeitos serem tão tangíveis naqueles filmes que os tornavam especialmente aterrorizantes para nós quando éramos crianças."

Stranger Things costura as melhores obras de uma década prolífera para criar uma experiência única a toda uma geração que cresceu se cercando de referências pop

Assim, os Irmãos Duffer trouxeram uma empresa chamada *Spectral Motion* para criar um monstro com uma sensação muito orgânica usando uma pessoa real (Mark Steger) em um traje protético com movimentos animatrônicos. Alguns efeitos *CGI* também foram adicionados. Mas o resultado final pareceu muito reminiscente de filmes dos anos 1980 como *O Enigma de Outro Mundo*. Escreveram os irmãos: "A primeira vez que vimos a cabeça do nosso monstro se abrir... Isso explodiu nossas mentes e nos transportou de volta para nossa infância. E o modo como se movia era aterrorizante — o brilhante engenheiro robótico projetara os animatrônicos de tal maneira que o movimento das 'pétalas' da cabeça nunca se repetia. Elas tinham vida própria, movendo-se em padrões imprevisíveis e bizarros. Parecia orgânico. Arrepiante. *Real*."[7]

JOSEPH VOGEL

STRANGER FANS

O Horror

Deixe as luzes acesas: algo ameaça a segurança dos moradores de Hawkins

01. Os filmes de John Carpenter deram início a um renascimento do gênero de terror — especialmente o filme de *slasher* — que se tornou imensamente popular na década de 1980, liderado pelas franquias *Sexta-Feira 13* e *A Hora do Pesadelo*. Vemos ecos desses filmes em *Stranger Things*, os quais também apresentam adolescentes lutando contra figuras perigosas e predatórias. Em *A Hora do Pesadelo*, essa figura é Freddy Krueger, que espreita e ataca os personagens em seus sonhos (estes, assim como as visões de Will, tornam-se cada vez mais indistinguíveis da realidade). A cena na primeira temporada, capítulo 2 ("A Estranha da Rua Maple"), quando Steve e Nancy tem aquele momento mais íntimo no quarto, enquanto Barb é atacada pelo Demogorgon, carrega traços de *A Hora do Pesadelo*, assim como a cena em que Nancy e Jonathan colocam armadilhas para o monstro em toda a casa dos Byers, por fim tacando fogo nele no capítulo 8 ("De Ponta-Cabeça").

Os Irmãos Duffer citaram filmes de terror menos conhecidos que os inspiraram, incluindo o filme indie de baixo orçamento *Uma Noite Alucinante: A Morte do Demônio* (há um pôster do filme no quarto de Jonathan), lançado em 1981. *Stranger Things* também se baseia em um relativamente desconhecido clássico cult de 1980, *Viagens Alucinantes*, sobre um psicólogo (Edward Jessup) que conduz experimentos com tanques de privação sensorial e drogas psicoativas na tentativa de acessar estados expandidos de consciência. Aliás, o filme marcou o papel de estreia de Drew Barrymore, que ficaria mais conhecida uns dois anos depois, como a Gertie de *E.T.*

Os Irmãos Duffer citaram uma porção de filmes de terror que os inspiraram em passagens especiais, como Uma Noite Alucinante e A Hora do Pesadelo — clássicos do cinema de gênero dos anos 1980

O Clube dos Cinco

John Hughes, o criador dos filmes adolescentes da Geração X

02. John Carpenter e os filmes de terror dos anos 1980 são muito importantes para *Stranger Things*, no entanto, não são as únicas influências cinematográficas significativas. Uma grande parte do apelo da série tem a ver tanto com a representação da experiência social do ensino médio (e do ensino fundamental) — os relacionamentos, as panelinhas, estilos, tensões e drama — quanto com os monstros extraterrestres e os impasses macabros. Na verdade, pode-se argumentar que *Stranger Things* é ao menos tão grato a John Hughes quanto a John Carpenter.

Quem é John Hughes? Para aqueles que não cresceram nos anos 1980, ele foi o homem que, em essência, criou o modelo para os filmes sobre adolescência da Geração x, ajudando a inspirar o que muitos críticos de cinema descrevem como a era de ouro do gênero. Seus filmes levaram os adolescentes a sério: seus relacionamentos, sua música, seus conflitos internos, seus desejos. Eles também eram muito engraçados. Seu catálogo de clássicos dos anos 1980 inclui *Gatinhas e Gatões* (1984), *Mulher Nota 1000* (1985), *O Clube dos Cinco* (1985), *Curtindo a Vida Adoidado* (1986) e *A Garota de Rosa Shocking* (1986). Ele também ajudou a

Os filmes de John Hughes levavam os adolescentes à sério — seus relacionamentos, suas músicas, seus conflitos internos, seus desejos — e por isso ressoavam entre os espectadores

lançar as carreiras de uma geração de jovens atores, incluindo Molly Ringwald, Jon Cryer, Emilio Estevez e Matthew Broderick.

Muitos desses filmes, como em *Stranger Things*, são ambientados no centro-oeste (geralmente no subúrbio de Illinois). Eles também apresentam gostos musicais semelhantes. Em *A Garota de Rosa Shocking*, por exemplo, ouvimos várias bandas que também aparecem em *Stranger Things*: Psychedelic Furs, The Smiths, Echo and the Bunnymen e New Order (essas canções são exploradas com maior profundidade no capítulo 4 deste livro). De fato, "Elegia", do New Order, é destaque em *A Garota de Rosa Shocking* e *Stranger Things* (na primeira temporada, capítulo 4). Eles também compartilham um caso de amor com David Bowie. *O Clube dos Cinco* abre com uma citação do ícone pop alternativo:

> ...And these children that you spit on
> As they try to change their worlds
> Are immune to your consultations
> They're quite aware of what they're
> going through...*

Bowie desempenha um papel semelhante em *Stranger Things* — seu pôster está no mural de Jonathan, e sua música "Heroes" é apresentada na primeira temporada, capítulo 4 ("O Corpo"). Na segunda temporada, capítulo 1 ("MADMAX"), Jonathan usa-o como modelo para explicar por que está tudo bem ser uma "aberração".

Além da música, muitos dos tipos e dinâmicas sociais de *Stranger Things* vêm da cartilha dos filmes de John Hughes: a angústia sexual e os triângulos amorosos, as tensões de classe, as crianças descoladas (Steve) e os desajustados excêntricos (Jonathan), personagens secundários nerds (Barb) e palhaços da turma (Dustin), meninas moleques (Max) e bad boys (Billy).

A dinâmica entre Steve, Nancy e Jonathan tem particularmente um quê de John Hughes. O tropo da garota mais estudiosa que atrai o garoto mais popular está em todos os filmes adolescentes dos anos 1980. No entanto, a marca registrada de um filme de John Hughes é permitir que os personagens esquisitos, de alguma forma, prevaleçam. Isso é exatamente o que acontece em *Stranger Things*, quando Nancy gradualmente perde o interesse por Steve e começa a se apaixonar por Jonathan, que é mais intrigante e excêntrico.

Enquanto Steve perde Nancy, seu personagem revela outro tropeço comum nos filmes de Hughes: a redenção do babaca (isso é discutido com maior profundidade no capítulo 10 deste livro). Steve, que conhecemos primeiramente como o namorado bonito, mas rico e arrogante, amadurece gradualmente para um sujeito mais sensível, engraçado e honrado — uma transformação que se assemelha à evolução do personagem de Andrew Clark (Emilio Estevez) em *O Clube dos Cinco* ou até mesmo Blane (Andrew McCarthy) em *A Garota de Rosa Shocking*.

A dinâmica irmão-irmã entre Nancy e Mike, entretanto, tem traços de Ferris (Matthew Broderick) e Jeanie (Jennifer Gray) de *Curtindo a Vida Adoidado*. Assim como Ferris, Mike finge estar doente para ficar em casa, e seus pais permanecem indiferentes às suas atividades reais. Aliás, Joe Keery (que interpreta Steve Harrington) também fez uma imitação de *Curtindo a Vida Adoidado* em um comercial de 2017 para a pizzaria Domino's.

Hughes não foi o único diretor a captar a experiência adolescente em filmes nos anos 1980. Entre outras grandes obras para jovens estão: *Picardias Estudantis* (1982), *Negócio Arriscado* (1983), *A Chance* (1983), *Vidas*

> **Muitos dos tipos de dinâmicas sociais de Stranger Things vêm dos filmes de Hughes: os triângulos amorosos, as tensões de classe, as crianças descoladas e os desajustados excêntricos**

---

* Da música "Changes". A passagem pode ser traduzida como:
"E as crianças nas quais você cospe
Enquanto elas tentam mudar o mundo em que vivem
São imunes aos seus conselhos
Elas estão perfeitamente conscientes do que estão passando"

sem Rumo* (1983), *Footloose: Ritmo Louco* (1984), *O Primeiro Ano do Resto de Nossas Vidas* (1985), *De Volta para o Futuro* (1985), *Ritmo Quente* (1987), *Namorada de Aluguel* (1987) e *Digam o que Quiserem* (1989).

Há referências em *Stranger Things* para alguns desses filmes. O visual de Billy é inspirado de várias maneiras pelo personagem de Rob Lowe em *O Primeiro Ano do Resto de Nossas Vidas* (também chamado de Billy). Na primeira temporada, no capítulo 5 ("A Pulga e O Acrobata"), Steve convida Nancy para ver *A Chance*, estrelado por Tom Cruise (que também aparece em um pôster na parede do quarto de Nancy). Quando Nancy hesita, Steve começa a cantar "Old Time Rock 'n' Roll", como o personagem de Cruise, Joel, em *Vidas sem Rumo*. Na segunda temporada, capítulo 2 ("Gostosuras ou Travessuras, Aberração") Nancy e Steve também se vestem como os personagens — Joel e Lana — de *Negócio Arriscado* para a festa de Halloween.

Talvez o maior momento "filme adolescente dos anos 1980" em *Stranger Things* aconteça no final da segunda temporada, no Baile de Inverno da Escola Hawkins. Aqui, temos todos os principais ingredientes do gênero em exibição: o constrangimento e a ansiedade, as contracorrentes de interesse (ou a falta dele), a música, os penteados.

A transformação física de Eleven é um clássico dos anos 1980, lembrando Andy de *A Garota de Rosa Shocking*, assim como Allison de *O Clube dos Cinco*. Mas a experiência de Dustin é talvez a mais evocativa. Depois de uma conversa encorajadora com Steve, ele chega ansioso ao baile, mas resolve ir em frente. No entanto, quando a dança lenta começa, suas perspectivas começam a diminuir: Lucas acaba com Max (a primeira escolha de Dustin); então ele é rudemente rejeitado pela garota popular, Stacy. Enquanto procura por uma parceira, as meninas desviam. Por fim, ele acaba sozinho na arquibancada, em lágrimas. Muitos espectadores fizeram conexões entre Dustin e Duckie, o personagem excêntrico e nerd, mas adorável de *A Garota de Rosa Shocking*.

Como Duckie, Dustin não consegue a garota que quer. Mas ele começa a dançar com Nancy, que o vê sentado sozinho, e compassivamente o tira do anonimato, enquanto as garotas populares olham maravilhadas. É um momento de filme dos anos 1980, amplificado ainda mais pela reunião de arrepiar de Mike e Eleven. Agigantando-se sobre o prédio, é claro, está uma presença sinistra e sobrenatural, certamente não encontrada em nenhum filme de John Hughes: o Devorador de Mentes. Isso nos traz de volta ao reino da ficção científica.

JOSEPH VOGEL

STRANGER FANS

Alien

Como este "Tubarão no espaço" se tornou tão importante

03. Talvez a maior influência de ficção científica em *Stranger Things* — além dos filmes de Spielberg — seja a franquia *Alien*. Em 1979, o primeiro filme de *Alien* foi dirigido por Ridley Scott e se tornou um enorme sucesso, arrecadando mais de 79 milhões de dólares à época. A história falava sobre uma tripulação espacial, despertada de suas câmaras de sono por um pedido de socorro. Posteriormente, a tripulação acaba enfrentando um alienígena parasita, perverso, que estava incubado dentro da espaçonave. Os roteiristas do filme chegaram a vender o longa como o *"Tubarão* no espaço". Dessa forma, foi um dos primeiros grandes filmes a combinar os gêneros de horror e ficção científica.

Os Duffer reconhecem a influência de *Alien: O Oitavo Passageiro* no seriado, particularmente em sua construção lenta dos obstáculos da história e do medo subsequente, assim como também ocorre em *Tubarão*. "Nós olhamos muito para o *Alien* de Ridley Scott",[8] disse Ross Duffer. "No YouTube, tem um vídeo que mostra todas as vezes que você vê o alienígena no primeiro filme, e isso leva apenas alguns minutos. E isso em um filme de duas horas. Acho que a razão pela qual o Alien é tão assustador é que, quando ele aparece, tem certo impacto. Então pensamos, ok, vamos ver apenas a sombra no episódio 1, porque sabíamos que tínhamos oito episódios. Estávamos tentando revelar o monstro lentamente até você, enfim, ver a coisa toda."

As texturas viscosas e a atmosfera escura, úmida e claustrofóbica, os casulos envoltos em teia de aranha, os tentáculos que penetram a boca, tudo lembra Alien

Vemos uma série de semelhanças visuais entre *Alien* e *Stranger Things*, mais claramente quando o xerife Hopper e Joyce entram no portal para o Mundo Invertido na primeira temporada, capítulo 8 ("O Mundo Invertido"), em trajes de proteção com lanternas. As texturas viscosas e a atmosfera escura, úmida e claustrofóbica, os casulos envoltos em teia de aranha, os tentáculos que penetram a boca, tudo lembra *Alien*. Além disso, mesmo que seus rostos sejam obviamente diferentes, alguns dos movimentos do Demogorgon, seus métodos de ataque, e a sensação geral do monstro são claramente inspirados pelo alienígena de Ridley Scott. Além disso, o som estridente que ele faz quando é morto e o resíduo pegajoso que deixa em seu rastro são muito semelhantes aos do Alien.

Tão influente (se não mais) em *Stranger Things* é a sequência de 1986, *Aliens, O Resgate*, dirigida por James Cameron. Um grande burburinho acompanhou esse lançamento, já que os fãs do primeiro filme esperaram sete anos pela sua chegada. Muitos, no entanto, duvidaram que o filme seria tão bom quanto o primeiro, dada a tendência de declínio dos retornos com outras franquias (como *Tubarão*). *Aliens, O Resgate* foi ainda mais bem-sucedido nas bilheterias do que o original, gerando mais de 85 milhões de dólares e se tornando um dos filmes mais lucrativos feitos para maiores de quatorze anos na época. Também foi amplamente elogiado pelos críticos por se manter fiel à estética do original, ao mesmo tempo em que acrescentou uma ação mais rápida.

Quando os Irmãos Duffer começaram a pensar em ideias para a segunda temporada de *Stranger Things*, eles usaram *Aliens, O Resgate* como ponto de referência. "Nós conversamos sobre *Aliens* porque estávamos olhando para as sequências mais bem-sucedidas de todos os tempos, e essa é, sem dúvida, uma das sequências mais bem-sucedidas", explicou Matt Duffer. "Eu amo que as pessoas discutem se *Alien* ou *Aliens* é melhor, e eu mudei de ideia uma centena de vezes. É preciso trazer muito do sentimento e do que funcionou em *Alien*, e então James Cameron fez essa incrível sequência quase em um gênero novo. Ele expandiu o escopo e fez com que *Aliens* se parecesse com o primeiro filme, mas, ao mesmo tempo, que fosse muito diferente. Quando você percebe isso, você entende, é por isso que eu geralmente escolho *Aliens* como meu favorito. Naturalmente, queríamos mostrar isso na série."[9]

Essas alusões começaram cedo na primeira temporada do seriado, e continuaram mais proeminentes na segunda. Por exemplo, a cena de abertura da primeira temporada, capítulo 1 ("O Desaparecimento de Will Byers") — quando um homem em um jaleco corre freneticamente por um corredor cintilante até o elevador, antes de ser arrebatado por um Demogorgon —, é remanescente de uma série de cenas de elevador em *Aliens*, incluindo uma em que Ripley (interpretada por Sigourney Weaver) carrega uma jovem (Newt) para um elevador, apertando freneticamente os botões, enquanto elas tentam escapar da rainha Alien.

Há também a introdução do dr. Owens, interpretado por Paul Reiser, que também apareceu em *Aliens* como Carter Burke. O produtor Shawn Levy, de fato, revelou que no roteiro original da segunda temporada, o dr. Owens era na verdade chamado dr. Reiser. Em *Aliens*, Reiser interpreta um representante corporativo bajulador enviado para investigar a lua LV-426 e, no decorrer do filme, aprendemos que ele é mais investido nos interesses da empresa do que em realmente ajudar a tripulação. Ele acaba se tornando o principal antagonista humano do filme.

Alguns dos movimentos do Demogorgon, seus métodos de ataque, e a sensação geral são claramente inspirados pelo alienígena de Ridley Scott

De certa forma, esse papel é reprisado com o dr. Owens, que dirige o programa no Laboratório Nacional de Hawkins, na ausência do dr. Brenner. Paul Reiser descreveu[10] seu novo personagem como "um sobrinho espiritual" de seu papel como Burke em *Aliens*. Embora sua personalidade pareça sincera e amistosa o suficiente, o público fica cético quanto a ele desde o início — talvez em parte por causa da associação do papel de Burke em *Aliens*, mas também simplesmente porque ele trabalha para o Laboratório. No entanto, ao longo da segunda temporada, seu personagem traça uma trajetória diferente do que interpretara em *Aliens*. Sim, ele admite mentir para o público sobre muitas das atividades nefastas do Laboratório Nacional de Hawkins. Mas existem razões. Como prova, ele começa a mostrar o que existe por trás da cortina do Laboratório para Hopper, Nancy e Jonathan.

Enquanto o dr. Owens, como Burke em *Aliens*, é uma figura ligada à organização que representa, por volta da metade da segunda temporada, os Irmãos Duffer lenta e sutilmente começam a revelar novas nuances em seu personagem. Talvez ele não seja um cara mau, afinal. Como o crítico de televisão Abraham Reisman explicou: "Enquanto todo mundo corre em busca de segurança, ele fica por perto para ajudar Bob, o Cérebro, a sair vivo".[11] Ele mesmo não consegue escapar — e sofre ferimentos quase fatais. Mas ao contrário de *Aliens*, em que ele engana e trai seus companheiros de tripulação — finalmente abandonando-os para preservar sua própria vida —, em *Stranger Things* ele faz o oposto. Na verdade, até descobrimos que ele era o único no Laboratório Nacional de Hawkins que defendia Will e que havia encontrado uma maneira de obter a custódia de Eleven para Hopper. Desta forma, como diz Reisman, "*Stranger Things* está fazendo o que faz melhor: não apenas imitando a arte dos anos 1980, mas transformando-a em algo novo e delicioso".[12]

Existem outros paralelos com *Aliens*: o penteado curto e encaracolado de Eleven na segunda temporada é muito parecido com o de Ripley em *Aliens*. As críticas apaixonadas de Joyce contra os burocratas do Laboratório Nacional de Hawkins relembram o discurso de Ripley contra a companhia Weyland-Yutani; o Demogorgon que se multiplica em girinos, e os Demodogs são uma reminiscência da reprodução e multiplicação de alienígenas em *Aliens*; os gatos gritando sentindo algo perigoso; as pétalas parecidas com plantas dos ovos que eclodem em *Aliens*

são bem semelhantes ao rosto do Demogorgon em *Stranger Things*; os agentes do Laboratório Nacional de Hawkins lançando fogo lembram cenas com lança-chamas em *Aliens*.

O capítulo 6 ("O Espião") da segunda temporada é particularmente grato a *Aliens*. "Andrew Stanton dirigiu esse episódio e pediu *storyboards* que tinham cena por cena do que aconteceu em *Aliens*", revelou David Harbour. "Mesma cena, Paul Reiser na mesma posição." Na verdade, há até mesmo uma fala retirada do filme de Cameron. Enquanto os soldados descem para os túneis subterrâneos, Owens e outros olham através de monitores granulosos, lembrando a cena em *Aliens* quando Ripley, Burke e companhia fazem o mesmo que os soldados que vasculham a ex-lua LV-426. Assim como em *Aliens*, um dos soldados diz: "Fiquem frios, meninos!". E, assim como em *Aliens*, a expedição não termina bem.

> **"Stranger Things está fazendo o que faz melhor: não apenas imitando a arte dos anos 1980, mas transformando-a em algo novo e delicioso." — Abraham Reisman**

Aliás, a segunda temporada também faz algumas referências a outro *blockbuster* de James Cameron: *O Exterminador do Futuro*, que foi lançado em 1984, o ano em que a segunda temporada acontece. Primeiro o vemos na marquise do cinema no centro de Hawkins. No capítulo 2 ("Gostosuras ou Travessuras, Aberração"), ele aparece novamente, desta vez como uma prévia do filme, enquanto Eleven zapeia pelos canais da TV.

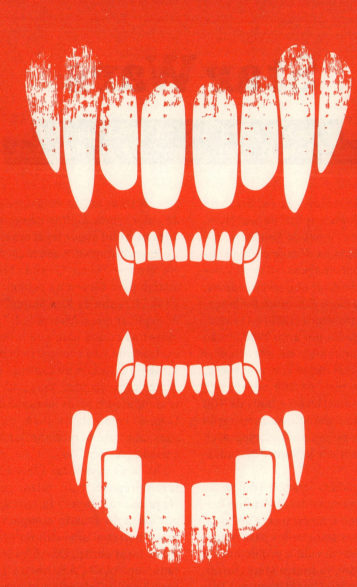

JOSEPH VOGEL
STRANGER FANS

Star Wars

A maior saga de todos os tempos tem fãs muito apaixonados em Hawkins

04. Outra grande influência em *Stranger Things* é a trilogia original de *Star Wars*. Assim como os filmes de Spielberg, todas as crianças que cresceram na década de 1980 conheciam *Star Wars*. Seus personagens, suas citações e sua mitologia faziam parte do ar que respirávamos. Além disso, enquanto *Uma Nova Esperança* foi lançado em 1977, *O Império Contra-Ataca* (1980) e *O Retorno de Jedi* (1983) foram lançados nos anos 1980, então estavam bem em evidência nos anos em que *Stranger Things* se passa. As sequências foram enormes sucessos, cada um arrecadando mais de 200 milhões de dólares no mercado norte-americano e mais de 400 milhões de dólares em todo o mundo. Sua saturação na cultura popular era simplesmente incomparável, com produtos que passavam por brinquedos, fantasias e jogos.

Nós vemos essa saturação em *Stranger Things*. Na casa de Mike, por exemplo, vemos uma Millenium Falcon de brinquedo, bem como uma estatueta de Yoda. Não foi fácil conseguir esses brinquedos para o programa, revelaram os Duffer, devido a problemas de licenciamento. "É engraçado",[13] admitiu Matt Duffer, "se você perceber, no episódio 3, a [Millenium] Falcon está realmente escondida debaixo de um cobertor, porque você não pode exibi-la em todas as cenas.

Nós ficamos muito empolgados com a possibilidade de colocarmos alguns brinquedos de Star Wars... A Lucasfilm foi super legal em nos deixar fazer isso."

Esses brinquedos são mais do que apenas adereços em *Stranger Things*. Quando Mike está mostrando seu quarto para Eleven na primeira temporada, capítulo 2 ("A Estranha da Rua Maple"), ele imita Yoda, antes de explicar que o Mestre Jedi "pode usar a Força para mover as coisas com sua mente". Eleven, claro, faz exatamente isso com outro brinquedo de Star Wars, a Millenium Falcon no capítulo 3 ("Caramba"). Em episódios subsequentes, seus poderes são frequentemente comparados pelos meninos aos poderes de um Jedi. O modo como ela focaliza sua mente e, às vezes, usa suas mãos até parece similar ao modo como a Força é usada em *Star Wars*.

Além de comparar Eleven a um Jedi, as crianças fazem uma série de outras referências a *Star Wars*. Na primeira temporada, no capítulo 6 ("O Monstro"), por exemplo, Dustin compara que confrontar o Demogorgon com um estilingue (e sem Eleven) era como R2D2 lutar contra Darth Vader. Na primeira temporada, capítulo 7 ("A Banheira"), várias alusões são feitas a Lando Calrissian, o personagem que trai Han Solo no *Império Contra-Ataca*. Lucas se refere a Eleven como Lando depois de acreditar que ela mentiu para eles sobre o paradeiro de Will. Mais tarde, no ônibus, Dustin continua com a menção ao tentar determinar se os pedidos de Nancy e xerife Hopper no walkie-talkie são "uma armadilha". Na segunda temporada, no capítulo 3 ("O Girino"), Mike argumenta que a justificativa de Dustin de que seu Girino não é mau só porque é do Mundo Invertido é inválida, retrucando: "É como dizer: 'Só porque alguém é da Estrela da Morte, não significa que essa pessoa seja ruim'".

Existem paralelos com os personagens também. A jornada e a evolução de Eleven são similares às de Luke Skywalker, particularmente em como ela descobre e usa seu poder. Isso fica evidente durante as temporadas 1 e 2, pois El usa sua habilidade para ajudar e salvar pessoas, mas também para feri-las. Os Duffer reconheceram que *Star Wars* foi particularmente relevante enquanto pensavam na segunda temporada, capítulo 7 ("A Irmã Perdida"). "Assim como Luke Skywalker, [El] precisava sair por conta própria e aprender mais sobre si mesma", explicou Ross Duffer.

> ## "Só porque alguém é da Estrela da Morte, não significa que essa pessoa seja ruim." — Dustin

Em particular, eles "discutiram muito sobre *O Império Contra-Ataca*", [14] diz Matt Duffer. "(...) Sobre Luke indo para Dagobah e encontrando Yoda. Além disso, a ideia de uma Eleven sombria, de uma Eleven sendo atraída para o lado sombrio, era uma noção interessante. Então, muito desse episódio foi o que aconteceria se Eleven fosse atraída por essa escuridão e o que ela aprenderia sobre si mesma, se fosse o caso."

Vemos a dinâmica de *Star Wars* em ação durante o capítulo 7. Compare, por exemplo, Eleven movendo o trem de carga com sua mente com Luke movendo a espaçonave do pântano de Dagobah em *O Império Contra-Ataca*. Seus mentores, claro, são diferentes. No lugar de Yoda, há a irmã há muito perdida de El, Kali, que de certa forma representa uma espécie de figura sombria para ela, assim como Darth Vader é para Luke.

Linnea Berthelsen, que interpretou Kali, reconheceu pensar sobre essa dinâmica na preparação de seu personagem. "Eu tirei tudo de Luke e do relacionamento com Anakin", [15] diz ela. "A razão pela qual Kali está tão zangada é também por causa do amor. Ela quer acreditar em outro ser humano. Algo realmente deu errado, e as pessoas a decepcionaram. Ela está tentando o que acredita ser a melhor maneira de apoiar Eleven. Talvez não seja o jeito certo de fazer isso, mas está vindo de uma boa intenção. E eu acho que é a mesma coisa com Darth Vader — ele acredita que é a coisa certa, e está fazendo tudo pelo amor de sua mãe."

Há também uma dinâmica de Luke-Darth Vader com Eleven e Papa. El parece sentir algum bem nele, mesmo que ele pareça ser uma figura sinistra e muito sombria. Temos a sensação, assim como em *Star Wars*, de que mais detalhes serão revelados nesse fronte nas próximas temporadas.

Star Wars é, então, uma base de comparação crucial em *Stranger Things* — tanto como um poço mitológico a partir do qual é possível captar temas e ideias, como também uma presença cultural que se infiltra em conversas, enredos e decoração de quartos.

JOSEPH VOGEL

Os Caça-Fantasmas

Se tem alguma coisa estranha na sua vizinhança, quem você vai chamar?

05. E, então, há *Os Caça-Fantasmas*. Solta a música. Uma vez que os Irmãos Duffer decidiram que a segunda temporada se passaria no outono de 1984, eles sabiam que tinham que ter os meninos vestidos em trajes de *Os Caça-Fantasmas* para o Halloween. *Os Caça-Fantasmas* chegou aos cinemas no verão de 1984 e se tornou um grande sucesso, arrecadando mais de 240 milhões de dólares nos Estados Unidos. Foi a comédia mais vendida da década.

Assim como no caso de *Star Wars*, foi preciso muita conversa para obter permissão para usar as roupas e a música de *Os Caça-Fantasmas* em *Stranger Things*. Os Duffer apresentaram seu caso para diretor do filme, Ivan Reitman. "Fizemos esse discurso super nervoso sobre o que *Os Caça-Fantasmas* significavam para nós",[16] lembra Matt Duffer. "Esse filme foi uma grande parte da minha infância. Nós assistimos a fita VHS tantas vezes. Eu a memorizei. De qualquer forma, foi muito fácil, para mim, falar apaixonadamente sobre *Os Caça-Fantasmas*, e ele nos deixou fazer nosso discurso, mas já tinha decidido nos deixar usar. Ele ficou tipo: 'Estamos muito lisonjeados. É claro que adoraríamos que vocês usassem'. E nós ficamos, tipo, 'Ufa!'."

Os Caça-Fantasmas aparece na segunda temporada, capítulo 2 ("Gostosuras ou Travessuras, Aberração") enquanto as crianças posam para fotos de Polaroid. Quando eles se encontram na escola, debatem quais personagens do filme são descolados, depois que Mike e Lucas descobrem que ambos escolheram se fantasiar de Venkman (interpretado por Bill Murray). Ninguém quer ser Winston (interpretado por Ernie Hudson), porque, como diz Lucas: "Ele se juntou à equipe muito tarde, não é engraçado e nem é cientista".

Alguns viram a incorporação de *Os Caça-Fantasmas* como propagandista, mas os Duffer defenderam a decisão alegando que eles e seus amigos realmente se vestiam como Caça-Fantasmas. "Essas crianças se vestiriam de Caça-Fantasmas",[17] argumentou Matt Duffer. "Para mim, isso é autêntico. Isso não é autoconsciente. É autêntico, é real, porque nós fazíamos isso."

Como veremos no próximo capítulo, o mesmo tratamento foi dado para a música. Na verdade, a aparição do hit de Ray Parker Jr., "Ghostbusters", faz todo o sentido para a segunda temporada. A música foi um enorme sucesso em 1984 e teria tocado sem parar na rádio durante aquela época, especialmente estando próximo ao Halloween. Essa autenticidade — tanto para a época quanto para a história e os personagens — é o *modus operandi* da maioria das músicas apresentadas na série.

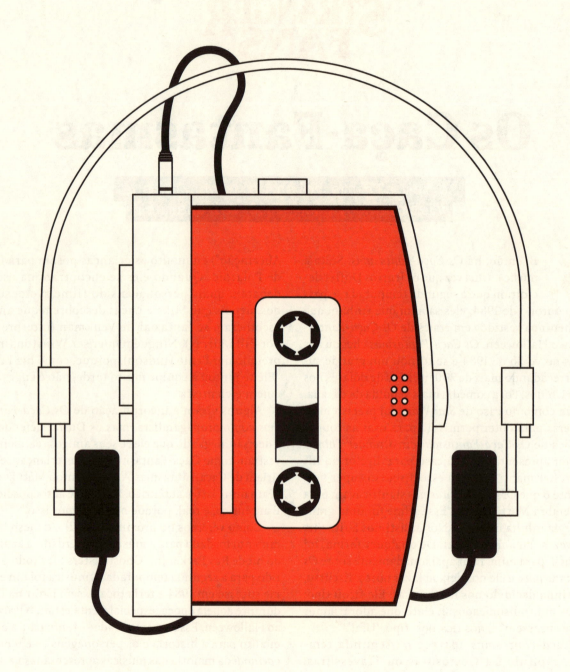

REC ■ 🔋

SOUNDTRACK 1980
MÚSICA DE TODOS NÓS

Nenhuma música é tão importante para *Stranger Things* como o clássico de 1982 do *The Clash*, "Should I Stay or Should I Go". Nós ouvimos a faixa pela primeira vez logo no capítulo 2 ("A Estranha da Rua Maple"), enquanto Jonathan está dirigindo. A música desencadeia um flashback de vários meses antes do desaparecimento de Will. Os irmãos estão no quarto, ouvindo uma mixtape que Jonathan fez para Will, incluindo músicas do The Clash, Joy Division, Television, The Smiths e David Bowie. "Isso vai mudar totalmente sua vida", ele diz a Will.

No fundo, ouvimos seus pais brigando, o que, como sugere a reação de Will, é algo frequente. Para abafar os gritos, Jonathan aumenta a música. A canção, desse modo, não apenas conecta os irmãos: ela fornece uma espécie de escudo emocional contra a dor e as decepções que eles enfrentam juntos, incluindo o divórcio de seus pais.

"Should I Stay or Should I Go" está entre as músicas mais famosas do The Clash. Parte *rockabilly*, parte punk, com um riff de guitarra matador, atingiu o pico na posição 45ª da Billboard Hot 100,* mas era universalmente conhecida na cena alternativa e, desde então, é considerada uma das melhores músicas da década. A *Rolling Stone* incluiu a faixa em sua lista "500 Melhores Músicas de Todos os Tempos" (na 228ª posição).[1]

Além de capturar o som e a sensação do início dos anos 1980 e apresentar o gosto musical de Jonathan, a canção serve como um meio de conexão e anuncia o enigma que Will deve enfrentar

Parece provável que Jonathan teria comprado o álbum inteiro — *Combat Rock* —, que foi lançado em junho de 1982 e também apresentava o hit "Rock the Casbah". Grande parte desse álbum criticava a política

---

*   As 100 músicas mais escutadas da Billboard. Na época, não existia uma revista *Rolling Stone* no Brasil, assim podemos comparar com as compilações de mais tocadas na rádio, ou com programas de TV que mostravam as melhores músicas, como um *Disk MTV*.

externa e a decadência moral dos Estados Unidos. Isso não foi surpresa para os seguidores da banda. No final dos anos 1970 e início dos anos 1980, ser fã do The Clash não era apenas sobre a música; era uma declaração de identidade. O Clash representava rebeldia, dissensão e resistência aos principais valores da família tradicional da época.

Particularmente após o lançamento de *London Calling* em 1980 — que alguns críticos de música elogiaram como o melhor álbum da década —, o The Clash foi amplamente considerado como a maior banda punk de sua geração. Eles eram frequentemente chamados de "A Única Banda que Importa", um slogan promocional que se tornou uma espécie de lugar-comum cultural para seus seguidores, que faziam parte de uma cultura alternativa.

É fácil, então, perceber o apelo deles para Jonathan. A capa do single "Should I Stay or Should I Go" apresentava uma imagem granulada de Ronald Reagan, sugerindo que a questão colocada no título podia ter implicações políticas. No entanto, na época, muita gente realmente o interpretou em termos mais pessoais — como o vocalista Mick Jones contemplando se deixaria ou não a banda (no fim das contas, o *Combat Rock* foi o último álbum do The Clash com a formação original).

Mas qual é o seu significado para *Stranger Things*? Além de capturar o som e a sensação do início dos anos 1980 e dar uma ideia do gosto musical de Jonathan, a canção também desempenha um papel significativo na história, servindo como um meio de conexão e prenunciando o difícil enigma que Will deve enfrentar.

"Should I Stay or Should I Go" ressurge várias vezes durante as duas primeiras temporadas. No capítulo 2 ("A Estranha da Rua Maple"), Will, no Mundo Invertido, usa para se comunicar com sua mãe Joyce, fazendo a música tocar na caixa de som do seu quarto (note como, naquele momento, Joyce deve decidir se fica em casa ou se sai). Nós ouvimos a música novamente no capítulo 4 ("O Corpo"), enquanto Eleven consegue canalizar a voz fraca de Will cantando por meio do walkie-talkie. Will também está cantarolando a música enquanto se esconde no Castelo Byers, tremendo, quando o monstro se aproxima no capítulo 7 ("A Banheira"). A música aparece novamente na segunda temporada, capítulo 8 ("O Devorador de Mentes"), quando Jonathan, Mike, xerife Hopper e Joyce tentam se comunicar com Will por meio de código Morse.

Assim como Jonathan prometeu no capítulo 2, a música literalmente ajuda a salvar a vida de Will — embora de maneiras que Jonathan talvez não tenha previsto. Em um grau, o significado da música é sua familiaridade — ela ancora e conforta Will. Como se lhe desse algo para se manter, algo que o faz lembrar de sua família e de seus amigos. Funciona do outro lado também — oferecendo à sua família e amigos evidências de que ele ainda está lá, que ele não foi embora. A música, dessa maneira, é como um canal interdimensional. Comunica-se além da linguagem, do espaço e do tempo.

No entanto, a música não é usada por Will somente para sobreviver ou mesmo apenas para se comunicar com sua família, mas para comunicar outra coisa. Veja a letra:

> *Should I stay or should I go now?*
> *If I go, there will be trouble.*
> *And if I stay it will be double.**

Isso é, em poucas palavras, o enigma de Will. Quando ele vai, causa problemas (seu rapto destrói emocionalmente sua família e seus amigos e vira a

---

*   "Devo ficar ou devo ir agora?
Se eu for, haverá problemas
E se eu ficar, serão em dobro"

"Should I stay or should I go now?"

The Clash

cidade de Hawkins de cabeça para baixo — perdoem o trocadilho). No entanto, quando ele finalmente é encontrado no final da primeira temporada e retorna para casa, os problemas — seguindo fielmente a música — apenas dobram, o Mundo Invertido se espalha, os Demodogs se multiplicam e o Devorador de Mentes ameaça a existência dele — e de todos que ele ama.

É interessante, porém, que a música é o que essencialmente permite que Will subverta o Devorador de Mentes na segunda temporada, capítulo 8 ("O Devorador de Mentes"). Não é meramente tocada por Jonathan pela nostalgia; a canção auxilia a reconexão de Will com os seus entes queridos e a entrega de uma mensagem importante (FECHE O PORTÃO).

Dessa forma, o sucesso do The Clash não é apenas parte da trilha sonora da série, mas também é habilmente inserida em seu enredo, temas e personagens. Simboliza o vínculo fraterno entre Jonathan e Will; ajuda Will a sobreviver — e ajuda sua família e amigos a manter a esperança viva — depois de ter sido arrebatado pelo Mundo Invertido; e ressalta a situação paradoxal de pós-abdução de Will, enquanto ele

luta para escapar do domínio do Devorador de Mentes. "Should I Stay or Should I Go" experimentou um ressurgimento de popularidade após o seu papel de destaque no seriado. Também rendeu uma indicação ao Emmy para a supervisora de música Nora Felder, que conseguiu convencer o The Clash de que a música deveria ser apresentada em uma série sobre monstros extraterrestres.

Felizmente, o The Clash aceitou. É difícil imaginar a série sem a música. No entanto, há muito mais músicas, e boas músicas, em *Stranger Things* que valem a pena darmos uma olhada mais de perto, desde clássicos do pop à canções profundas mais obscuras. Os anos 1980 foram uma década épica para a música — dos sintetizadores aos videoclipes e à mistura e criação de gêneros. Foi a década do *synth pop*, *new wave*, *hair metal* e hip-hop. Foi a década de Michael Jackson e Madonna, Prince e The Police, U2 e Bruce Springsteen. É uma nascente rica da qual se pode beber — e a série generosamente tira proveito disso para fazer com que tanto o período quanto o enredo ganhem vida.

A mixtape de Jonathan

Um mergulho profundo no rock de 1980 para descolar a trilha perfeita

01. Como os Irmãos Duffer decidiram quais músicas usar para a série? "Para nós",[2] explica Ross Duffer, "não foi como Tarantino — não é como se essas coisas estivessem escritas no roteiro. A música do The Clash 'Should I Stay or Should I Go' foi planejada, mas todas as outras coisas foram mais a gente escutando o máximo de música dos anos 1980 que pudemos, vendo o que parecia correto. Foi definitivamente tentativa e erro. Óbvio, experimentamos com o que realmente seria tocado por volta de 1983 — para nós, era mais sobre o tom e a sensação, e as histórias que essas músicas contavam."

Stranger Things tende a agrupar muitas de suas músicas em torno de personagens. Por exemplo, além do The Clash, vários outros grupos punk, *new wave*

> **"A música do The Clash (...) foi planejada, mas todas as outras coisas foram mais a gente escutando o máximo de músicas dos anos 1980 que pudemos, vendo o que parecia correto." — Ross Duffer**

e alternativos são apresentados em relação a Jonathan, de "There Is a Light That Never Goes Out" do The Smiths, que toca em um dos flashbacks de Jonathan, a "Go Nowhere", do Reagan Youth, que toca no som de seu carro na primeira temporada, capítulo 2 ("A Estranha da Rua Maple").

Um dos exemplos mais pungentes vem no final do capítulo 3 ("Caramba"), com a primeira de uma série de "músicas para entrar no clima" eficazes usadas na primeira temporada. Nesse caso, a música é o *cover* de Peter Gabriel do clássico de David Bowie: "Heroes". Sabemos, é claro, que Jonathan é um grande fã de Bowie — pelas conversas com Will e suas *mixtapes*. Há até um pôster do ícone pop na parede do quarto dele.

No entanto, o uso da música aqui não é apenas sobre Jonathan, mas sobre todos que se importam com Will. A música começa exatamente com o que parece ser o corpo sem vida do menino sendo puxado para fora do lago. Vemos o xerife Hopper atordoado e sombrio; vemos os amigos de Will cheios de lágrimas; vemos filhos e mães se abraçando. A música e o episódio terminam com Jonathan e Joyce se abraçando, ambos quase quebrados, em silhueta, enquanto as sirenes da polícia se aproximam. Os Irmãos Duffer creditam o produtor Shawn Levy, que dirigiu este episódio, por escolher a música e tecer lindamente essas cenas finais e dramáticas.

Outra música que ajuda o clima de Jonathan Byers toca perto do começo do capítulo 4 ("O Corpo"). Depois que o xerife Hopper deixa a casa dos Byers, eles passam a digerir as trágicas notícias sobre Will. A música "Atmosphere", lado B da banda Joy Division, acompanha uma montagem de luto. Nós vemos Joyce estremecida de dor, mas ainda se recusando a aceitar que seu filho se foi. Enquanto isso, Jonathan deita em sua cama com fones de ouvido, sobrecarregado de tristeza. Um réquiem de perda e luto, a música foi originalmente lançada não muito depois da trágica morte do vocalista do Joy Division, Ian Curtis, em maio de 1980. Aqui, em *Stranger Things*, ela permite que o luto pela perda de Will finalmente aconteça, especialmente para sua mãe e seu irmão.

No capítulo 5 ("A Pulga e O Acrobata"), ouvimos a assombrosa música instrumental do New Order, "Elegia", enquanto assistimos a uma montagem emo-

Cenas finais e dramáticas são tecidas lindamente com as músicas escolhidas a dedo pelos criadores da série. Tudo se conecta em Stranger Things

cionante de amigos e familiares de Will se preparando para seu funeral. A banda New Order foi formada depois que o Joy Division perdeu seu vocalista, que cometeu suicídio. Lançado em seu álbum de estúdio, *Low Life*, de 1985, "Elegia" foi dedicada à memória de Curtis. Em *Stranger Things*, enquanto ouvimos seus sintetizadores prismáticos e guitarras melancólicas,

vemos pessoas passando pelas rotinas ritualísticas de um funeral, antes de chegarmos ao caixão de Will, enquanto um padre faz um sermão. É outro uso poderoso de uma peça de música para capturar a devastação de perder um ente querido.

Ouvimos uma série de outras faixas que foram selecionadas das listas de músicas de Jonathan, incluindo algumas que penetram profundo na alma, como "Blackout", da banda *new wave* de Minnesota Swing Set, e "Nocturnal Me", uma faixa sinistra e cinematográfica da banda de rock britânica Echo & the Bunnymen. Como os Duffer imaginaram que um moleque de uma cidade pequena de Indiana teria um conhecimento tão amplo de música? De acordo com a supervisora de música Nora Felder, era simplesmente uma extensão natural da identidade única de Jonathan. "Com a fotografia, ele está sempre procurando capturar algo único e especial através da lente",[3] explica Felder. "Seria natural que ele também fizesse a curadoria de sua própria lista de músicas pessoais e não confiasse no que está sendo transmitido para a cidade na estação de rádio local. Jonathan certamente gostaria de saber — sem trocadilhos —'O que mais tem por aí?'"

Por extensão, a lista de Jonathan — tanto as *mixtapes* reais que ele faz para seu irmão Will quanto a música claramente ligada ao seu gosto — introduz ao público uma paleta mais ampla de música, fora dos maiores sucessos e superstars dos anos 1980. Ouvimos grupos como The Clash, Reagan Youth, The Smiths, Joy Division e New Order (os dedos dos aficionados por música ainda estão cruzados pra escutar bandas como Talking Heads, The Cure e R.E.M.).

Não que *Stranger Things* também não nos dê um pop mais tradicional e conhecido. Por isso, temos que agradecer a Nancy e Steve, pelo menos em parte.

JOSEPH VOGEL

STRANGER FANS

Vida Pop

Cada música no lugar: é assim que se conta uma história com a trilha sonora

02. Durante toda a primeira temporada, a trilha que acompanha Nancy e Steve se apega a canções pop mais familiares — músicas que, sem dúvida, você teria ouvido no rádio na década de 1980.

Por exemplo, na primeira temporada, capítulo 1 ("O Desaparecimento de Will Byers"), enquanto a sessão de estudo de Nancy e Steve se transforma em uma sessão de pegação, ouvimos o enorme sucesso de Toto, "Africa". Essa faixa, em toda a sua glória brega e solene dos anos 1980, alcançou o 1º lugar nas rádios em fevereiro de 1983 (o ano em que acontece a primeira temporada). Desde então, tornou-se uma favorita da cultura pop, presente em tudo, de *Community* até *The Tonight Show With Jimmy Fallon* (no qual Fallon canta com Justin Timberlake em um hilário acampamento de verão). Sua aparição em *Stranger Things* captura de forma eficaz o encanto baunilhado e relativamente saudável do relacionamento de Steve e Nancy.

Depois de Nancy e Steve levarem o relacionamento deles para o próximo nível no capítulo 2, ouvimos outro grande sucesso de rádio no final dos créditos: o cover do Bangles do clássico de Simon e Garfunkel, "Hazy Shade of Winter", que alcançou o segundo lugar nas paradas em 1987 (alguns fãs do programa notaram que era um dos vários anacronismos musicais — ou

liberdades criativas, dependendo do seu ponto de vista —, já que a música saiu quatro anos depois do ano em que se passa a primeira temporada). "O tipo de regra que tivemos é: se é uma música que um personagem está ouvindo na série, ela realmente precisava ser daquela época",[4] explicou Matt Duffer. "Se apenas toca na série, então ela deve dar o tom correto."

No início do capítulo 3 ("Caramba"), quando Nancy e Steve fazem sexo pela primeira vez, ouvimos a balada de Foreigner, "Waiting for a Girl Like You", justaposta, ironicamente, com Barb sendo levada para o Mundo Invertido. Certinho, Irmãos Duffer. Esse rock do Foreigner passou um recorde de dez semanas na 2ª posição da Billboard Hot 100 do final de 1981 até início de 1982, sendo superado pelo hino aeróbico de Olivia Newton-John, "Physical". Nancy e Steve provavelmente não era o único casal que usava o single de soft rock para criar um clima — embora obviamente não tenha funcionado tão bem para Barb.

Os hits continuam chegando, parece, toda vez que Steve se encontra com Nancy. No capítulo 2 ("A Estranha da Rua Maple"), enquanto bebem cerveja e se empurram na piscina, ouvimos o sucesso do Modern English de 1982, "1 Melt With You". No capítulo 6 ("O Monstro"), o pop clássico de Corey Hart, "Sunglasses at Night", toca quando Steve chega à casa dos Wheeler e entra sorrateiramente na janela do quarto de Nancy, furtivo como um ninja. Essa música foi lançada no verão de 1984, recebendo uma massiva campanha de transmissão de rádio que a colocou no Top 10.

Nós ouvimos outro grande sucesso no primeiro capítulo da segunda temporada ("MADMAX") quando Nancy e Steve discutem seu dever de casa — e o futuro: o *single* dos Romantics de 1984, "Talking in Your Sleep". Essa música alcançou a 3ª posição no início de 1984, o maior sucesso da banda. Parece haver um pouco de prefiguração no rolo, já que a música fala sobre a divulgação involuntária de segredos. É no próximo episódio, em que uma Nancy embriagada revela a Steve que seu estado de negação sobre Barb — e o relacionamento deles — é "besteira".

Esse episódio, aliás, também apresenta o infame clássico do Duran Duran, "Girls on Film". Do álbum homônimo da banda britânica, a canção firmou Duran Duran como um dos maiores grupos dos anos 1980 — embora também tenha se tornado conhecido por conta de um dos vídeos mais gratuitamente misóginos da era da MTV.

É difícil de dizer se Steve tem algum gênero ou artista favorito, ou se ele simplesmente gosta do que está no rádio. De alguma forma, ele parece um tipo de cara que curte um Huey Lewis and the News, embora ele também possa curtir o rock dos anos 1970 quando ouvimos "Raise a Little Hell", da banda de rock canadense Trooper, quando ele abre a porta para Nancy e Barb na primeira temporada, capítulo 2 ("A Estranha da Rua Maple"), e "Hammer to Fall" do Queen na segunda temporada, capítulo 6 ("O Espião"), enquanto ele e Dustin se preparam para dar uma olhada em D'Artagnan.

Temos uma noção melhor dos gostos de Nancy à medida que a série evolui, o qual, além das músicas mais populares, também contém algumas surpresas inesperadas. Por exemplo, em seu quarto, em vez de um artista que se poderia esperar — como Madonna —, vemos um pôster de Debbie Harry, do Blondie, uma escolha mais ousada que mostra mais independência do que se poderia supor. Durante uma conversa telefônica com Barb no capítulo 2 ("A Estranha da Rua Maple"), também ouvimos "Enjoy the Silence", da banda de *new wave* Depeche Mode, que é quase tão improvável quanto alguns dos favoritos de Jonathan, mas a coloca mais perto dele em termos de preferências.

Conforme a série avança, a música reflete a dinâmica de mudança dos relacionamentos de Nancy. Na segunda temporada, no capítulo 3 ("O Girino"), por exemplo, depois que Nancy termina com Steve, vemos Jonathan e Nancy sentados em seu carro, almoçando na escola, com a balada de *new wave* do Psychedelic Furs, "The Ghost in You", de 1984, tocando ao fundo. As letras descrevem encontrar alguém que de repente muda a maneira como você experimenta o mundo. Coincide perfeitamente com a confissão mútua de Jonathan e Nancy sobre as perdas que eles sofreram — e seu reconhecimento de que eles se entendem de uma maneira que a maioria não consegue.

A música, entre os gostos alternativos de Jonathan e o *synth pop* mais popular de Nancy, simboliza a fusão de seu relacionamento. Curiosamente, no próximo episódio, capítulo 4 ("Will, o Sábio"), depois de mentir para os pais sobre onde ela estará naquela noite, ouvimos o single do The Clash de 1981, "This is Radio Clash", enquanto Nancy se levanta para encontrar Jonathan. No capítulo 5 ("Dig Dug"), enquanto Nancy e Jonathan estão parando no bunker de Murray Bauman, escutamos "Can Do What I Want", uma música da banda de eletro-punk Shock Therapy no som do carro. Essas músicas não apenas comunicam a conexão dela com Jonathan, mas também expressam sua crescente rebelião e fortalecimento enquanto ela tenta superar a morte de Barb.

Rock You Like a Hurricane

De Scorpions à Metallica: um passeio pelo heavy metal na playlist de Billy

03. Nós somos apresentados a outra linhagem de música dos anos 1980 quando conhecemos Billy, na segunda temporada: heavy metal. Enquanto Billy estaciona seu Camaro com placa da Califórnia e sai com uma jaqueta jeans e botas, o hino de metal "Rock You Like a Hurricane" acompanha sua chegada — e a da irmã, Max — em Hawkins. Lançada em 1984 pela banda de rock alemã The Scorpions, "Rock You Like a Hurricane" continua a ser um hino popular. Estava em alta rotação na MTV em meados dos anos 1980 — parte de uma onda de *hard rock* e bandas de metal que também incluía AC/DC, Iron Maiden, Van Halen, Def Leppard, Poison, Guns 'n' Roses, Metallica e Mötley Crue.

Nós ouvimos uma série de outras faixas de metal que acompanham Billy durante a segunda temporada. Por exemplo, quando ele está dirigindo com a irmã Max, reclamando sobre Hawkins, no capítulo 2 ("Gostosuras ou Travessuras, Aberração"), a música de 1980 de Ted Nugent, "Wango Tango" está tocando. Mais tarde naquele episódio, na festa de Halloween, enquanto Billy demonstra sua destreza no barril de cerveja, ouvimos a música do Mötley Crue de 1983, "Shout at the Devil". (Na mesma festa, Jonathan vê uma garota com cabelo preto e maquiagem e pergunta, por engano, se ela está vestida como um membro da famosa banda de *glam rock* Kiss — na verdade, como Jonathan deveria saber dada a sua aptidão alternativa, ela está vestida como Siouxsie Sioux de Siouxsie and the Banshees).

Ouvimos alguns sons de metal mais profundos à medida que a temporada continua. Na segunda temporada, capítulo 5 ("Dig Dug"), quando Billy deixa Max no fliperama, "Metal Sport" toca no som do carro, uma música da obscura banda de metal Hittman. No capítulo 6 ("O Espião"), levantando pesos em sua casa, ele está ouvindo "Round and Round" da banda de *hair metal* Ratt, enquanto a MTV passa na TV. A obsessão por metal de Billy é evidente na decoração de seu quarto. Na parede, vemos um pôster do álbum de 1983 do Metallica, "Kill 'Em All". Também vemos um pôster do álbum mais obscuro da banda de metal britânica Tank, de 1982, "Filth Hounds of Hades" ("imundos cães de Hades", que também pode ser uma alusão inteligente para os Demodogs que começam a causar estragos em Hawkins na segunda temporada).

As velharias

"Bem, algumas pessoas gostam de Kenny Rogers."

04. A maior parte da música pré-anos 1980 em *Stranger Things* está correlacionada com os adultos. Por exemplo, quando o xerife Hopper entra na delegacia de polícia na primeira temporada, no capítulo 1 ("O Desaparecimento de Will Byers"), ouvimos "Can't Seem to Make You Mine", uma música de 1966 do grupo de rock The Seeds. Na segunda temporada, capítulo 2 ("Gostosuras ou Travessuras, Aberração"), temos uma noção melhor dos gostos musicais do xerife Hopper enquanto ele está folheando sua coleção de discos na antiga cabana. Nós o vemos parar em um álbum da banda de rock Supertramp dos anos 1970 antes de escolher Jim Croce. "Tudo bem, aqui vamos nós", diz ele, antes de colocar a faixa de 1972 de Croce, "You Don't Mess Around With Jim". Hopper exibe alguns movimentos clássicos de dança de tiozão, antes de a dupla começar a limpar a cabana.

Na segunda temporada, também recebemos uma mistura épica de música deprimente de tiozão do novo namorado de Joyce, Bob Newby. O contraste geracional entre os gostos de Bob e os de Jonathan é destacado no capítulo 1 ("MADMAX"), quando Jonathan está tentando convencer Will de que tudo bem ser diferente e estranho. "Quem você preferiria ser? Bowie ou Kenny Rogers?", ele pergunta. Will faz uma careta com a ideia de Kenny Rogers. "Exatamente", diz Jonathan. "Não tem comparação." "Bem", diz Will, "algumas pessoas gostam de Kenny Rogers." Assim que Will diz, Bob entra. "Eu amo Kenny Rogers!" Os irmãos riem, enquanto o bobo sem-vergonha (e carinhoso) Bob pega um VHS alugado de *Profissão Doméstico* — suspirando em êxtase.

No próximo episódio ("Gostosuras ou Travessuras, Aberração"), como imaginado, ouvimos Bob ouvindo um dueto de Kenny Rogers com Dolly Parton, clássico de 1983, "Islands in the Stream", enquanto ele e Joyce dançam lentamente na sala de estar (aliás, outro dueto de Kenny Rogers e Dolly Parton, "The Bargain Store", toca quando Nancy e Jonathan pegam suprimentos para matar o monstro na loja do exército na primeira temporada, capítulo 6 (" Monstro").

Karen Wheeler (interpretada por Cara Buono) também traz algumas músicas bem de pais para o seriado. No final da segunda temporada ("O Portal"), enquanto ela mergulha em um banho de espuma e lê um romance de mau gosto, está ouvindo "The Way We Were", a balada de Barbra Streisand do filme de 1973 de mesmo nome. Notavelmente, a música fica um pouco mais otimista e atual depois que Billy aparece. Enquanto ela o assiste decolar em seu Camaro, ouvimos "I Do Believe I Fell in Love", de Donna Summer, o lado B do sucesso de 1983, "She Works Hard for the Money".

Criando o clima

Conexões com personagens singulares: a música como ferramenta narrativa

05. Há outras ótimas "músicas de criar clima" — algumas que são menos baseadas em personagens, mas usadas para estabelecer uma certa sensação ou tom — na segunda metade da primeira temporada. Por exemplo, no capítulo 7 ("A Banheira"), enquanto as crianças preparam a banheira de privação sensorial no ginásio da Escola Hawkins, toca "Fields of Coral", música do Vangelis. Se esse nome não é familiar agora, certamente era na década de 1980. Um compositor grego que ajudou a unir os mundos da música clássica e eletrônica, Vangelis criou a icônica música de *Carruagens de Fogo* (1981), que ganhou o Oscar de melhor trilha, de *Blade Runner — O Caçador de Androides* (1982), uma das trilhas de ficção científica mais populares de todos os tempos. Ele também contribuiu com a trilha sonora do inovador programa de tv de Carl Sagan, *Cosmos* (mais explorado no capítulo 8).

No capítulo 8 ("O Mundo Invertido"), enquanto isso, ouvimos "Horizon" de Tangerine Dream, enquanto o xerife Hopper tem um flashback da batalha de sua filha contra o câncer. Como o Vangelis, o Tangerine Dream — um grupo eletrônico da Alemanha — ajudou a revolucionar o som da música cinematográfica com trilhas ambientais pesadas. Entre os mais de vinte filmes com os quais eles contribuíram nos anos 1980 estavam *Negócio Arriscado* (estrelado por Tom Cruise) e *Chamas da Vingança* (a adaptação de Stephen King estrelada por Drew Barrymore). Em *Stranger Things*, "Horizon" cria uma intensidade etérea que não apenas captura a gravidade da perda de Hopper, mas também enfatiza a importância da missão em questão.

> **"Horizon" cria uma intensidade etérea que não apenas captura a gravidade da perda de Hopper, mas também enfatiza a importância da missão em questão**

Finalmente, há Moby, com "When It's Cold I'd like to Die", também no capítulo 8 ("O Mundo Invertido") —, este colocado na cena dramática quando eles encontram e ressuscitam Will — que é justaposta com os momentos finais da vida de Jane, filha de Hopper. Uma das poucas músicas que não eram dos anos 1980, "When It's Cold I'd like to Die", foi lançada no álbum

de 1995, *Everything Is Wrong*, uma coleção relativamente obscura de músicas eletrônicas sombrias. Em *Stranger Things*, ela carrega uma das cenas mais poderosas da primeira temporada, quando o público finalmente preenche as lacunas do passado de Hopper, e o alívio de resgatar Will é subjugado por outra criança que não poderia ser salva. Essas músicas ajudam a dar uma profundidade emocional a *Stranger Things*, não encontrada em muitos filmes do gênero.

A série, no entanto, é muito eficaz em estabelecer tons otimistas. Exemplos óbvios disso incluem "Ghostbusters", de Ray Parker Jr., enquanto os garotos se preparam para o Halloween, assim como "Whip It", da banda pós-punk Devo. A última faixa, que toca quando os meninos chegam ao fliperama na segunda temporada, capítulo 1 ("MADMAX"), foi originalmente lançada em 1980 e se tornou um sucesso inesperado devido, em parte, ao seu peculiar videoclipe, que se tornou um sucesso na era inicial da MTV. As letras aparentemente sem sentido satirizam o otimismo norte-americano com uma série de clichês motivacionais (inspirados, em parte, pelo romancista Thomas Pynchon). Ele se encaixa nas peculiares identidades externas dos garotos, enquanto oferece uma sensação de alguns dos sons únicos e coloridos dos anos 1980.

No início da segunda temporada, ouvimos outra "música que captura o Zeitgeist" — uma canção que estabelece uma noção do período e do lugar —, "Just Another Day" de Oingo Boingo, uma banda americana de *new wave*. A música toca em uma montagem de cenas de Hawkins — uma mulher correndo, uma loja RadioShack, uma marquise de teatro (apresentando *O Exterminador do Futuro*), pessoas indo para o trabalho. Mesmo que "Just Another Day" só tenha sido lançada em 1985, ela se sente em casa no final de 1984.

Finalmente, outra música Zeitgeist para um personagem importante vem na segunda temporada, capítulo 7 ("A Irmã Perdida"), quando Eleven embarca em um ônibus para Chicago. A música: o clássico do rock de Bon Jovi, "Runaway". Um pouco óbvio, talvez, já que trata de fuga, mas eficaz. Essa música foi lançada em 1983 e tornou-se o primeiro sucesso do Bon Jovi em 1984, chegou a ficar entre as Top 40 do ano. Na série, é claro, a canção fala sobre uma garota que se sente presa e está pronta para sair sozinha, o que coincide com o estado de espírito de Eleven. (Aliás, os visuais da cena também lembram o videoclipe de Pat Benatar para "Love is a Battlefield" — música apresentada no final da temporada.)

Santa Trindade do Pop

As vozes mais conhecidas: Madonna, Prince e Michael Jackson

06. Pelo menos nas duas primeiras temporadas de *Stranger Things* não houve músicas da Santa Trindade dos anos 1980: Michael Jackson, Prince e Madonna. Dado o assunto da série, é particularmente surpreendente que nenhuma música de Michael Jackson tenha sido apresentada desde 1983-84, o auge da febre *Thriller*. No entanto, esta ausência parece ser mais uma questão de licenciamento do que um descuido. Como os fãs de *Stranger Things* sabem, "Thriller" foi usado no primeiro trailer promocional da segunda temporada. Ele estreou na *Comic-Con* em San Diego e surpreendeu o público. Desde então, já foi assistido mais de 15 milhões de vezes no YouTube.

Os Irmãos Duffer tinham em mente usar a música para a segunda temporada desde o começo e "se apaixonaram" pelo trailer; no entanto, obter os direitos para usar a música provou ser muito mais complicado do que eles previam. "Não houve um trailer de nenhum dos meus filmes que eu tenha ficado obcecado e mais pessoalmente envolvido do que esse trailer de 'Thriller'",[5] reconheceu o produtor Shawn Levy. Apenas algumas semanas antes da *Comic-Con*[6], lembra-se Levy, eles tiveram seus "corações arrasados porque nos disseram que, por várias razões, ["Thriller"] não era licenciável". Em seu lugar, outro trailer foi criado com um música diferente e enviado para San Diego. "Os Irmãos [Duffer] e eu assistimos",[7] lembra Levy, "e realmente nos destruiu, porque sabíamos que era um bom trailer, mas com 'Thriller' era épico." Então, Levy se recusou a aceitar não como resposta. Ele persistiu, implorou, bajulou, até que finalmente conseguiu sinal verde para usar a faixa.

Enquanto não há música de Jackson na série atual, "Thriller" foi pelo menos apresentada no trailer. Além disso, parece haver algumas menções sutis para a estrela do pop na segunda temporada: a cena de abertura do cemitério nebuloso, incluindo uma mão esquelética estendendo-se do chão, lembra os visuais icônicos de "Thriller". Uma pessoa na festa de Halloween pode ser vista balançando a jaqueta vermelha de Jackson em "Billie Jean". Também vemos alguém na festa vestido como Madonna, na época de "Like a Virgin". Quanto a Prince, 1985 foi o ano em que seu álbum mais conhecido, *Purple Rain*, atingiu seu auge, então talvez possamos ouvir algo na terceira temporada.

JOSEPH VOGEL

STRANGER FANS

A playlist do Baile de Inverno

A Escola Hawkins já sabe: todo baile precisa de uma playlist inesquecível

07. O Baile de Inverno da Escola Hawkins é uma ótima conclusão para a segunda temporada por várias razões. No topo dessa lista, no entanto, tem que estar a seleção de músicas. Começa com "Love is a Battlefield", de Pat Benatar. A música toca, apropriadamente, enquanto Steve prepara Dustin para o terreno emocional da dança da escola. A música de Pat Benatar alcançou o 5º lugar no Billboard Hot 100 no final de 1983 e deu à cantora — uma roqueira durona que aparecia regularmente na MTV em seus primeiros anos — seu quarto Grammy de Melhor Performance Feminina de Rock.

Em seguida, é um brilhante *pop synth* "Twist of Fate", de Olivia Newton-John. A música toca quando Dustin entra no baile, trocando breves brincadeiras com o sr. Clarke ("Obrigado, meu senhor") e Nancy. "Twist of Fate" também alcançou a 5ª posição nas paradas no final de 1983, embora seja menos conhecida pelo ouvinte de música comum. Apresentada na comédia romântica *Embalos a Dois* (1983), em que Newton-John se reuniu com o ator John Travolta, a canção foi uma tentativa da atriz de estabelecer uma imagem mais descolada depois da Sandy de *Grease: Nos Tempos da*

Brilhantina (1978). Além de proporcionar o clima certo para dançar, ela também parece sutilmente prefigurar a reviravolta do destino que aguarda os personagens nos dias e meses vindouros.

**"We are strong
No one can tell us we're wrong
Searching our hearts
for so long
Both of us knowing
Love is a battlefield"
— Pat Benatar**

Depois que Dustin encontra seus amigos (e eles o incomodam por conta de seu *mullet* encaracolado), a atmosfera animada da dança diminui quando a clássica balada pop de Cyndi Lauper, "Time After Time", começa. Quando foi lançada como *single*, no início de 1984, a música foi o primeiro hit número um de Lauper. Seguiu seu hino geracional, "Girls Just Want to Have Fun", que na verdade só chegou ao segundo lugar. Ambas as músicas vieram de seu disco de 1983, *She's So Unusual*, um álbum que estabeleceu Lauper como um dos ícones mais exclusivos, peculiares e talentosos da era. "Time After Time" é uma de suas canções mais duradouras, ainda aparecendo regularmente nas rádios e com *covers* de vários artistas, de Miles Davis a Sarah McLaughlin. Foi também, claro, uma marca para os bailinhos nos anos 1980, tornando-se uma escolha perfeita para o Baile de Inverno.

**"If you're lost
You can look and
you will find me
Time after time
If you fall, I will catch you
I will be waiting
Time after time"
— Cyndi Lauper**

E, finalmente, há "Every Breath You Take", a música mais popular de 1983 — no topo das paradas por incríveis oito semanas — e um dos maiores sucessos da década. Do último álbum do The Police, *Synchronicity*, a música, assim como "Time After Time", estava em rotação regular nas pistas de dança dos anos 1980 — e continua a ser popular hoje em dia. Em *Stranger Things*, chega no momento culminante quando Mike vê Eleven entrar.

No entanto, em muitos aspectos, a música é mais obscura do que seu tom sugere. Seu compositor, Sting, comentou repetidas vezes sua perplexidade com a frequência com que a música é mal interpretada como uma simples canção de amor, quando suas letras comunicam obsessão, ciúme, vigilância e controle.

Os Irmãos Duffer, no entanto, sabiam disso e utilizaram com perfeição a natureza paradoxal da música. Nós a escutamos primeiramente como uma simples canção de amor em uma dança; mas à medida que continua, e nos movemos para fora dos confins brilhantes do ginásio, a câmera aos poucos começa a se inclinar. "Oh, você não pode ver que você pertence a mim..." A música começa a desaparecer e é finalmente engolida, quando nos vemos olhando para uma versão muito mais sombria da escola — no Mundo Invertido. Acima dela, há um céu vermelho ameaçador, trovões e relâmpagos, e o Devorador de Mentes, que ameaçadoramente envolve o prédio. De repente, as falas do hit do Police — "cada passo que você dá, cada respiração que você toma, eu vou estar te observando" — não são tão inócuos.

"Nós sempre quisemos ter essa [música] lá",[8] reconheceu Matt Duffer. "Parece que funcionou para a parte romântica, mas também há algo assustador sobre a música — 'Eu vou estar assistindo você' — que levou à nossa revelação final do Devorador de Mentes sobre o ginásio. Ele ainda está lá, ainda está os assistindo. Eu gosto que tenha um significado duplo. Eu estava tentando encontrar um lugar para essa música desde a primeira temporada, eu realmente queria que ela estivesse lá. A Netflix queria isso também, bastante. Não foi super barato, mas estou feliz que tenhamos conseguido."

Dado o quão habilmente o seriado incorpora música — de "Should I Stay Or Should I Go" a "Waiting For a Girl Like You"" —, foi uma maneira perfeita para terminar a temporada, com a música operando tanto como trilha sonora quanto como subtexto.

BICICLETAS VOADORAS
DESAPARECIMENTO DA INFÂNCIA

Há algo sobre aquele momento na primeira temporada, no capítulo 1 ("O Desaparecimento de Will Byers"), quando as crianças estão saindo de casa. É noite. Acabaram de terminar de jogar *Dungeons & Dragons* no porão de Mike. A trilha sonora do sintetizador cintilante entra em ação (a composição de Kyle Dixon e Michael Stein, "Kids"). Eles pegam suas bicicletas com lanternas caseiras. E saem juntos nas ruas suburbanas escuras.

Sem capacetes. Sem pais. Apenas crianças.

Você pode praticamente sentir o ar fresco da noite enquanto eles andam de bicicleta pelo bairro — essa adrenalina, essa alegria. Essa liberdade.

Essa é a primeira coisa que vem à mente para muitos que foram crianças nos anos 1980: a liberdade. Andar de bicicleta para a escola (sem supervisão dos pais). Ir para a casa de um amigo (sem supervisão dos pais). Ir para o shopping ou o parque ou a piscina, talvez até mesmo para o cemitério à noite (sem supervisão dos pais). Claro, eles checavam pra ver se a gente estava bem, de vez em quando. A maioria das crianças tinha toques de recolher (embora fosse comum fugir à noite). Mas havia horas todos os dias que nos pertenciam. Nós exploramos. Nós fizemos coisas que não devíamos. Nós estávamos fora do radar. Adultos tinham suas próprias vidas; nós tínhamos as nossas.

Há algo especial no início de Stranger Things quando as crianças estão saindo de casa depois de uma partida de Dungeons & Dragons — uma liberdade que se destacava na década de 1980

Isto não é apenas nostalgia. Há estudos que apoiam essa visão da época. Nos anos 1980, mais de 70% das crianças caminhavam ou andavam de bicicleta para a escola sem os pais, muitas delas desde o jardim de infância. Hoje, esse número é inferior a dez por cento.[1] Não havia protocolo de coleta dos alunos na maioria das escolas. Quando acabava o horário da escola, as crianças iam para onde queriam.

A ideia parece bizarra para os padrões de hoje. Mas escolha qualquer atividade — ir ao parquinho, ao treino de futebol, ao cinema — e mais crianças, de longe, estavam fazendo isso sem supervisão nos anos 1980 do que são hoje.

Muitos Millennials e pessoas da Geração z adoram *Stranger Things* exatamente por causa dessa versão não estruturada e não supervisionada da infância que ela representa. Questionada sobre o que parecia diferente ao visitar esse período como atriz, Millie Bobby Brown (Eleven) respondeu: "Eu acho que é a liberdade. Porque eles tinham muita liberdade naquela época, e eu estou muito limitada na minha liberdade agora, porque eu não posso sair sem a minha mãe ficar literalmente parada ao meu lado".[2]

Nos anos 1980, mais de 70% das crianças caminhavam ou andavam de bicicleta para a escola sem os pais, muitas delas desde o jardim de infância. Hoje, esse número é inferior a dez por cento

Millie não está sozinha. Millennials e a Geração z, estatisticamente, são muito mais supervisionados do que seus predecessores. Eles estão muito mais propensos a serem deixados e buscados em suas atividades. São muito menos propensos a ir às casas uns dos outros por capricho. Suas localizações e movimentos geralmente são rastreados por smartphones, *smartwatches* ou outros dispositivos. Os pais quase sempre sabem exatamente onde estão seus filhos.

Esse não era o caso nos anos 1980 — o mundo recriado para nós em *Stranger Things*. De acordo com os Duffer, o seriado simplesmente não teria funcionado se fosse colocado no presente porque depende da liberdade da infância e do mistério. "Crescemos sem celulares",[3] explica Ross Duffer. "Eu não sei como é crescer agora, mas quando éramos crianças, você ia para fora, ia para a floresta atrás de sua casa e seus pais não podiam contatá-lo. Eles não sabiam onde você estava. Havia essa sensação de: 'E se encontrarmos um mapa do tesouro aqui, e os mafiosos estivessem atrás de nós, e se encontrássemos um navio com ouro?'. Parece que agora sua mãe te manda uma mensagem por texto dizendo que é hora do jantar... pode te tirar da imersão da brincadeira."

As crianças dos anos 1980 — sem celulares, agendas lotadas e pais rondando nos aplicativos — eram livres para se locomoverem por subúrbios e cidades com latitude notável.

Claro, é fácil romantizar o passado. Alguns podem ver essa frouxidão, pelos padrões de hoje, como negligência — talvez até como irresponsabilidade e perigo. Mesmo na época, havia preocupações crescentes. Algumas crianças se ressentiam da falta de atenção dos pais. A cultura em geral estava ansiosa para mudar a dinâmica familiar. As residências com pais divorciados e monoparentais estavam aumentando, assim como a quantidade de famílias com dois pais que trabalhavam, levando a uma geração das chamadas "crianças largadas": um termo aplicado às crianças que voltavam da escola para lares vazios porque os pais ainda estavam no trabalho. A década de 1980 também marcou o início de um pânico nacional sobre o rapto de crianças — que, em muitos aspectos, é responsável pela enorme mudança que nos trouxe para o momento atual.

O que quer dizer que, mesmo nos anos 1980, as pessoas não estavam de acordo sobre como as crianças estavam crescendo ou como os pais eram pais. Mas é essa iteração da infância específica do período — e suas tensões entre liberdade e medo — que são representadas de forma tão autêntica em *Stranger Things*.

Bicicletas & Liberdade

O símbolo da liberdade infantil que rondava os anos 1980

01. Talvez o símbolo supremo da liberdade infantil dos anos 1980 seja a bicicleta. A bicicleta permitia a mobilidade das crianças: não só podiam ir a lugares, podiam chegar lá relativamente rápido e sem depender de adultos. Desta forma, uma bicicleta oferecia às crianças um senso de controle e fortalecimento; dava-lhes uma sensação inicial de serem capazes de navegar e explorar o mundo por conta própria.

"Uma bicicleta é como um Cadillac para essas crianças." — Xerife Hopper

Como em muitos outros filmes clássicos dos anos 1980 — *E.T.*, *Os Goonies* —, as bikes desempenham um papel crucial em *Stranger Things*. "Bicicletas",[4] observa o crítico de televisão Glen Weldon, "permitem que as crianças deslizem pelo mundo e o explorem por conta própria, para além da atenção dos adultos. Elas são tão importantes para essa forma de contar histórias que a descoberta da bicicleta abandonada de uma criança é o gatilho para o primeiro alerta do xerife de *Stranger Things* de que algo não estava certo." De fato, quando o xerife Hopper encontra a bicicleta de Will na floresta na primeira temporada, capítulo 1 ("O Desaparecimento de Will Byers"), ele não pode imaginar Will não a levando para casa em circunstâncias normais. "Uma bicicleta é como um Cadillac para essas crianças", diz ele aos seus adjuntos.

A observação de Hopper destaca a importância da bicicleta para uma criança nos anos 1980 — especialmente uma BMX como a de Will. A popularidade da bike BMX explodiu nos anos 1980. Um desdobramento da cena das bicicletas na década de 1970 no sul da Califórnia, as BMXs logo se tornaram onipresentes na cultura jovem. Ao contrário da maioria das bicicletas antes delas, elas eram estilizadas e resistentes, destinadas a acrobacias, e davam pra conduzir fora da rua pavimentada. Eles também eram fáceis de personalizar. A BMX de estilo livre atingiu seu pico de popularidade em meados dos anos 1980. Não só foram apresentadas em grandes filmes de sucesso expressivo, como em *E.T.*, elas também foram a inspiração para filmes como *Bicicletas Voadoras* (1983) e

Rad (1986). As bicicletas BMX eram o sinônimo de ser descolado; possuir uma se tornou uma extensão da identidade para uma criança, assim como tênis Nikes fariam mais tarde na década.

Lynda Reiss, mestre de adereços, fez grandes esforços para encontrar as bicicletas certas para os garotos de *Stranger Things*. Ela precisava de dezesseis bikes ao todo — uma primária, uma reserva, uma bicicleta acrobática e uma bicicleta para cada dublê. Como era difícil encontrar muitas bicicletas do mesmo estilo, Reiss combinava uma mistura de bicicletas comuns e BMXs. "A bicicleta de Mike é na verdade uma reprodução",[5] diz Reiss. "Nós envelhecemos e adesivamos todas elas. Com a bike de Dustin, decidimos que ele era meio desajeitado. Então, pintamos a bicicleta dele, mas nunca a terminamos, e é por isso que a bicicleta dele tem duas cores."

Essas bicicletas fazem uma aparição em quase todos os episódios de *Stranger Things*. Talvez a cena mais memorável, no entanto, está na primeira temporada, no capítulo 7 ("A Banheira"). O episódio começa quando pinta um clima entre Eleven e Mike. Quando eles parecem estar prestes a se beijar pela primeira vez, Dustin, de repente, entra na sala, gritando que Lucas está com problemas. Com um sinal fraco e abafado no walkie-talkie, ele avisa que os "homens maus estão chegando". Eles precisam sair agora.

As crianças correm para o andar de cima, olham pela janela e descobrem que a casa dos Wheeler está cercada por caminhonetes brancas, rotuladas como "Energia e Luz de Hawkins". Mike tenta obter informações de sua mãe (ela ligou pra pedir reparos?!), mas ela está ao telefone, preocupada demais para entender a urgência de sua pergunta.

"Se alguém perguntar onde estou", declara Mike à sua mãe desconcertada, "diga que deixei o país." Com isso, ele sai pela porta lateral com Eleven e Dustin, onde as bicicletas estão à espera para sua grande fuga.

Enquanto as crianças levam furtivamente suas bicicletas pelo gramado, elas são flagradas por agentes do Laboratório Nacional de Hawkins, incluindo o dr. Brenner. "Vai! Vai! Vai!", Dustin grita. Eleven se coloca no assento traseiro da bicicleta de Mike; Dustin vai para a sua BMX mal pintada.

As crianças começam a navegar por uma intrincada rede suburbana de caminhos secretos, quintais e becos, tentando escapar das vans brancas. Coordenados via walkie-talkies, eles acabam se encontrando com Lucas, e acreditam que enganaram os agentes do Laboratório Nacional de Hawkins. Assim que pensam estarem seguros, no entanto, eles veem as caminhonetes brancas novamente, e a perseguição continua.

> **As bicicletas BMX eram o sinônimo de ser descolado; possuir uma se tornou uma extensão da identidade para uma criança, assim como tênis Nikes fariam mais tarde na década**

Essa perseguição é, sem dúvida, a melhor sequência de bicicletas cinematográfica desde *E.T.* De fato, em muitos aspectos, é uma homenagem direta à famosa cena do filme de Spielberg. Os Irmãos Duffer disseram à revista *Entertainment Weekly* que "originalmente não tinham uma perseguição de bicicleta planejada para esta temporada",[6] temendo que ela fosse vista como uma cópia. "Tentamos resistir ao impulso, honestamente", eles reconheceram. "Mas somos apenas humanos."

Felizmente eles cederam — não só a perseguição de bicicleta está entre os cinco minutos mais emocionantes da temporada, como também criou um dos momentos mais emblemáticos da série. Todo mundo se lembra do famoso momento em *E.T.* quando as crianças em suas bicicletas, aparentemente presas por um bloqueio de carros de polícia, subitamente voam por cima de tudo, já que a trilha de John Williams faz com que o público sinta cada gota de surpresa e exaltação.

Stranger Things habilmente faz referência e inverte este momento. Como em E.T., as crianças conseguem escapar dos agentes do Laboratório, antes de serem emboscadas. Mas quando uma van na frente deles está se aproximando, Eleven abaixa a cabeça e vira o veículo com sua mente. Em vez das crianças voando sobre o bloqueio, a van que é lançada no ar.

Todo mundo se lembra do famoso momento em E.T. quando as crianças em suas bicicletas, aparentemente presas por um bloqueio de carros de polícia, subitamente voam por cima de tudo

Vemos esse momento incrível de três ângulos diferentes: primeiro, de frente, fazendo parecer que a van está indo direto para o público; depois, de lado, em câmera lenta, capturando a sensação de choque e admiração quando a van subitamente se eleva acima deles; e, enfim, olhando de cima para baixo, mostrando as expressões atordoadas das crianças enquanto o veículo passa por cima de suas cabeças.

Quando a van cai atrás deles, obstruindo os outros veículos, as crianças continuam correndo, e olham para trás como se para confirmar se aquilo aconteceu de verdade. Os agentes do Laboratório Nacional de Hawkins parecem igualmente espantados, incluindo o dr. Brenner, que parece mais impressionado do que zangado. As bicicletas, então, não são apenas um símbolo da liberdade da infância; eles permitem que as crianças escapem dos perigos e superem os adultos (com uma pequena ajuda dos superpoderes de Eleven, é claro).

Apropriadamente, a arte da capa de Stranger Things apresenta Lucas, Dustin e Mike em suas bicicletas. A Netflix contratou o artista britânico Kyle Lambert para pintar a colagem oitentista superrealista. Lambert foi inspirado pelas artes de Drew Struzan,[7] que criou as famosas capas para a trilogia *Star Wars* e *Blade Runner*. Lambert queria que o cartaz de *Stranger Things*, como os pôsteres desses clássicos, contasse uma história — para capturar os personagens, símbolos e temas que mais importavam para a série. O centro da colagem é o maior emblema da infância dos anos 1980: crianças e suas bicicletas.

JOSEPH VOGEL

STRANGER FANS

Onde estão as crianças?

O pânico nacional sobre a segurança
infantil e o "perigo do estranho"

02. Por acaso, quando os Irmãos Duffer originalmente apresentaram o projeto de *Stranger Things*, eles também mostravam uma bicicleta como a imagem central — nessa fase inicial, não uma colagem elaborada, mas uma imagem simples e despojada da bicicleta abandonada de Will. "Nós literalmente pegamos a brochura de *A Incendiária* [romance de 1980 de Stephen King], colamos uma foto de uma bicicleta em cima dela e mudamos a fonte para nossa fonte",[8] lembra Matt Duffer.

O foco mais minimalista da bike abandonada aponta para um dos principais pontos e temas principais da série: o medo de uma criança que está desaparecida. Os anos 1980 deram origem a um pânico nacional sobre a segurança infantil e o "perigo do estranho" que irrevogavelmente transformou a cultura norte-americana.

Esse pânico começou com um punhado de desaparecimentos de crianças ricas ou com pais bem-relacionados. Em 1979, Etan Patz, um menino de seis anos de idade de Nova York, foi sequestrado a caminho da escola. Seu misterioso desaparecimento atraiu o público e, com os esforços de seu pai (um fotógrafo profissional com conexões de mídia), rapidamente se transformou em um frenesi de mídia local e nacional.

Seguiram-se outros casos notáveis: em 1981, Adam Walsh, filho de John Walsh, que mais tarde se tornou o famoso apresentador de *America's Most Wanted*, foi sequestrado em uma loja Sears na Flórida. Foi depois descoberto que ele havia sido assassinado. Sua história recebeu uma quantidade enorme de menções na imprensa e acabou sendo transformada em um filme feito para a TV em 1983.

Crianças desaparecidas começaram a estampar caixas de leite — uma tentativa de alertar o público para estar atento. Crianças desaparecidas também começaram a aparecer em caixas de pizza e malas diretas, muitas vezes com a pergunta simples: "Você me viu?".

O início da década de 1980 também foi instigado pelo Terror em Atlanta (ou Assassinatos de Crianças em Atlanta), no qual dezenas de crianças, a maioria meninos negros do centro de Atlanta, desapareceram entre 1979-1981. Ao todo, pelo menos 28 jovens ligados ao caso foram encontrados mortos. O Terror em Atlanta recebeu grande cobertura de notícias e, mais tarde, gerou uma grande minissérie de TV em 1985.

O clamor de tais incidentes criou o chamado "movimento de crianças desaparecidas", o que a originou a nova legislação (o Congresso aprovou a *Lei das Crianças Desaparecidas* em 1982) e protocolos para lidar com o sequestro de crianças (incluindo os primeiros esforços de rastreamento nacional).

No início dos anos 1980, crianças desaparecidas começaram a estampar caixas de leite — uma tentativa de alertar o público para estar atento. Crianças desaparecidas também começaram a aparecer em caixas de pizza e malas diretas, muitas vezes com a pergunta simples: "Você me viu?". Em 1983, o ano em que ocorre a primeira temporada de *Stranger Things*, o presidente Ronald Reagan designou o aniversário de quatro anos do desaparecimento de Etan Patz (25 de maio) como *Dia Nacional das Crianças Desaparecidas*. No ano seguinte, foi criado o *Centro Nacional de Crianças Desaparecidas e Exploradas*. Enquanto isso, todas as noites, pouco antes do noticiário local, um anúncio do serviço público dizia: "São dez da noite. Você sabe onde estão seus filhos?".

O resultado de todos esses esforços, ironicamente, não foi uma maior sensação de segurança, mas

Casos de crianças desaparecidas foram amplamente divulgados na época e acionaram o pânico geral na população — uma inspiração para o plot de Stranger Things

um estado elevado de medo e ansiedade. Como Paula Fuss escreve em seu livro, *Kidnapped: Child Abduction in America*: "No final, quando o sequestro se tornou um alarme cultural cada vez maior sobre os perigos da infância, nenhuma criança estava a salvo".[9] Paradoxalmente, isso significa que, "quanto mais sabemos sobre o crime e quanto mais temível se torna, mais viciados nos tornamos nos perigos que o crime representa para as crianças que amamos".[10]

Não foram apenas sequestros que chamaram a atenção do público nos anos 1980: houve também pânico em relação a abuso sexual, creches, segurança de equipamentos de parquinhos, os impactos da televisão a cabo e da música e dos videogames, e a lista continua. Se a bicicleta simbolizava a liberdade da infância, a bicicleta abandonada — e o desaparecimento de Will — representa esse medo crescente: que algo ameaçador possa estar à espreita ao virar da esquina, pronto para arrebatar os inocentes.

JOSEPH VOGEL

STRANGER FANS

Assuntos de família

Como a falta de supervisão dos pais se tornou um ponto comum em Hawkins

03. O desaparecimento de Will — assim como o de Barb — em *Stranger Things* está perfeitamente sintonizado com esse Zeitgeist cheio de ansiedade. No entanto, também demonstra que os pais ainda não tinham se transformado nos pais coleiras de hoje.

Will é a definição de uma criança largada. Seu pai, Lonnie, está quase fora de cena. Sua mãe, Joyce, é mãe solo. Ela trabalha em tempo integral como balconista. Ela não percebe que Will está desaparecido até a manhã seguinte. Seu filho mais velho, Jonathan, estava encarregado dele enquanto ela trabalhava no turno da tarde (Jonathan também era responsável por acordá-lo e levá-lo para a escola na manhã seguinte). Jonathan, no entanto, estava trabalhando até tarde também, e assumiu que Will estaria bem com seus amigos. Tais arranjos não eram fora do comum para as famílias nos anos 1980.

As taxas de divórcio[11] quase dobraram nos anos 1960 e 1970. Eles atingiram o seu pico histórico em 1981, momento em que quase 50% de todos os casamentos terminavam em divórcio. Isso significava que muitos lares eram monoparentais, como os Byers. E também que muitas crianças eram como Jonathan e Will. Dado o contexto, faz sentido que Will voltasse tarde da casa de um amigo, sozinho, para uma casa vazia. Mesmo quando sua mãe percebe sua ausência, ainda parecia razoável que ele tivesse simplesmente passado a noite na casa dos Wheeler.

Essa falta de supervisão não era exclusiva das residências monoparentais. Mesmo que a casa deles seja o centro de amigos, os pais Wheeler frequentemente ficam no escuro sobre as atividades e o paradeiro de seus filhos. Nos primeiros episódios, eles não têm ideia de que as crianças estão jogando *Dungeons & Dragons* por dez horas ininterruptas; eles não têm ideia de que Nancy está namorando Steve, ou que ele escapa para o quarto dela à noite; e eles não têm ideia de que Mike está escondendo Eleven em seu porão.

As taxas de divórcio quase dobraram nos anos 1960 e 1970 — isso significava que muitos lares eram monoparentais, como o dos Byers

Isso não quer dizer que eles sejam pais terríveis. Karen claramente se preocupa com seus filhos. Ela consola Mike quando Will desaparece e tenta convencer Nancy a se abrir sobre o que está acontecendo em sua vida. No capítulo 3 ("Caramba"), depois que Nancy passa a noite na casa de Steve, ela pede à filha que seja honesta: "Você pode falar comigo", ela diz. "Você pode falar comigo." Mas Nancy, como muitos adolescentes, resiste em confiar em sua mãe. Por fim, ela admite que dormiu com Steve e que algo aconteceu com Barb; no entanto, ela mantém a maior parte do que faz e experimenta nas duas primeiras temporadas em segredo. E isso parece ser um pouco demais em termos de segredos.

Os Byers e os Wheeler, como famílias, são críveis precisamente por causa dessas dinâmicas autênticas. Joyce pode não estar sempre presente para seus filhos, mas está tentando. Ela sabe que as pessoas vão julgá-la pelo desaparecimento de Will, mas, em vez de pensar nas percepções alheias, ela entra em parafusos para encontrá-lo. Na primeira temporada, no capítulo 1 ("O Desaparecimento de Will Byers"), ela também reconhece que nem sempre esteve presente para Jonathan. "Eu tenho trabalhado tanto e me sinto mal", diz ela. "Eu mal sei o que está acontecendo com você. Me desculpe."

Essa ausência não é sem contexto. No próximo episódio ("O Corpo"), ficamos sabendo que ela trabalhou horas extras e feriados para tentar sustentar seus dois filhos. Quando Will desaparece, ela sacrifica tudo para encontrá-lo, recusando-se a desistir quando quase todos ao seu redor acham que ela é louca. Na primeira temporada, capítulo 4 ("O Corpo"), Jonathan relata a Hopper que sua mãe lutou com problemas de saúde mental no passado. Ele sabe que ela não é perfeita, mas ele é maduro o suficiente para reconhecer o que ela passou, e o quanto ela tentou. "Minha mãe", ele diz a Hopper, "ela é durona."

Quanto aos Wheeler, eles são, em muitos aspectos, mais disfuncionais do que os Byers — uma subversão refrescante de estereótipos geralmente associados a lares de pais solos versus lares com pai e mãe. Os Wheeler podem estar melhor financeiramente e jantar juntos, mas eles têm suas questões. Como Matt Duffer explica: "Sim, eles parecem ser a família perfeita, mas certamente não o são. Ted está longe de ser o melhor pai de todos os tempos, e Karen está muito sobrecarregada. É quase como se houvesse essa fachada de uma vida perfeita e uma família estável perfeita, e acho que é o tipo de coisa que Jonathan tenta mostrar para Nancy". Nancy sabe que o casamento de seus pais é tenso — na verdade, ela abertamente questiona se eles se casaram por amor de verdade. Isso pode ou não ser um julgamento justo. Mas, definitivamente, há falhas na comunicação. No capítulo 1, por exemplo, o jantar em família se deteriora rápido, fazendo com que, tanto Nancy quanto Mike, saiam para seus quartos, e Karen tem uma das falas mais engraçadas da temporada ("Espero que você esteja gostando do seu frango, Ted").[12]

> **A família dos Wheeler subverte os estereótipos geralmente associados a lares de pais solos versus lares com pai e mãe, uma característica bem vinda em uma produção deste porte**

Quanto a Ted (interpretado por Joe Chrest), ele encarna perfeitamente o pai de classe média distante, sem noção e conservador. Ele não é mau ou severo; mas também não é muito presente ou perceptivo como marido ou pai (para o desgosto de sua esposa). O máximo que ele faz para cuidar de seus filhos é usar uma analogia com esportes clichê ou um obrigatório "Olha o palavrão!" quando alguém solta uma obscenidade. Na maioria das vezes, quando o vemos, ele está cochilando em sua poltrona, assistindo à TV ou relutantemente atendendo à porta (não é de admirar que Karen seja vista com frequência com uma taça de vinho).

Quando os agentes de Hawkins descem em sua casa, na primeira temporada, capítulo 7 ("A Banheira"), Ted zomba da ideia de que Mike estaria escondendo Eleven em casa. "Nosso filho com uma menina?", ele diz. "Acredite em mim, se ele tivesse uma menina dormindo nesta casa, nós saberíamos sobre isso." Ele faz uma pausa por um momento, depois olha para sua esposa. "Saberíamos, né?"

> ## A diferença entre as crianças e os pais pode ser um pouco exagerada, mas a dinâmica é familiar o suficiente para entrar em ressonância para aqueles que cresceram na era

A ironia não é apenas que Mike, de fato, tenha escondido uma garota em seu porão — ou que Nancy fica com Steve em seu quarto —, mas quão pouco ele sabe sobre seus filhos em geral. Isso tem efeito cômico na segunda temporada, capítulo 5 ("Dig Dug"), quando Dustin aparece. Dustin pergunta se Mike está em casa e, como de costume, Ted precisa perguntar a sua esposa. Karen, que está ao telefone, grita que ele está no Will. Dustin, em seguida, pergunta se Nancy está lá, e Ted novamente pergunta a sua esposa, que grita de novo que ela está na casa de um amigo. "Nossos filhos não moram mais aqui", diz Ted, "você não sabia disso?"

Mike e Nancy, então, são tão crianças largadas quanto Will e Jonathan, se não mais. Os pais Wheeler podem estar em casa com mais frequência, mas, como Ted admite, eles sabem muito pouco sobre o

que está acontecendo de verdade na vida de seus filhos. Não que Mike e Nancy pareçam se importar. Eles têm suas próprias preocupações.

Na segunda metade da segunda temporada, Nancy tenta descobrir e expor os segredos do Laboratório Nacional de Hawkins com Jonathan, enquanto Mike tenta ajudar Will a resistir a ser superado pelo Devorador de Mentes. Enquanto isso, no clímax do capítulo 9 "O Portal", vemos Ted dormindo em sua poltrona reclinável, enquanto Karen está relaxando em um banho de espuma, cercada por velas, lendo uma espécie de romance erótico popular, daqueles que você encontra no supermercado. Tais livros eram muito populares entre as mães dos subúrbios nos anos 1980, entediadas pelas rotinas mundanas de suas vidas cotidianas.

A fuga temporária de Karen é memoravelmente extinta pela campainha. Seu marido, claro, não escuta o barulho — nem ela gritando para que ele atenda a porta. Então, ela coloca seu roupão de banho e corre para baixo. Na porta está Billy Hargrove, com voz de barítono, à procura de sua irmã, Max. A tensão sexual entre Billy e Karen é ao melhor estilo *A Primeira Noite de um Homem*, para efeito cômico. Billy é como um personagem saído das fantasias proibidas do seu romance: sexy, perigoso, e não é Ted. No entanto, sua visita também a lembra — mais uma vez — que ela e o marido não têm a menor ideia de onde estão seus filhos. "E quando você vir o Mike", ela diz para Billy, "diga a ele para voltar para casa." Mike (e Nancy), neste momento, estão juntos na casa dos Byers — depois de encontrar aventuras e perigos que seus pais nem poderiam imaginar.

Claro, a diferença entre as crianças e os pais pode ser um pouco exagerada. Mas a dinâmica é familiar o suficiente para entrar em ressonância para aqueles que cresceram na era. Os pais nos anos 1980 — para o bem ou para o mal — simplesmente não se sentiam obrigados a saber onde as crianças estavam o tempo todo.

JOSEPH VOGEL

Sendo crianças

A visão de infância em Stranger Things não é isenta de riscos e ameaças

04. No entanto, mesmo em *Stranger Things*, pode-se perceber certas mudanças surgindo. Depois do que aconteceu com seu filho na primeira temporada, Joyce se torna muito mais cautelosa e protetora. Na segunda temporada, ela leva o filho até o fliperama, ao invés de permitir que ele vá de bicicleta como os outros meninos. Ela pede que Bob o leve para a escola. E ela pede a Jonathan para acompanhá-lo no Halloween.

Ainda assim, mesmo com esses esforços para ficar mais de olho nele, Will ainda tem um pouco de liberdade: não há um adulto o supervisionando no fliperama; ele ainda pode fazer atividades depois da aula, como o Clube de Audiovisual; e Jonathan decide deixá-lo sem supervisão no Halloween.

A família Byers, desta forma, é bastante representativa do país no início dos anos 1980. Temores sobre segurança infantil estavam crescendo por conta dos sequestros, mas os pais, em geral, ainda permitiam aos filhos um pouco de liberdade em relação aos dias de hoje. E para aqueles que eram mais rigorosos — como o xerife Hopper com Eleven —, as crianças muitas vezes ainda encontravam maneiras de se aventurar fora do alcance de seus pais ou responsáveis.

O que não é completamente diferente da dinâmica entre pais e filhos atual. No entanto, há uma distância inegável (e apelo) para a iteração menos estruturada e mais aventureira da infância, representada em *Stranger Things*. Havia perigos na época como há perigos agora. O seriado reconhece alguns desses perigos. Sua visão de infância não é isenta de riscos e ameaças, algumas familiares, algumas sobrenaturais.

No início dos anos 1980, temores sobre segurança infantil estavam crescendo por conta dos sequestros, mas os pais ainda permitiam um pouco de liberdade

Mas essa liberdade da infância — a possibilidade de se esconder em fortalezas por horas, andar em trilhos de trem, explorar lugares assustadores, andar de bicicleta, sozinhos, sem adultos — é tão parte da experiência oitentista quanto a música ou o cinema.

ERA REAGAN
CONTORNOS IDEOLÓGICOS

Stranger Things 2 começa em 28 de outubro de 1984, menos de duas semanas antes da eleição presidencial.

Essa eleição colocou o republicano Ronald Reagan contra o ex-vice-presidente democrata Walter Mondale. Reagan era o favorito, de longe. Seu primeiro mandato foi turbulento: sua popularidade subiu para mais de 60% após sobreviver a uma tentativa fracassada de assassinato por John Hinckley Jr., em 1981, mas, no final de 1982, esse número caiu para menos de 40% quando as Reaganomics — o apelido para as políticas econômicas do presidente — pareciam ter falhado, e os Estados Unidos estavam mergulhados em uma profunda recessão.

Em 1983, no entanto, havia indícios de uma recuperação. A inflação caiu;[1] as vagas de emprego começaram a aparecer. Quando 1984 começou, os Estados Unidos estavam se preparando para as Olimpíadas de Los Angeles, o mercado de ações estava em alta e a economia voltava aos trilhos. Foi o timing perfeito para a reeleição de Reagan. Seus números de aprovação estavam de volta como em meados dos anos 1950,* e seus anúncios de campanha — agora icônicos, mergulhados em valores saudáveis, nostalgia e nacionalismo — alegavam que essa era "Morning in America".**

Quando 1984 começou, os EUA estavam se preparando para as Olimpíadas de Los Angeles, o mercado de ações estava em alta e a economia voltava aos trilhos — foi o timing perfeito para a reeleição de Reagan

Após o primeiro debate presidencial, as pesquisas de intenção começaram a apertar à medida que eram levantadas questões sobre a idade e a acuidade mental de Reagan. Mas, em 6 de novembro de 1984,

---

* Como ator, Ronald Reagan, estava em alta na década de 1950, não apenas por presidir o Sindicato dos Atores, mas por ter um programa bem famoso na televisão. Na época, ele já fazia discursos políticos em comícios e apoiava candidatos à presidência.

** Seu lema para as eleições de 1984 era algo como: Amanheceu nos Estados Unidos.

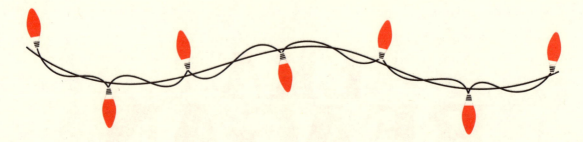

os Estados Unidos votaram por Reagan em uma das maiores margens de vitória já vistas na história norte-americana. Reagan vence em 49 dos 50 estados (perdendo apenas em Minnesota) e conquistando 525 dos 538 votos eleitorais totais.

Vemos indicações da eleição presidencial espalhadas por Hawkins, Indiana. Na Escola Hawkins, uma placa diz: "Vote aqui, 6 de novembro". Também vemos placas, a maioria dos quais mostra apoio a Reagan-Bush (particularmente no bairro mais rico de Loch Nora), incluindo uma no gramado da frente da casa dos Wheeler. Isso não é surpreendente. Reagan não só venceu com uma grande margem; ele arrebatou Indiana, historicamente um estado conservador, com 62% dos votos, contra apenas 38% para Mondale.

No estado, o único condado onde Reagan perdeu foi Lake County, um condado predominantemente afro-americano na fronteira norte do estado, perto de Chicago. Não há nenhuma indicação clara de qual candidato a família de Lucas apoiou, e nenhuma para os Byers também. No entanto, vemos uma placa da Mondale-Ferraro, do lado de fora da casa de Dustin, indicando que os Henderson são uma das poucas famílias de Hawkins contra a opinião popular, mostrando seu voto a favor do democrata.

Nós vemos um punhado de outras referências de Reagan ao longo das primeiras temporadas de *Stranger Things*. Na primeira, capítulo 3 ("Caramba"), quando o xerife Hopper e seus oficiais abordam o Laboratório Nacional de Hawkins, eles aludem ao programa "Guerra nas Estrelas" de Reagan — o apelido da polêmica iniciativa de defesa estratégica da Guerra Fria, que deveria proteger os norte-americanos contra potenciais ataques da União Soviética.

Mais tarde, no mesmo episódio, enquanto Eleven está zapeando por canais na TV, ela vê o presidente Reagan fazendo um discurso sobre o bombardeio em Beirute, no Líbano, em 1983. Esse ataque — considerado o primeiro grande ato terrorista contra os Estados Unidos — matou 241 norte-americanos (do Exército em sua maioria) e 58 soldados franceses. O presidente Reagan descreveu o ataque como um "massacre brutal" e prometeu manter uma presença militar no Líbano; no entanto, em 1984, ele teve dúvidas e ordenou a retirada de todas as tropas norte-americanas do local.

Mais do que apenas algumas referências aleatórias, no entanto, *Stranger Things* mostra o que se passa dentro dos contornos culturais e ideológicos da era Reagan. O que isso significa? Isso significa que o programa faz um ótimo trabalho equilibrando os encantos e virtudes do período com suas tendências obscuras.

Mais do que apenas algumas referências aleatórias, Stranger Things mostra o que se passa dentro dos contornos culturais e ideológicos da era Reagan

JOSEPH VOGEL

STRANGER FANS

O Mundo Invertido

Um reflexo sombrio, um eco de nosso mundo — um lugar de decadência e morte

01. Não há indícios sérios de pobreza, crime ou flagelo em Hawkins, Indiana. De muitas maneiras, a cidade lembra o slogan "Morning in America" de Reagan: uma celebração nostálgica dos subúrbios da classe média. Claro, há diferenças de classe — a casa dos Byers, mais degradada e rural, tem contraste notável com a casa de dois andares zelosamente cuidada dos Wheeler em Loch Nora. Mas antes dos desaparecimentos de Will e Barb, Hawkins parece uma cidade americana típica, pequena, pacata e segura. Provavelmente um pouco segura demais e de mente fechada, se você perguntasse a Jonathan Byers.

Jonathan desempenha vários papéis em *Stranger Things*: irmão mais velho, figura paterna postiça, eventual interesse amoroso de Nancy, aficionado por música. No entanto, seu personagem também é importante para nos dar um ponto de vista alternativo sobre a época. A desilusão de Jonathan não é apenas pessoal; é política. Vemos isso no início da primeira temporada, talvez mais proeminente por meio de sua música.

No capítulo 2 ("A Estranha da Rua Maple"), antes de "Should I Stay or Should I Go", ouvimos a banda de punk rock Reagan Youth tocando "Go Nowhere", no trajeto que ele faz para visitar seu pai. O nome Reagan Youth é uma alusão à Juventude Hitlerista ("Hitler Youth"), a organização a favor do tirano composta por jovens alemães, famosa por sua lealdade cega ao regime nazista. As músicas da banda eram impetuosas e provocantes, frequentemente mirando no governo Reagan, e na ganância e hipocrisia da década de forma geral.

A música que Jonathan está ouvindo transmite uma sensação de alienação que ressoou para o contingente não Yuppie de sua geração (Geração x), questionando por que se deveria viver o típico roteiro suburbano. Como diz a letra: "A whole generation of gonowheres/ The living dead in 3-D life/ A whole generation of stagnant lives".*

A visão de mundo de Jonathan também aparece em algumas de suas conversas. Ele constantemente lembra seu irmão mais novo, Will, que não há problema em ser diferente e não estar de acordo com as expectativas da sociedade.

Na primeira temporada, capítulo 5 ("A Pulga e O Acrobata"), Jonathan oferece uma crítica aguda à Nancy (incitada por uma crítica dela a ele, igualmente dura). Ele estava começando a pensar que ela era

---

* "Uma geração inteira de gente que não vai a lugar nenhum/ Os mortos-vivos de uma vida 3D/ Uma geração inteira de vidas estagnadas."

diferente, diz ele, e "não apenas outra garota suburbana que acha que está se rebelando fazendo exatamente o que todas as outras garotas do subúrbio fazem — até que a fase passa e se casam com um atleta chato que agora trabalha em vendas, e elas vivem uma vida perfeitamente chata no final de um beco sem saída, exatamente como seus pais, os quais elas achavam que eram tão deprimentes, mas agora, 'Ei, eu entendo'." O discurso de Jonathan não é de todo justo com Nancy, que mais tarde se mostra muito mais independente do que ele acredita. Mas destaca sua aversão geral por falsidade e conformidade, coisas que ele acredita estarem desenfreadas em Hawkins, Indiana.

No capítulo 2 ("A Estranha da Rua Maple"), o pai de Jonathan, Lonnie, sugere que ele saia de Hawkins (que ele descreve como um "buraco do inferno") e se mude para a cidade, onde as pessoas são mais "reais". Jonathan pode se encaixar melhor em um ambiente urbano. No entanto, quando finalmente temos um gostinho da vida fora de Hawkins, na segunda temporada, capítulo 7 ("A Irmã Perdida"), fica claro que as cidades, particularmente na era Reagan, tinham seus problemas também.

Por um lado, a chegada de Eleven em Chicago é animadora — luzes brilhantes, grandes edifícios, pessoas novas e interessantes. No entanto, enquanto ela atravessa a cidade, também vemos muitos desabrigados, pobreza e abuso de drogas. Os Duffer se inspiraram no tom e na sensação de alguns dos filmes mais estilizados, corajosos e urbanos dos anos 1980, incluindo *O Exterminador do Futuro* (1984), de James Cameron, e *Batman* (1989), de Tim Burton. O filme de Gotham City foi particularmente influente. "Você tem vapor saindo do chão",[2] explica Matt Duffer, "e você tem pessoas sem-teto sujas gritando para a câmera vestindo sobretudos. Era um sentimento muito específico que eu queria evocar."

Desta forma, o episódio também destaca a deterioração das cidades durante a era Reagan — que veio a ser referida como "decadência urbana". Cada vez mais, à medida que os ricos fugiam para os subúrbios, as cidades

centrais ficavam subfinanciadas e cheias de crime, drogas e violência. Trata-se da era da epidemia de crack e das taxas recordes de homicídio. Partes de grandes cidades do centro-oeste, como Chicago, Cleveland e Detroit, pareciam desmoronar no momento em que dezenas de milhares de empregos industriais desapareceram.

Ainda assim, em meio ao vidro quebrado, prédios abandonados, ruas sujas e pichações, algumas subculturas vibrantes prosperaram, incluindo as cenas de punk e hip-hop. A gangue de Kali — uma equipe diversificada de párias residindo em um armazém industrial — representa essa tensão contracultural. Claro, eles são um pouco caricaturais, mas pretendem representar resistência e retribuição — para aqueles que os prejudicaram individualmente, mas mais amplamente para os responsáveis por perpetuar a desigualdade e a injustiça. Eles são os anjos vingadores da era Reagan.

Em um nível mais simbólico, o Mundo Invertido também pode ser lido como o lado mais ameaçador da superfície idílica da era Reagan. De um ponto de vista, tudo parece relativamente normal e tranquilo. Porém, espreitando logo abaixo dessa superfície, está a podridão e o terror, a destruição e a morte. Não é tão diferente, por exemplo, de Terror em Atlanta, onde a imagem brilhante de uma "cidade muito ocupada para odiar" fora destruída quando mais de 28 crianças e adolescentes negros foram sequestrados e assassinados em apenas dois anos (1979-1981).

Ronald Reagan descreveu os assassinatos das crianças em Atlanta como "uma das situações mais trágicas" já enfrentadas por uma comunidade americana.[3] Mas isso não ocorreu no vácuo; em vez disso, foi o resultado de condições que, como disse o autor James Baldwin, "não alteraram tanto o clima de Atlanta como revelam, ou, por assim dizer, geraram uma epifania". O Mundo Invertido, então, pode ser interpretado não apenas como uma dimensão alternativa de pesadelo, mas como o outro lado dos Estados Unidos, o lado mais sombrio — que muitas vezes era escondido ou ignorado — nas narrativas otimistas dos anos 1980.

Um passo à frente dos russos

A ansiedade da Guerra Fria virou pano de fundo em muitas obras da época

02. Outra preocupação da década de 1980 era a perspectiva iminente de uma guerra nuclear com a União Soviética. No início dos anos 1980, em particular, o discurso cheio de confronto e as políticas agressivas de Reagan deixaram muitos preocupados com o fato de estarmos à beira do desastre. A política de Destruição Mútua Assegurada (*Mutual Assured Destruction*) significava que os Estados Unidos e a União Soviética buscavam implacavelmente a vantagem na força nuclear, inteligência estrangeira e sofisticação militar. Durante a chamada Corrida Armamentista, bilhões de dólares foram investidos e mais de 70 mil bombas nucleares foram criadas na tentativa de manter a superioridade no caso de um confronto nuclear.

A ansiedade da Guerra Fria permeou os anos 1980. No outono de 1983, o filme para TV *O Dia Seguinte* descreveu um holocausto nuclear entre os Estados Unidos e a União Soviética tão perturbador que a ABC e afiliadas da TV local abriram linhas telefônicas gratuitas com conselheiros de plantão para telespectadores angustiados. Até o presidente Reagan escreveu em seu diário que assistir ao filme o deixou "muito deprimido" e o fez repensar sua estratégia com a União Soviética.[4] O filme foi assistido por mais de 100 milhões de pessoas — o filme de TV mais assistido na história —, indicativo de quanto a perspectiva de um apocalipse nuclear preocupava os americanos no ano em que *Stranger Things* começa.

> **A perspectiva iminente de uma guerra nuclear com a União Soviética alarmou a população — poderíamos estar à beira do desastre**

Neste contexto, o objetivo do Laboratório Nacional de Hawkins faz mais sentido. Um misterioso complexo federal na periferia da cidade, rodeado por cercas de arame farpado e vigiado pela polícia militar, em que a maioria dos moradores de Hawkins não percebe suas verdadeiras atividades. A maioria assume que é simplesmente uma instalação de energia responsável pela eletricidade. Há rumores, no entanto, entre os mais curiosos, que mais coisa acontece por lá. Quando entram na instalação, Callahan, um dos policiais da equipe do xerife Hopper, diz que ouviu dizer que "fabricam armas espaciais lá".

No capítulo 3 ("Caramba"), quando o xerife Hopper investiga o Laboratório em busca de informações sobre Will, ele indaga um representante sobre o que acontece dentro das instalações. "Tentando ficar um passo à frente dos russos?" "Espero que algo assim", responde o representante. Hopper, posteriormente, ganha acesso a fitas de vigilância da noite em que Will desapareceu. O único problema: elas foram manipuladas. Na noite em que Will desapareceu, houve uma tempestade, mas nas fitas, Hopper vê que não há chuva, o que sugere que o Laboratório tem algo a esconder.

Na primeira temporada, o Laboratório Nacional de Hawkins é dirigido pelo dr. Martin Brenner (interpretado por Matthew Modine). Uma figura sinistra de cabelos grisalhos, Brenner é um cientista pesquisador que, presumivelmente, recebeu permissão para realizar uma série de experimentos clandestinos pouco ortodoxos em nome da defesa nacional. Aos poucos, por meio dos flashbacks de Eleven, percebemos melhor quais são esses experimentos e qual é a verdadeira missão que ocorre dentro das imponentes paredes do Laboratório.

Eleven, descobrimos, foi, em essência, uma cobaia humana, tirada de sua mãe após o nascimento por causa de suas raras habilidades psicocinéticas. Em vez de um nome real, ela recebeu o número "011" e, em vez de um lar de verdade, foi criada no Laboratório Nacional de Hawkins, onde seu desenvolvimento — e de outras pessoas — foi supervisionado pelo dr. Brenner.

Brenner serve como uma espécie de figura paterna para Eleven (ela se refere a ele como "papai"), ainda que seu objetivo principal seja treinar, testar e expandir suas habilidades. Assim, em flashbacks, a vemos evoluir de esmagar latas de coca-cola para esmagar pessoas. Por qualquer falha ou falta de cooperação, ela é colocada em confinamento solitário. Ela é, como diz a tia de Eleven, Becky Ives, pensada não como ser humano, mas como uma arma para "lutar contra os comunistas".

Bilhões de dólares foram investidos e mais de 70 mil bombas nucleares foram criadas na tentativa de manter a superioridade no caso de um confronto nuclear.

Vemos como isso se desenrola, pelo menos em parte, no capítulo 4 ("O Corpo"), quando Eleven é ordenada pelo dr. Brenner para espionar um agente soviético e repetir o que ouve. Ele mostra para ela uma foto do agente enquanto uma Eleven aterrorizada, usando um dispositivo na cabeça e um vestido hospitalar, escuta. O dr. Brenner, em seguida, coloca a mão na parte de trás do pescoço dela, enquanto ela se concentra na foto, fecha os olhos e viaja para uma sala de azulejos brancos. Lá, ela encontra o agente soviético e começa a transmitir seus comentários pelos alto-falantes do Laboratório.

Teorias da conspiração

E se houver muito mais por trás daquilo que temos como verdade?

03. Enquanto o público aprende mais sobre as atividades do Laboratório Nacional de Hawkins por meio dos flashbacks de Eleven, vários outros personagens começam a coletar mais informações advindas de suas próprias investigações sobre os desaparecimentos de Will e Barb. No capítulo 3 ("Caramba"), o xerife Hopper e o oficial Powell vão à biblioteca para pesquisar arquivos de jornais relacionados ao Laboratório Nacional de Hawkins. A instalação, ele descobre, tem uma história longa e perturbadora. Nós vemos manchetes como "Laboratório Nacional de Hawkins bloqueia inquéritos", "Dr. Martin Brenner é citado em ação judicial" e "Projeto MKULTRA exposto". Os artigos descrevem uma série de atividades desumanas — incluindo testes experimentais com drogas, controle da mente e mortes acidentais — conduzidas secretamente sob os auspícios da CIA. Também levam Hopper a uma mulher chamada Terry Ives, participante dos experimentos que entrou com uma ação contra o dr. Brenner, alegando que ele sequestrou sua filha, Jane (Eleven), para pesquisas científicas.

Depois de ler os artigos, o xerife Hopper está convencido de que o Laboratório está envolvido no desaparecimento de Will. No capítulo 6 ("O Monstro"), ele e Joyce visitam a casa de Ives para entender melhor a situação. Sua irmã Becky os deixa entrar, mas Terry, eles descobrem, está em estado catatônico.

Temores reais e teorias da época se mesclam à ficção de Stranger Things para compor o clima que se destacava na década

Becky preenche uma série de lacunas: o programa de pesquisa sancionado pela CIA, o Projeto MKULTRA, diz ela, atacava pessoas suscetíveis, como sua irmã, prometendo a elas algumas centenas de dólares para participar de testes de drogas psicodélicas e outros experimentos. Esses testes tinham mais perigos e problemas do que o anunciado. Terry, Becky revela, foi muitas vezes despida e colocada em tanques de isolamento, onde eles tentariam testar os limites da consciência.

Nós também descobrimos que Terry estava grávida na época. Becky e o público em geral acreditam que ela abortou no terceiro trimestre. Mas, posteriormente,

nós descobrimos por meio de um flashback que o bebê Jane (Eleven) foi entregue ao Laboratório Nacional de Hawkins e tirado de sua mãe. Depois que seu processo falhou, Terry tentou resgatar sua filha da instalação com uma arma.

No entanto, depois de encontrar o bebê no "Quarto Arco-Íris", ela foi apreendida, amarrada e submetida à terapia de eletrochoque, permanentemente emaranhando seu cérebro e deixando-a em estado vegetativo.

O quão possível é isso na vida real? O projeto MKULTRA era de fato o nome em código para um programa real da CIA do início dos anos 1950. Seu objetivo era desenvolver drogas e técnicas que pudessem ser usadas para interrogar e manipular os inimigos soviéticos.

Milhares de norte-americanos foram usados nesses experimentos, que incluíam uma série de drogas que alteram o cérebro, incluindo o LSD, e várias técnicas de controle da mente, entre elas hipnose, privação sensorial e tortura psicológica. A maioria dessas atividades secretas, é claro, era ilegal e conduzida, como o Laboratório Nacional de Hawkins, em instituições que fingiam ser outra coisa.

O programa teve seu pico de operação de 1953 a 1964 e se dissolveu oficialmente em meados da década de 1970, embora persistissem rumores de que eles continuavam operando clandestinamente. Em 1977, um pedido da *Lei de Liberdade de Informação* revelou 20 mil documentos relacionados ao Projeto MKULTRA, embora muitos outros tenham sido destruídos.

Os Irmãos Duffer reconhecem ser fascinados por tais programas secretos. Como colocou Ross Duffer: "Seja o MKULTRA ou o Experimento Filadélfia, onde o governo — verdadeiramente ou não — estava tentando colocar as fronteiras da ciência nesse tipo de corrida da Guerra Fria. Para nós, foi a ideia de 'E se eles fossem um pouco longe demais daqui?'. E, claro, existem teorias de conspiração por aí em que as pessoas dizem que sim. Era mais crível que isso acontecesse em uma cidade pequena na corrida com a Rússia".[5]

> **Milhares de norte-americanos foram usados nesses experimentos, que incluíam uma série de drogas que alteram o cérebro, incluindo o LSD, e várias técnicas de controle da mente, entre elas hipnose, privação sensorial e tortura psicológica.**

Este é o nosso governo

Casas sob vigilância, olhos e ouvidos em todo lugar

04. Além dessas conspirações controversas, o Laboratório Nacional de Hawkins supervisiona um elaborado programa de vigilância. Parece ter olhos e ouvidos em todo lugar. Conversas telefônicas são ouvidas; casas estão grampeadas; exames de pacientes são gravados em vídeo. Agentes do Laboratório invadem as casas dos Byers e dos Wheeler, tirando fotos e apreendendo bens. Nancy e Jonathan, claro, são monitorados de perto quando começam a procurar a verdade. Na segunda temporada, capítulo 4 ("Will, o Sábio"), eles são perseguidos e espionados em um parque, resultando em sua apreensão temporária e custódia dentro do Laboratório. O capítulo 6 é chamado de "O Espião" — uma referência, neste caso, a Will e ao Devorador de Mentes. Mas a vigilância, em várias formas, é onipresente na série. Tais atividades intrusivas, novamente, não estão muito distantes da história norte-americana.

Em seu discurso inaugural de 1981,[6] Ronald Reagan declarou que "o governo não é a solução para o nosso problema; o governo é o problema". Reagan prometeu reduzir esse Estado forte — para tirar orçamentos inchados, burocracias e impostos onerosos fora do caminho das pessoas comuns. Ele, de fato, reduziu os impostos e cortou muitos programas sociais, mas o governo continuou a crescer em tamanho e alcance. Os gastos federais quase dobraram durante a era Reagan, assim como a dívida nacional. Uma parte substancial desses gastos era relacionada à Guerra Fria — isto é, dinheiro usado com o objetivo de ficar à frente da União Soviética por meio de enormes investimentos nas Forças Armadas, na coleta de informações e na defesa nacional.

Além dessas conspirações controversas, o Laboratório Nacional de Hawkins supervisiona um elaborado programa de vigilância

A maioria das pessoas está familiarizada com o *Ato Patriota* dos Estados Unidos de 2001, mas muito antes de o controverso ato de vigilância de George W. Bush ser sancionado, havia a Ordem Executiva 12333, de Ronald Reagan. A Ordem Executiva 12333[7] deu às agências de inteligência um poder sem precedentes para espionar e coletar informações de cidadãos dos

Estados Unidos. A lei não exigia que um cidadão fosse suspeito de irregularidades e não impunha restrições sobre quais comunicações poderiam ser coletadas e retidas. Ela levantou sérias questões sobre privacidade e liberdades civis que pareciam contradizer diretamente a noção de um governo discreto. (Tais questões permanecem relevantes até hoje, não apenas com o governo federal, mas também com gigantes de tecnologia corporativa, como o Facebook e o Google, cujas práticas de coleta de dados estão na mira do fogo.)

Para muitos cidadãos norte-americanos nos anos 1980, incluindo aqueles que afirmavam serem a favor do governo discreto, tais princípios eram frequentemente comprometidos em nome do patriotismo. Quando agentes federais do Laboratório Nacional de Hawkins chegam na casa dos Wheeler, na primeira temporada, capítulo 7 ("A Banheira"), por exemplo, vasculhando a casa e carregando caixas de pertences, os Wheeler aceitam isso como necessário. O dr. Brenner, em essência, pede por sua confiança e cooperação cegas, e eles consentem. "Este é o nosso governo", argumenta Ted Wheeler. "Eles estão do nosso lado."

Claro, nem todo mundo é tão cooperativo. Nós conhecemos Murray Bauman (interpretado por Brett Gelman) no começo da segunda temporada. Um ex-repórter investigativo do jornal *Chicago Sun-Times*, que agora reside em um bunker em Sesser, Illinois. Na segunda temporada, capítulo 1 ("MADMAX"), ele faz uma viagem ao Departamento de Polícia de Hawkins para falar com o xerife Hopper sobre a potencial "presença de espionagem russa" na cidade. Pela resposta que ele recebe, temos a sensação de que Bauman é percebido localmente como um teórico da conspiração maluco e paranoico. No entanto, como disse o romancista Joseph Heller: "Só porque você é paranoico não significa que eles não estejam atrás de você".

Murray Bauman foi contratado como investigador particular pelos pais de Barb para se aprofundar no desaparecimento de sua filha. Sua investigação finalmente se cruza com a de Nancy e Jonathan, que aparecem em sua casa na segunda temporada, capítulo 5 ("Dig Dug").

Antes de se encontrar com Bauman, Nancy e Jonathan conseguiram entrar na barriga da fera — o Laboratório Nacional de Hawkins —, onde, depois de serem detidos contra sua vontade, ganharam um pequeno tour nas instalações com o dr. Owens — e uma explicação para a morte de Barb. Erros foram cometidos, ele reconhece. Mas os homens responsáveis por esses erros, incluindo o dr. Brenner, se foram. O trabalho do Laboratório agora, explica ele, é conter e deter o monstro (literal e figurativo) que Brenner libertou.

O dr. Owens leva-os ao centro de comando, onde eles veem por si mesmos o sinistro portal que leva ao Mundo Invertido. Seu rápido crescimento, explica Owens, requer vigilância e sigilo constantes. "Você vê por que eu tenho que impedir que a verdade se espalhe também, da mesma forma que aquelas ervas daninhas — por qualquer meio necessário." Não só é perigoso para a cidade de Hawkins, dr. Owens explica, mas poderia cair nas mãos erradas. "Imagine por um momento se um país estrangeiro, digamos os soviéticos, ouvir falar do nosso erro. Você acha que eles considerariam isso um erro? E se eles tentassem replicar?"

O dr. Owens parece presumir que os adolescentes ficarão satisfeitos com seu raciocínio. Depois que eles saem, descobrimos que Nancy gravou a conversa em seu Walkman. Ao contrário de seu pai, ela não é aplacada pelo dever patriótico; ela quer justiça e responsabilidade. "Vamos queimar todo esse Laboratório", declara a Jonathan.

JOSEPH VOGEL
STRANGER FANS

Atrás da cortina

Quando poder e sigilo levam a resultados ruins

05. Com a fita em mãos, Nancy e Jonathan vão direto para a casa de Murray Bauman, em Illinois. Depois de deixá-los entrar em seu complexo privado, Bauman — vestido com um roupão de banho — os leva ao seu próprio centro de comando, que está preenchido com anotações, fotos, recortes e potenciais pistas. Por mais complexas que sejam sua linha do tempo e teoria, Nancy e Jonathan ajudam a esclarecer, corrigir e preencher lacunas. Eles tocam a fita do Laboratório Nacional de Hawkins. "É incriminador?", pergunta Nancy. "É", diz Bauman. "Mas ninguém vai acreditar." "Aquelas pessoas", ele diz, "elas não são como eu e você, entende? Elas não passam a vida tentando ver o que está por trás da cortina. Eles gostam da cortina. Isso lhes proporciona estabilidade, conforto, definição."

> **"Aquelas pessoas não passam a vida tentando ver o que está por trás da cortina. Elas gostam da cortina. Isso lhes proporciona estabilidade, conforto, definição." — Bauman**

Tudo o que será necessário para desacreditar a fita, ele diz a Nancy e Jonathan, é alguém com autoridade dizendo ao público que é falsa. É assim que funciona o poder. Aqueles nas autoridades criam os termos da realidade, e todos os outros — ou a maioria — seguem em frente. A única esperança, ele finalmente conclui (com a ajuda de alguma vodca), é diluir a verdade. Atenue. Torne a história menos elaborada, "mais tolerável". Diga que Barb foi exposta à toxinas e que o Laboratório tentou encobrir isso, em vez de espalhar que eles fazem experiências ilegais em seres humanos (incluindo crianças) em uma tentativa equivocada de vencer os soviéticos, e que acidentalmente soltaram um monstro de uma dimensão alternativa.

Dessa forma, Murray se mostra mais experiente — e autoconsciente — do que seu teórico conspirador comum. Seu plano é bem-sucedido. Na segunda temporada, no capítulo 9 ("O Portal"), vemos o Laboratório Nacional de Hawkins ser fechado, enquanto os veículos militares saem. Murray Bauman está sentado em uma cadeira de jardim, acenando, enquanto uma reportagem narra que o Departamento de Energia dos Estados Unidos reconheceu transgressões na morte de Barbara Holland e seu acobertamento.

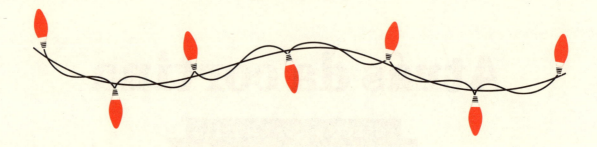

Tais atos de vigilância e uma corajosa persistência da verdade — de Nancy, Jonathan, Murray e muitos outros — sugerem que esses são os atos verdadeiramente patrióticos. Assim como os atos de genuína humanidade e resistência criativa das crianças.

Stranger Things não é tão antigoverno quanto pró-governo, e mostra que mesmo dentro de um sistema corrupto, há pessoas dispostas a reagir contra o poder

Alguns críticos notaram que os filmes da era Reagan consistentemente lançavam uma luz negativa no governo dos Estados Unidos — uma entidade vasta, secreta e exagerada que nem sempre age no interesse de seus próprios cidadãos. O jornalista David Sirota[8] descreve *E.T.* de Spielberg, por exemplo, como uma "parábola contra o governo sobre crianças que precisam fugir de agentes federais sem cara e com botas". Pode-se argumentar algo semelhante sobre *Stranger Things*.

No entanto, *Stranger Things* não é tão antigoverno quanto pró-governo, no fim das contas. Ele destaca a realidade de que o poder e o sigilo descontrolados geralmente levam a resultados ruins — como demonstram os experimentos reais do Projeto MKULTRA e os esforços de vigilância invasiva, entre inúmeros outros exemplos.

No capítulo final da segunda temporada ("O Portal"), o xerife Hopper encontra um dr. Owens ferido sangrando até a morte em uma escada do Laboratório Nacional de Hawkins. Hopper ajuda a parar o sangramento, mas também pede que ele considere seu apelo. Como Eleven está prestes a salvar a todos, ele sugere que talvez o Laboratório Nacional de Hawkins possa finalmente fazer o certo. "Talvez você possa ajudá-la a levar uma vida normal", ele coloca, "uma em que ela não seja cutucada e espetada, e tratada como um rato de Laboratório."

Em última análise, o dr. Owens honra este pedido, obtendo uma certidão de nascimento para Eleven, na qual ela não é mais um número, ou uma cobaia, ou uma arma, mas um ser humano: Jane Hopper.

Este ato obviamente não isenta o Laboratório Nacional de Hawkins de seus abusos e crimes. Mas isso mostra que há indivíduos, mesmo dentro de um sistema repleto de corrupção, dispostos a reagir contra o poder.

PLAY THE GAME

D&D, VIDEOGAMES E FLIPERAMAS

Na segunda temporada, capítulo 9 ("O Portal"), Steve tenta usar uma analogia esportiva em uma argumentação. "Se o treinador pede uma jogada", diz ele, "você vai lá e a executa." As crianças olham para ele como se ele fosse um alienígena. É o público errado. "Ok, em primeiro lugar", responde Mike, "este não é um jogo estúpido de esportes. Em segundo lugar, nem estamos jogando; nós estamos no banco." A troca é indicativa do papel mínimo que o esporte desempenha na série. Esses não são os jogos dos quais essas crianças gostam.

Além do confronto de basquete de Steve e Billy no capítulo 3 — que Joe Keery (Steve Harrington) descreve como tendo um tipo de *vibe* "Homoerótico... tipo a cena de vôlei em *Top Gun*."[1] —, nunca vemos ou ouvimos sobre esportes na série. Não há o futebol de quarta-feira, nem pôsteres de estrelas de basquete dos anos 1980, Magic Johnson, ou de Larry Bird, nativo de Indiana, nos quartos. Não há menção ao time Indiana Hoosiers, liderado por Bobby Knight, uma potência nos anos 1980 que venceu campeonatos nacionais em 1981 e 1987. Essas crianças simplesmente não curtem esportes. Eles são, como a irmã de Lucas, Erica, coloca de forma memorável: "Um bando de nerds".

> "Ok, em primeiro lugar, este não é um jogo estúpido de esportes. Em segundo lugar, nem estamos jogando; nós estamos no banco."
> — Mike

JOSEPH VOGEL

STRANGER FANS

D&D

O jogo está artisticamente entrelaçado na estrutura de Stranger Things

01. O que os garotos de *Stranger Things* curtem mesmo é *Dungeons & Dragons*, um jogo que não faz apenas uma participação ocasional como em *E.T.*, mas está artisticamente entrelaçado na linguagem e na estrutura da história.

O jogo de RPG de fantasia surgiu pela primeira vez em 1974, uma ideia de Gary Gygax e Dave Arneson. Ele cresceu em popularidade no final dos anos 1970 e 1980, estabelecendo uma subcultura de entusiastas atraídos pela ênfase na inteligência, camaradagem e imaginação. Em pouco tempo, vários livros foram publicados elaborando suas intrincadas regras e conceitos. Em 1981, D&D tinha um número estimado de três milhões de jogadores e estava amplamente associado à cultura nerd. D&D é creditado não apenas por unir os mundos da fantasia e do jogo, mas também por estabelecer uma base de sucesso para os jogos de RPG.

A Tactical Studies Pules, Inc. (TSP), que publicou o jogo, criou duas iterações distintas após sua onda inicial de popularidade: a primeira era mais simplificada e acessível, destinada ao público em geral; a segunda, conhecido como *Advanced Dungeons & Dragons* (AD&D) era para jogadores mais sérios e exigia maior conhecimento e fluência.

Como vemos no início da primeira temporada, no capítulo 1, em *Stranger Things*, o D&D é tipicamente jogado em torno de uma mesa com tabuleiros, dados poliédricos e miniaturas. Essas figuras representam personagens específicos com especialidades específicas. Então, por exemplo, no jogo das crianças no porão dos Wheeler, Mike atua como o Dungeon Master (o Mestre do Jogo/contador de histórias), Lucas joga com um cavaleiro, Dustin interpreta um anão, e Will interpreta um mago.

O grupo como um todo é chamado de "Party", ou "Grupo de Aventureiros". Cada personagem desempenha um papel importante na "campanha" geral, enquanto também desenvolve atributos e poderes individuais. Uma partida pode durar horas, até mesmo dias, ou anos, enquanto o Grupo soluciona problemas, participa de batalhas, coleta informações e embarca em várias aventuras. Em *Stranger Things*, ficamos sabendo que o jogo que os meninos estão jogando no começo do capítulo 1 levou semanas de planejamento e durou cerca de dez horas antes que a sra. Wheeler o interrompesse.

É fácil ver o apelo de D&D para Mike, Will, Dustin e Lucas, quatro garotos com imaginação ativa e gosto pela aventura; também não é difícil ver como ele funciona como uma metáfora para suas explorações da vida real e prenuncia os eventos que estão por vir. Por exemplo, nessa cena de abertura do capítulo 1, Will é forçado a enfrentar o Demogorgon. Lucas aconselha-o a usar a "bola de fogo", enquanto Dustin diz a ele para lançar um feitiço de proteção. Will decide pela bola de fogo, mas tira um sete (ele precisava de um treze ou mais), o que significa que ele foi derrotado pelo Demogorgon. Não muito tempo depois de terminar o jogo, é claro, Will é perseguido e arrancado de seu galpão por um monstro misterioso que os garotos chamam de Demogorgon.

Tais conexões entre o jogo e a vida real, particularmente na atribuição de nomes a coisas fora das experiências comuns, ocorrem ao longo da série. "Essas crianças eram grandes nerds de D&D", [2] explica Matt Duffer, "Por isso elas entendem os acontecimentos a partir da mitologia e terminologia de *Dungeons & Dragons*. E isso torna tudo mais fácil de compreender para as crianças, até mais do que para os adultos. Eles foram introduzidos a esses conceitos antes. E daí, é claro, elas têm o seu sr. Clarke, sua Wikipedia de 1980. Então é divertido e desafiador para os personagens descobrirem o que está acontecendo. Eles têm que usar o que está à sua disposição, que é *Dungeons & Dragons* e seu professor de ciências." Muitos termos usados na série, portanto, originam-se de *Dungeons & Dragons*, embora não sejam correlações muito exatas, e funcionem mais como aproximações.

Então, o que é um Demogorgon? Em D&D, ele representa o "Príncipe dos Demônios", uma criatura muito rara que causa medo nos jogadores, possuindo uma mística como a de Voldemort. No *Manual de Monstros de D&D*, seu bloco de estatísticas revela poderes de ataque e proteções devastadores. Nós o vemos representado no jogo como uma criatura de duas cabeças, semelhante a um lagarto. Enfrentá-lo no contexto de D&D significa morte quase certa.

Tais personagens demoníacas levaram ao que a BBC descreve como "o grande pânico de *Dungeons & Dragons* dos anos 1980".[3] Aos poucos, conforme o jogo cresceu em popularidade, alguns pais ficaram preocupados com sua influência nas mentes jovens, particularmente depois que dois adolescentes que o jogavam se suicidaram (não houve evidência de que D&D foi responsável por suas mortes). Grupos cristãos conservadores o denunciaram como "uma ferramenta oculta que abre os jovens para a influência ou a possessão por demônios".[4] Enquanto isso, os pais preocupados lançaram o grupo de ação *Bothered About Dungeons & Dragons* [BADD — Incomodados por Dungeons & Dragons] em 1983, culpando o jogo por incentivar o satanismo, perversão sexual e suicídio, entre outras coisas.

Mesmo que a controvérsia tenha finalmente diminuído, ela demonstra sobre como os jogos de RPG não eram familiares na época, e como sua ênfase na fantasia e no sobrenatural era subversiva em lares mais tradicionais.

Para os personagens de *Stranger Things*, no entanto, ele oferece uma estrutura útil para explicar e articular encontros e aventuras da vida real. No capítulo 5 ("A Pulga e O Acrobata"), por exemplo, Eleven vira o tabuleiro de D&D de cabeça para baixo para ilustrar que Will está se escondendo em outra dimensão. "Como o Vale das Sombras!", exclama Dustin. As crianças procuram o termo em uma cópia bem desgastada do D&D *Expert Rulebook* (edição de 1983). "O Vale das Sombras é uma dimensão que é uma reflexão sombria, ou eco, do nosso mundo", diz. "É um lugar de decadência e morte, um plano fora de fase, um [lugar] com monstros. Está ao seu lado e você nem vê." Da mesma forma, Eleven usa a estatueta do Demogorgon para explicar que há um monstro real no Mundo Invertido que representa uma ameaça para Will e para os outros.

Quando Will finalmente é resgatado na primeira temporada, no capítulo 8 ("O Mundo Invertido"), mais uma vez vemos os garotos reunidos em torno de um tabuleiro de D&D no porão dos Wheeler. E, mais uma vez, os eventos no jogo lembram o que acontece na vida real. Desta vez, a história gira em torno de um cavaleiro perdido, uma princesa orgulhosa e flores estranhas em uma caverna. Embora as interpretações variem entre os fãs do programa, a internet desenvolveu um consenso em torno do cavaleiro, sendo ele o xerife Hopper, a princesa sendo Eleven, e as flores estranhas sendo os ovos de Demogorgon, ou as videiras que começam a se espalhar na segunda temporada. A temível Thessalhydra, por outro lado, pode representar o Devorador de Mentes, com o qual Will batalha e triunfa dentro do jogo (e depois, com a ajuda de seus amigos, na vida real).

O que é o Devorador de Mentes? Quando Will o vê pela primeira vez nos primeiros capítulos da segunda temporada, ele chama de Monstro de Fumaça. O termo Devorador de Mentes é introduzido por Dustin no capítulo 8 ("O Devorador de Mentes"). Dustin não só parece ter um conhecimento enciclopédico de D&D; ele também adora dar nomes às coisas (veja também: Demodogs e D'Artagnan). Enquanto Mike explica as características do Monstro das Sombras — a mente ligada como uma colmeia, a inteligência, o desejo de controlar —, Dustin pensa novamente em termos de D&D. "Como o Devorador de Mentes", conclui ele. Eles analisam o termo no livro de regras em D&D e imediatamente veem as conexões. Tem tentáculos; é altamente maligno; e, como explica Dustin, "escraviza raças de outras dimensões, tomando conta de seus cérebros usando seus poderes psiônicos altamente desenvolvidos."

Como em todos os termos de D&D usados no programa, os paralelos não se destinam a serem exatos. Em D&D, por exemplo, o Devorador de Mentes é um humanoide que reside apenas em lugares subterrâneos. O Devorador de Mentes em *Stranger Things*, em contraste, é uma enorme criatura parecida com uma aranha elevando-se no céu. Os Irmãos Duffer tiraram uma série de inspirações pela sua forma e características, incluindo o trabalho de H.P. Lovecraft. Então eles procuraram um manual de D&D para ver se encontravam algo semelhante. Foi quando eles encontraram o Devorador de Mentes. "Não tem nada a ver com a forma, a aparência ou os detalhes",[5] elucida Ross Duffer.

"Mas com o fato de que ele se move de dimensão em dimensão, infectando as mentes dos outros para controlá-los e se espalhar. Não me lembro de todo o resto, mas isso é o que estávamos representando com nosso Monstro de Sombras."

Na segunda temporada, os garotos também recebem novos papéis de personagens baseados em D&D. Quando a novata Max pede para se juntar ao Bando de Aventureiros, Mike declara que todos os papéis estão preenchidos: ele é o Paladino (o cavaleiro sagrado/líder), Lucas é o Patrulheiro (o guerreiro e caçador), Dustin é o Bardo (bem versado em feitiços e linguagem), e Eleven é a Maga (a maga com poderes psiônicos especiais). Max sugere que ela poderia ser a Zoomer, mas essa sugestão é rejeitada. Parece que Mike a vê como uma ameaça à coesão e ao foco do grupo, semelhante a como Lucas se sentiu em relação a Eleven na primeira temporada.

Há algumas outras referências significativas a D&D na segunda temporada. Entre os desenhos e autorretratos de Will, vemos um no qual ele é "Will, o Sábio" (o capítulo 4, na verdade, é chamado de "Will, o Sábio"). Neste papel, ele não é uma vítima ou aberração ou zumbi, mas um personagem parecido com um mago, liderando valentemente um grupo na batalha. Mike também acredita que Will tem a "visão verdadeira", um termo de D&D que indica a capacidade de ver criaturas e objetos invisíveis, detectar ilusões e penetrar em dimensões alternativas. Talvez, Mike argumenta, os episódios de Will não sejam flashbacks; talvez sejam visões reais do Mundo Invertido.

Assim como a música do The Clash "Should I Stay ou Should I Go" não foi apenas usada como trilha sonora, mas entrelaçadas com os personagens e o enredo, da mesma forma *Dungeons & Dragons* é muito mais do que uma referência, objeto de cena, ou jogo nostálgico; oferece uma mitologia simbólica por meio da qual os personagens — e o público — navegam em suas aventuras.

JOSEPH VOGEL

STRANGER FANS

PLAYER 1 PLAYER 2

Videogames

O Templo Sagrado da Recreação de crianças e adolescentes

02. Enquanto *Dungeons & Dragons* desempenha um papel crucial nas duas primeiras temporadas de *Stranger Things*, não é o único jogo que vemos integrado ao seriado. A década de 1980 também viu o nascimento de videogames e a explosão dos fliperamas. "Esperávamos fazer com o fliperama [na segunda temporada] o que fizemos na primeira temporada com *D&D*",[6] explica Ross Duffer, "que foi montar uma espécie de prenúncio para toda a temporada, com Lucas se apaixonando pela Princesa Daphne, e o monstros em *Dig-Dug*. Nós queríamos configurar para aonde iríamos nas próximas nove horas."

Além de fornecer um quadro narrativo, os games também remetem a um breve momento da história norte-americana — aproximadamente 1978-1983 —, quando os fliperamas eram o Templo Sagrado da Recreação de crianças e adolescentes. Eles permaneceram populares por mais uma década, mas o início dos anos 1980 representa seu auge. Uma reportagem de capa de 1982 para a revista *Time* declarou que os videogames estavam "bombardeando o mundo", estimando que havia mais de 13 mil fliperamas nos Estados Unidos.[7] Novos jogos inovadores pareciam surgir toda semana. Primeiro vieram games como *Space Invaders* e *Asteroids*, ambos encontrados em quase todos os fliperamas no final dos anos 1970 e início dos anos

1980. Então, em 1980, veio *Pac-Man*, que se tornou o videogame de maior sucesso de sua época e um fenômeno social. Centenas de milhares de máquinas foram vendidas apenas no primeiro ano. Essas máquinas geraram impressionantes 1 bilhão de dólares em moedas em um único ano — uma receita bruta maior do que a de *Star Wars*.[8] *Pac-Man* também foi creditado por trazer mais garotas para os fliperamas (cerca de 60% de seus jogadores eram do sexo feminino, muito mais do que qualquer outro jogo na época).[9]

> **"Esperávamos fazer com o fliperama o que fizemos na primeira temporada com D&D."**
> **— Ross Duffer**

Pac-Man tornou-se o jogo mais icônico da indústria dos videogames, mas havia muitos outros que capturaram a imaginação dos jovens, incluindo games como *Centipede*, *Frogger*, *Galaga*, *Donkey Kong* e

Tron. O último jogo era uma adaptação do filme futurista de 1982 com o mesmo nome. Quando chegou aos fliperamas pela primeira vez, a máquina fluorescente azul e preta era frequentemente colocada de lado, em uma área de destaque, onde se podia esperar horas para ter sua vez de assumir o controle do joystick azul brilhante.

É difícil transmitir a sensação de maravilhamento e agitação que os fliperamas criaram em seus primeiros anos. Era uma experiência muito diferente do que temos nos games de hoje: por um lado, quase todos ficavam de pé, mas por outro, mais significativo, era uma experiência social e compartilhada. Ir ao fliperama era como entrar em um paraíso de néon repleto de ação e de barulhos de moedas. Você conheceria amigos lá. Você jogaria novos games incríveis. Você comeria junk food. Você veria a garota ou o garoto de quem você gostava. E na maior parte, os pais não estavam por perto.

> **Ir ao fliperama era como entrar em um paraíso de néon repleto de ação e de barulhos de moedas. Você faria várias coisas e seus pais nem estariam por perto.**

Como *Dungeons & Dragons*, os fliperamas geraram controvérsia. Algumas pessoas acreditavam que os cérebros das crianças iam apodrecer; outros, enquanto isso, os viam como um esconderijo hedonista para o comportamento ilícito; outros ainda se preocupavam com o fato de ser um alvo fácil para abusadores e sequestradores. No entanto, na maior parte, esses perigos eram exagerados. Para aqueles que atingiram a maioridade durante esse período, essa iteração do fliperama — não o modelo atual tipo *Hot Zone* — traz lembranças agradáveis. Como escreve o editor

de fotografia Rian Dundon: "O tilintar das moedas, as superfícies de plástico pegajoso e o carpete estaladiço dos fliperamas sempre evocarão anseios desviantes, dos santuários escuros e brilhantes de que nossas mães sempre nos alertaram que não deveríamos frequentar".[10]

Stranger Things nos permite reentrar em um desses santuários no início da segunda temporada, capítulo 1 ("MADMAX"). Antes de chegarem ao fliperama, vemos as crianças procurando por moedas — bem, Dustin está vasculhando; Lucas tem trabalhado "como um homem" para ganhar moedas extras, enquanto isso, Mike decide assaltar o cofrinho de sua irmã Nancy. Eles chegam em suas bicicletas (exceto Will, que é deixado por sua mãe devido ao seu sequestro no ano anterior). Como esperado, vemos muitas crianças e adolescentes e em torno do fliperama. Na verdade, a única supervisão que vemos é do funcionário adolescente perfeitamente treinado, mastigador de Cheetos e cheio de acne, Keith.

A equipe de produção de *Stranger Things* fez um grande esforço para recriar um fliperama de aparência e sensação autênticas. Ross Duffer se lembra: "A nossa designer de produção ocupou esse espaço abandonado — foi simplesmente incrível — e transformou-o completamente no *Palace*. Para nós, tal como os nerds dos videogames que somos, era realmente um sonho que se torna realidade".[11] Eles chamaram o local de *Palace* por conta do fliperama em *Jogos de Guerra*, o clássico cult de ficção científica sobre a Guerra Fria, de 1983, e encheram-no com máquinas de arcade reais e funcionais.

O primeiro game que as crianças jogam é *Dragon's Lair*. Lançado em 1983, *Dragon's Lair* foi o primeiro grande jogo de *LaserDisc* a chegar ao mercado nos Estados Unidos. Isso significava que, ao contrário de um videogame tradicional como *Asteroids* ou *Pac-Man*, ele usava gráficos animados pré-gravados — criados para esse jogo pelo lendário Don Bluth (conhecido por filmes de animação como *A Ratinha Valente*, *Um Conto Americano* e *Em Busca do Vale Encantado*). De

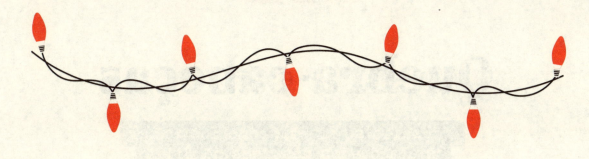

certa forma, era como estar integrado a um desenho animado ou a um filme de animação.

O *Dragon's Lair* foi muito popular e inspirou vários outros videogames *LaserDisc*. De fato, os Duffer se lembram de jogar quando crianças. No entanto, ele também foi criticado por vários problemas e falhas, incluindo a tela que ficava preta com a troca de cenas. Foi também um dos jogos mais difíceis de ganhar da época e exigia duas moedas para jogar (note que Dustin se refere a ele como "uma merda").

O enredo básico de *Dragon's Lair* é simples e familiar: Dirk, o Cavaleiro, deve eliminar vários obstáculos para resgatar a Princesa Daphne, que, como vemos em *Stranger Things*, é uma donzela hipersexualizada em perigo, sem dúvida destinada a adolescentes. Além de tal excitação e de seus efeitos de ponta, no entanto, os garotos de *Stranger Things* também são atraídos ao game por causa de sua ênfase em estar totalmente imerso em uma história — mais especificamente, uma missão. Desta forma, é semelhante a *Dungeons & Dragons*, um chamado para os meninos serem heróis, empreendendo em uma aventura desafiadora.

Vemos uma série de outros jogos populares dos anos 1980 em torno do fliperama: *Pac-Man*, *Ms. Pac-Man*, *Galaga*, *Missile Command* e *Pole Position*, entre outros. O outro grande game que atrai as crianças, além de *Dragon's Lair*, no entanto, é *Dig Dug*. Em outubro de 1982, *Dig Dug* ficou em sexto lugar em uma lista de Melhores Videogames de Todos os Tempos. Tal como o *Pac-Man*, a sua estrutura em forma de labirinto e um conceito simples tornaram-no acessível e viciante. Dustin orgulhosamente mantinha a pontuação alta na máquina, até que ele foi informado por Keith que ele havia sido ultrapassado. Os garotos correm para a máquina para descobrir que alguém chamado "MADMAX" agora tem a pontuação mais alta de 751300 pontos. Isso, é claro, leva à descoberta e ao fascínio pela nova garota da cidade: Max.

O objetivo do *Dig Dug* é eliminar monstros subterrâneos. Desta forma, o jogo não foi claramente uma escolha aleatória por parte dos Duffer, pois previu de forma eficaz o terreno subterrâneo em que muito da segunda temporada acontece (o capítulo 5, de fato, é intitulado "Dig Dug"), bem como a missão que eles embarcam (isto é, matando os monstros — Demodogs — que se escondem lá). Tal como acontece com tantas outras coisas em *Stranger Things*, a linha entre o mundo dos jogos de fantasia e a vida real é efetivamente desfocada.

JOSEPH VOGEL

STRANGER FANS

Quebra-cabeças

O desafio se revela: como desvendar os elaborados desenhos de Will?

03. Nós vemos uma montanha de outros jogos em *Stranger Things*. Quebra-cabeças aparecem esporadicamente ao longo da série, especialmente na segunda temporada. Quando Bob vai ver se está tudo certo com Joyce e Will, na segunda temporada, capítulo 4 ("Will, o Sábio"), ele traz uma pilha de jogos de lógica e quebra-cabeças, incluindo *Resta Um*, *Hexed* e um *Cubo Soma*.* É a presença deles, e o lembrete de Bob de seu apelido ("Bob, o cérebro"), que leva Joyce a pedir ajuda para resolver o maior quebra-cabeça da segunda temporada: o significado dos elaborados desenhos de Will.

Esta parece ser a mensagem primordial de *Stranger Things* quando se trata de jogos: eles são importantes — para a imaginação, para o intelecto, para se unir e colaborar. Nos anos 1980, novos jogos — incluindo *D&D* e videogames — suscitavam preocupações entre muitos pais. Videogames e fliperamas, em particular, tornaram-se tema de intermináveis debates e discussões.

Como historiador, Michael Newman escreve: "A popularidade dos videogames nos anos 1980 levou educadores, psicoterapeutas, funcionários do governo local e comentaristas da mídia a alertar que os jovens jogadores provavelmente sofreriam sérios efeitos negativos.

Os jogos influenciariam seus aficionados de todas as formas erradas. Eles prejudicariam as vistas das crianças e poderiam causar 'Pulso Lesionado de *Space Invaders*' e outras doenças físicas. Como a televisão, eles ficariam viciados, tal qual uma droga. Os jogos inculcariam violência e agressão em jovens impressionáveis. Seus jogadores iam mal na escola e se isolavam e dessensibilizavam. Um leitor escreveu ao [jornal] *The New York Times* para reclamar que os videogames estavam 'cultivando uma geração de adolescentes irracionais e mal-humorados'".[12]

No entanto, apesar de todo o pânico e controvérsia em torno desses jogos, a geração que atingiu a maioridade conseguiu sobreviver. De fato, alguns descobriram que eles poderiam ser úteis, até mesmo educativos, para os jovens. Como as crianças de *Stranger Things* descobrem: vai saber quando você vai precisar resolver problemas, descobrir um novo conceito ou embarcar em uma missão perigosa?

Embora eles não tenham salvado a Princesa Daphne em *Dragon's Lair*, eles conseguiram navegar em túneis traiçoeiros repletos de monstros e salvar Will (e Hawkins) — pelo menos por enquanto — do Devorador de Mentes. E assim como no jogo, Lucas fica com a garota.

---

* Um tipo de Tetris físico.

HAWKINS

19 83

MIDDLE SCHOOL
INDIANA

CLUBE HAWKINS
AMPLIFICADOR SENSORIAL

Em *Stranger Things*, o Clube de Audiovisual de Hawkins é a perfeita destilação do caso de amor do seriado com a ciência e a tecnologia. Ele serve tanto como um santuário nerd e uma central de ideias. É o local de encontro designado na escola para Mike, Will, Dustin e Lucas (e mais tarde Eleven e Max), seja para sessões de brainstorm ou momentos de crises. É onde eles se amontoam quando Will desaparece, assim como quando Dustin descobre seu misterioso animal de estimação, D'Artagnan.

A primeira vez que vemos as crianças em seu momento Clube de Audiovisual está na primeira temporada, no capítulo 1 ("O Desaparecimento de Will Byers"). Enquanto a maioria dos alunos da classe de Clarke está ansiosa para sair, os garotos ficam esperando ansiosamente a chegada de um novo dispositivo tecnológico: um kit de áudio de Heathkit.

A Heathkit ainda era uma produtora proeminente de artigos eletrônicos na década de 1980, muitos dos quais foram feitos para fins educativos. O sr. Clarke permite que as crianças se sentem e experimentem o novo transmissor de rádio (que parece ser um Transmissor Amador DX-60). "Aposto que você poderia falar com Nova York com isso!", exclama Dustin. "Pense maior", responde o sr. Clarke. Acontece que o aparato pode chegar à Austrália, uma revelação que imediatamente faz com que as crianças demonstrem suas melhores imitações do sotaque australiano.

> **O Clube de Audiovisual de Hawkins é a perfeita destilação do caso de amor do seriado com a ciência e a tecnologia**

Por algumas décadas, o Clube de Audiovisual floresceu nas escolas americanas. A nova tecnologia era excitante para as crianças, e o Clube de Audiovisual dava a elas a oportunidade de aprender e usar tudo, desde rádios transistores até câmeras de vídeo. A sala de Audiovisual de Hawkins é bem típica de como os espaços costumavam se parecer nos anos 1980: uma sala semelhante a um armário cheia de alto-falantes, amplificadores, câmeras, televisões, aparelhos de som, fones de ouvido e fitas. Dependendo do orçamento da escola e do supervisor, algumas salas de Audiovisual, é claro, eram mais áridas e empoeiradas. Mas, na Escola Hawkins, Clarke criou claramente um ambiente ativo e estimulante.

Na segunda temporada, vemos até um pôster da Apple, com seu ícone original em arco-íris, pendurado na parede da sala do Clube de Audiovisual. Na segunda temporada, que se passa em 1984, teria sido no mesmo ano que a Apple lançou seu famoso comercial "1984", dirigido por Ridley Scott durante o Super Bowl anunciando a chegada do computador pessoal Apple Macintosh (mais tarde rebatizado como Macintosh 128K). Embora ainda não possamos ver um desses computadores na sala, parece provável que o sr. Clarke tentaria conseguir financiamento para um deles.

A sala de Audiovisual pequena, escura e repleta de tecnologia é apresentada em vários episódios. Na primeira temporada, capítulo 4 ("O Corpo"), os meninos decidem levar Eleven para a escola para ver se o Heathkit permitirá uma conexão mais forte para alcançar Will. Assim que chegam, eles fazem uma fila para o Clube de Audiovisual; que, no entanto, está bloqueado. O sr. Clarke os encontra vagando pela porta e promete que, se eles comparecerem ao encontro da cidade para Will, o Heathkit será deles pelo resto do dia, jogando as chaves para Mike.

Depois do encontro, eles correm de volta para a sala de Audiovisual, e Mike pega o aparelho, enquanto El se senta na sala escura e fecha os olhos. Inicialmente, isso desencadeia um flashback. Mas logo ouvem seu amigo perdido, pedindo desesperadamente ajuda. "É como em casa", ele grita, "mas é tão escuro... tão escuro e vazio e frio..." A conexão é tão forte que a máquina de repente explode em chamas, disparando o alarme de incêndio. Dustin, no entanto, localiza um extintor e apaga o fogo antes que ele se espalhe ainda mais. Embora o Heathkit não permita que salvem Will, ele mostra o impulso da série de recorrer à ciência e à tecnologia — combinadas com uma boa dose de imaginação — para resolver problemas.

A sala de Audiovisual é também onde Dustin organiza uma reunião improvisada na segunda temporada, capítulo 3 ("O Girino"), para revelar sua nova descoberta: a criatura incomum, semelhante a um girino, que ele chamou de D'Artagnan (Dart). Dustin passa a criatura ao redor, antes de iniciar um interrogatório de pesquisa. Dart não parece ser um anfíbio ou réptil. Isso leva Dustin a acreditar que ele pode ter descoberto uma nova espécie (uma descoberta de que ele está inflexível que ninguém, incluindo o sr. Clarke, roube dele).

Antes que Dustin possa compartilhar a criatura com o sr. Clarke, Mike ordena uma reunião urgente do Clube de Audiovisual. Aquela criatura fofa, ele adverte, pode ser do Mundo Invertido. Um debate vigoroso segue, antes que eles decidam olhar para a criatura novamente. Ela cresceu dramaticamente e brotou pernas bem diante de seus olhos. Mike tenta esmagá-la com o microfone do Heathkit, mas ela escapa. Max, entretanto, que foi deixada de fora da reunião, finalmente consegue abrir a fechadura da sala, permitindo que Dart corra para a porta e pelo corredor.

Mais uma vez, essa cena demonstra a curiosidade e a tendência das crianças a buscar respostas na ciência. Dustin faz uma quantidade impressionante de pesquisa antes de determinar que ele pode ter feito uma grande descoberta. Mas é o Clube de Audiovisual que oferece um espaço seguro na escola, sem restrições de rotina ou arregimentação, para as crianças discutirem, debaterem, explorarem e aprenderem.

JOSEPH VOGEL
STRANGER FANS

Bob, o Cérebro

O fundador do Clube de Audiovisual de Hawkins e seu amor pela tecnologia

01. Como uma pequena cidade em Indiana tem um Clube de Audiovisual com tecnologia de ponta? Na segunda temporada, capítulo 8 ("O Devorador de Mentes"), ficamos sabendo que talvez ele não tivesse existido, se não fosse pela paixão e iniciativa de um amado personagem de *Stranger Things*: Bob Newby. Bob, Mike revela, foi o fundador original do Clube de Audiovisual de Hawkins. Ele solicitou a abertura de um Clube na escola e realizou uma arrecadação para comprar os equipamentos.

Bob está por trás das grandes atividades relacionadas ao Clube de Audiovisual, em especial por ser parte de sua história de criação

O amor de Bob pela tecnologia é óbvio durante toda a segunda temporada. Aprendemos, por exemplo, que ele é o gerente do RadioShack local. Na década de 1980, a RadioShack era a loja para os tecnológicos (a empresa se autodenominava apropriadamente como "A loja de tecnologia", porque simplesmente não havia mais ninguém no mesmo ramo). Seus catálogos eram lendários — muito antes da Amazon ou da Best Buy, eles pareciam transbordar de novos dispositivos e eletrônicos intermináveis, desde carros de controle remoto a relógios com calculadora e os Walkman da Sony. O ano em que vemos Bob trabalhando lá — 1984 — marcou a estreia do primeiro celular. Ao contrário das lojas fantasmas vazias que a RadioShack acabou por tornar-se (entrou em falência em 2015), elas eram lojas de varejo em shoppings e centros comerciais que fervilharam de entusiasmo.

Quando vemos pela primeira vez Bob na RadioShack, na segunda temporada, capítulo 3 ("O Girino"), ele está mexendo em alguns fios com alicate no departamento de serviço e de produtos para cabelo. Joyce liga para perguntar sobre uma fita do Halloween: ela é muito pequena para caber na TV, ela diz. Bob se lança em uma explicação cheia de jargões que soa como uma língua estrangeira para Joyce. Então ele tenta novamente em termos mais simples, orientando-a a ligar os cabos coaxiais na parte de trás da TV, assim como na câmera de vídeo. Moleza. Funciona!

Joyce assiste a filmagem de Bob na noite de Halloween, vestido como Drácula, explicando a Will como operar a câmera de vídeo, incluindo como aumentar e diminuir o zoom. A clássica filmadora preta e vermelha — a JVC GR-C1 — foi lançada em 1984 e se tornou um hit instantâneo como a primeira filmadora VHS tudo-em-um. Aliás, exatamente o mesmo modelo foi usado por Marty McFly e Doc Brown em *De Volta para o Futuro*. Seu preço de varejo original era de mais de mil dólares, embora talvez Bob tivesse algum desconto como gerente da RadioShack. De qualquer forma, devido ao seu alto preço, é incrivelmente generoso da parte dele confiar a filmadora a Will no Halloween.

> **"Nós gostamos da ideia de que esta câmera de vídeo conseguiu, de certa forma, capturar uma impressão dessa coisa que afetou a filmadora."**
> **— Matt Duffer**

As imagens gravadas naquela noite também alertam Joyce para uma imagem cheia de estática que se assemelha aos desenhos de Will do Monstro das Sombras. Como Matt Duffer explica: "Houve interferência. Essa criatura e este outro mundo afetam o campo eletromagnético. Isso é o que causou todas as luzes de Natal a piscar no ano passado. Então, queríamos pegar essa ideia e expandi-la. Nós gostamos da ideia de que esta câmera de vídeo conseguiu, de certa forma, capturar uma impressão dessa coisa que afetou

a filmadora".[1] O conhecimento técnico de Bob é mais tarde usado no Laboratório Nacional de Hawkins. Com o prédio em confinamento e repleto de Demodogs, a única esperança do grupo de sair é ligar a eletricidade. Como se poderia esperar, o xerife Hopper é o primeiro voluntário. Mas Bob explica que o trabalho não é tão simples quanto apenas puxar os disjuntores. Como os bloqueios são à prova de falhas, para a energia voltar, alguém precisa reinicializar completamente o sistema no computador e substituir os códigos de segurança pela entrada manual. "Como faço isso?", pergunta Hopper. "Você não pode", responde Bob, "a não ser que você conheça BASIC."

BASIC, como Mike esclarece, refere-se a uma linguagem de programação de computador. Essa linguagem foi inventada na década de 1960 e era comumente usada em microcomputadores na década de 1980, permitindo que indivíduos e empresas desenvolvessem softwares personalizados para alguns dos propósitos que vemos no Laboratório Nacional de Hawkins. Bob é o único no prédio que conhece a linguagem. Quando isso acontece, ele percebe que é ele quem deve descer três lances de escada em um prédio escuro repleto de vorazes Demodogs. "Eu consigo", diz ele, respirando fundo. Então ele se volta para Joyce: "Lembre-se, Bob Newby: super-herói".

Em seu último ato, Bob mostra seu conhecimento tecnológico e executa sua missão com perfeição. Com uma lanterna e uma arma na mão, ele caminha pelos corredores e escadas, que estão cheios de cadáveres. Então, ele localiza os disjuntores e os liga, antes de se sentar no computador da IBM, digitando rapidamente o código para destrancar as portas. Bob, claro, não consegue sair vivo. Mas sua perspicácia no computador salva todos os outros. Super-herói de tecnologia, de fato.

Lições do sr. Clarke

Scott Clarke, professor de ciências e a Wikipédia ambulante de Hawkins

02. Além de fundar o Clube de Audiovisual e salvar o grupo do Laboratório Nacional de Hawkins, também descobrimos que Bob Newby orientou outro guru de ciência e tecnologia do programa: o sr. Scott Clarke. Professor de ciências na Escola Hawkins, o sr. Clarke é o tipo de educador que vai além das tarefas de sala de aula — especialmente para os poucos alunos que parecem genuinamente curiosos e ansiosos para aprender. Os Irmãos Duffer descrevem-no como a Wikipédia pessoal dos meninos.

Quando os meninos se encontram presos em um problema, ele é aquele a quem recorrem com frequência. Na primeira temporada, capítulo 5 ("A Pulga e O Acrobata"), por exemplo, eles o procuram depois do funeral de Will — não como se poderia esperar para perguntar o que acontece quando alguém morre, mas para entender melhor a natureza da interação de uma viagem dimensional. "Então, sabe, como no *Cosmos*, Carl Sagan fala sobre outras dimensões, como além do nosso mundo?", Mike pergunta. O sr. Clarke diz que, sim, em teoria, isso está certo. É mais uma referência dos anos 1980. *Cosmos* foi uma série de TV inovadora narrada pelo renomado cosmólogo Carl Sagan sobre as origens da vida e o nosso lugar no universo. Ela estreou em 1980 na rede PBS, e se tornou a série de documentários mais assistidos na história norte-americana até aquele momento. Ela fazia grandes perguntas e evocava uma sensação de admiração e uma visão lírica da jornada cósmica. O *New York Times* descreveu-a como "um momento divisor de águas para programas de televisão com temas científicos".[2] Faz sentido, então, que garotos curiosos como Mike, Dustin e Lucas tenham assistido *Cosmos*.

> "Há universos paralelos — assim como o nosso mundo, mas infinitas versões dele."
> — Sr. Clarke

Como sempre, o sr. Clarke não fala de uma maneira infantiloide com as crianças. Na verdade, ele extrai sua própria referência científica: a "interpretação de muitos mundos" do físico americano Hugh Everett, que afirma que todos os possíveis passados e futuros são reais, cada um existindo em seu próprio mundo, ou dimensão. "Basicamente", explica Clarke, "há universos paralelos — assim como o nosso mundo, mas infinitas variações dele." Assim, em teoria, todos os caminhos possíveis da vida se desenrolam em uma dimensão ou outra.

O sr. Clarke assume que eles estão fazendo essas perguntas para buscar consolo sobre a morte de Will. Mas, na verdade, explicam que suas investigações são mais pragmáticas: querem saber como alguém pode realmente viajar para uma dimensão diferente. Para responder a isso, o sr. Clarke usa uma analogia (que também serve como o título do episódio): a pulga e o acrobata. Em um prato de papel, ele desenha um acrobata em uma corda bamba, que representa nossa dimensão. Nesta dimensão, ele pode se mover para frente ou para trás. Mas a pulga pode se mover na lateral da corda ou até no fundo. É um momento de epifania para os meninos. "De Ponta-Cabeça", dizem em uníssono.

Mas como eles chegam lá sendo eles o acrobata, pergunta Dustin. O sr. Clarke explica que seria necessária uma enorme quantidade de energia, mais do que somos atualmente capazes, além de algum tipo de ruptura no contínuo espaço-temporal. Para ilustrar, o sr. Clarke dobra a placa ao meio e rasga um buraco nela. O buraco representa a entrada ou o portal para outra dimensão. Ainda assim, se tal rasgo existisse, diz Clarke, poderia perturbar a gravidade, fazer surgir campos eletromagnéticos e potencialmente nos engolir por completo. "A ciência é bacana", diz ele, "mas temo que não seja muito complacente."

Longe de desencorajar os meninos, porém, a lição de Clarke os ajuda a entender a realidade de outras dimensões e os inspira a usar suas bússolas para encontrar o portal do Mundo Invertido.

Os meninos aprendem uma série de outras lições de ciência com o sr. Clarke. Na primeira temporada,

capítulo 7 ("A Banheira"), Dustin o chama em casa para uma "questão científica" — especificamente, como construir um tanque de privação sensorial. Como é uma noite de sábado, e ele está em um encontro, o sr. Clarke sugere que eles façam a pergunta na segunda-feira depois da escola. Mas Dustin persiste, lembrando ao sr. Clarke que ele pediu que eles nunca deixassem de ser curiosos. "Por que você está mantendo essa porta da curiosidade trancada?", pergunta ele, caracteristicamente à moda de Dustin. O sr. Clarke desiste e acaba fornecendo instruções a Dustin sobre como construir um tanque desse tipo pelo telefone.

As lições continuam na segunda temporada. No capítulo 1 ("MADMAX"), vemos o sr. Clarke ensinando a classe sobre o cérebro humano (enquanto também dá as boas-vindas à recém-chegada Max para a "viagem da curiosidade"). No capítulo 3 ("O Girino"), ele dá uma lição sobre o curioso caso de Phineas Gage, um capataz da construção da ferrovia norte-americana que sobreviveu a um acidente no qual uma barra de ferro foi empurrada contra seu crânio. Enquanto sua sobrevivência foi milagrosa, ela mudou sua personalidade, provocando fascínio sem fim e indagação sobre os por quês e os comos.

No capítulo 4 ("Will, o Sábio"), o sr. Clarke dá uma lição sobre nossa luta ou instinto de fuga. Todas as coisas vivas, diz ele, respondem ao perigo de maneira semelhante. "Nós somos muito parecidos quando nos deparamos com o perigo", diz ele em uma narração parecida com Rod Serling, "nossos corações começam a bater, nossas palmas começam a suar. Esses são os sinais do estado físico e emocional que chamamos medo." Essas lições não são apenas instrutivas; eles agem como um subtexto para os eventos que estão se desdobrando no seriado.

JOSEPH VOGEL

STRANGER FANS

O futuro da nação

03. A presença do sr. Clarke em *Stranger Things* é indicativa de um renascimento mais amplo do entusiasmo pela ciência nos anos 1980. Enquanto o governo Reagan reduziu em 70% a fundação nacional de ciência, a educação científica encontrou formas de florescer, incluindo novos programas populares de TV para crianças como *3-2-1 Contact*, que foi ao ar na PBS de 1980 a 1988, e era usado frequentemente em salas de aula. *Cosmos*, da mesma forma, era usado nas salas de aula, e Carl Sagan tornou-se um ícone cultural — talvez a maior celebridade científica desde Albert Einstein. Seu carisma e paixão eram contagiantes, transformando uma geração inteira com as maravilhas e os mistérios do Universo.

A década de 1980 também viu o surgimento do físico teórico Stephen Hawking, cujo livro clássico, *Uma Breve História do Tempo* (que inclui uma introdução de Sagan), se tornou uma sensação inesperada em 1988. O livro passou impressionantes cem semanas na lista de mais vendidos, e catapultou Stephen Hawking como uma celebridade. Paralisado por uma doença neuronal motora que progredia lentamente, Hawking aprendeu a se comunicar por meio de um sintetizador de voz gerado por computador. Essa voz mediada tecnologicamente tornou-se reconhecida em todo o mundo, dando a Hawking uma mística quase oracular e simbolizando o poder da ciência e da tecnologia para superar as barreiras.

A década de 1980 também marcou o surgimento de preocupações baseadas na ciência sobre o planeta e como a atividade humana o afeta — incluindo a poluição, o desmatamento, o esgotamento do ozônio e as emissões de gases do efeito estufa. Além disso, houve um ressurgimento do interesse pelo espaço, que não era visto desde o final da década de 1960. A Nasa capturou a imaginação da nação com o lançamento bem-sucedido da Columbia em 1982, inaugurando a era do ônibus espacial; também sofreu uma tragédia em 1986, quando o ônibus espacial Challenger explodiu apenas 73 segundos após a decolagem, matando sete pessoas.

Essa tragédia, no entanto, não diminuiu o otimismo da nação sobre o progresso científico. Em seu discurso sobre o desastre do Challenger, o presidente Reagan falou diretamente aos jovens: "Eu quero dizer algo para as crianças das escolas dos Estados Unidos que estavam assistindo a cobertura ao vivo da decolagem do ônibus espacial. Eu sei que é difícil de entender, mas às vezes coisas dolorosas como essa acontecem. Tudo faz parte do processo de exploração e descoberta. É tudo parte de ter uma chance e expandir os horizontes do homem. O futuro não pertence aos fracos de coração; pertence aos bravos. A equipe do Challenger estava nos puxando para o futuro e continuaremos a segui-los".[3]

Foi uma era antes que a ciência se tornasse hiperpolitizada — liberais e conservadores a abraçaram amplamente, vendo a ciência e a descoberta como instrumentos para o nosso futuro como nação e planeta.

ARCADE

DUNGEONS & DRAGONS®

Boom tecnológico

Relógios com calculadoras, tocadores portáteis de música e outras novidades

04. Esse renascimento científico foi acompanhado, não por coincidência, por um boom tecnológico. O capítulo 7 já explorou o fenômeno dos videogames — que começou com fliperamas e Ataris, antes de evoluir, em meados da década, para o quase onipresente Nintendo Entertainment System (NES) e, tempos depois, o Gameboy portátil. Mas os anos 1980 também viram o nascimento do computador pessoal, do telefone celular, do Walkman, do Atari, do VHS e da TV a cabo. Essas tecnologias transformaram completamente a vida. Eles mudaram a maneira como nos comunicamos, a maneira como assistíamos a filmes e ouvíamos música, e como as pessoas — especialmente os jovens — passavam o tempo.

Não é de surpreender que vejamos vários desses — e outros — dispositivos em *Stranger Things*. Por exemplo, Mike Wheeler pode ser visto usando um relógio com calculadora (que depois empresta a Eleven para acompanhar o tempo). Muito antes dos *smartwatches*, esses clássicos relógios multiuso foram uma febre entre as crianças nos anos 1980. Enquanto eles mais tarde foram associados aos nerds, em meados dos anos 1980, eles eram realmente considerados descolados. A estrela do rock Sting balançou o relógio com calculadora na capa de seu single, "Wrapped Around Your Finger", assim como Michael J. Fox em *De Volta para o Futuro*.

Talvez o fabricante mais proeminente dos relógios fosse a Casio, embora a versão que Mike usa, com cinco botões cinza em cima e quatro em baixo (incluindo um botão vermelho "ON"), pareça mais uma imitação retrô, em vez do relógio de verdade. De acordo com Lynda Reiss,[4] cenógrafa, o plano original era que Mike usasse um clássico relógio do *E.T.*, mas eles não podiam pagar os direitos de licenciamento.

Outro dispositivo popular que faz uma aparição na série é o Sony Walkman. Antes de haver iPods, havia o Walkman — o primeiro dispositivo a tornar a música portátil. O Walkman permitia que as pessoas ouvissem música em qualquer lugar — enquanto viajavam, se exercitavam ou passeavam. Também permitia que as pessoas experimentassem música no âmbito particular. Depois que os fones de ouvido fossem plugados, ninguém — incluindo os pais — precisava saber o que você estava ouvindo. O Walkman da Sony desempenhou um papel significativo no renascimento da indústria da música em 1983, vendendo milhões de cópias à medida que o mundo mudava de tecnologia: do vinil para as fitas cassete.

Por mais que tenha revolucionado a música, o Walkman desempenha outro papel em *Stranger*

Things. Na segunda temporada, capítulo 3 ("O Girino"), Nancy traz para casa uma sacola da RadioShack, que ela diz para sua mãe conter um Walkman substituto. Esse Walkman, como vemos no próximo episódio ("Will, o Sábio"), acaba sendo um Sony TCM-75V, um modelo popular dos anos 1980. Em vez de usá-lo para tocar música, ela o usa furtivamente para gravar sua interação com o dr. Owens no Laboratório Nacional de Hawkins, e expor a culpabilidade do local na morte de Barb. O Walkman não era a única maneira nova que os jovens usavam para ouvir música nos anos 1980. A década também viu o surgimento de *boomboxes* — um estéreo portátil cujo formato principal era a fita cassete. As fitas cassete superaram vendas recordes em 1983, tornando-se o formato mais popular para a música no restante da década.

O primeiro aparelho de som[5] que vemos em *Stranger Things*, na verdade, não é um *boombox*, mas um Fisher MC-4550 multiformato que apresenta tanto um toca-discos quanto um toca-fitas. Esse estéreo prateado com painéis de madeira foi originalmente lançado em 1981 — um ano antes do flashback de Jonathan, no qual se destaca "Should I Stay or Should I Go" do The Clash. O som híbrido faz sentido para Jonathan, já que ele provavelmente tinha uma coleção considerável de vinis, mas também claramente gosta de fazer mixtapes em cassete. No quarto de Will[6] também vemos um aparelho de som, que ele deve ter ganhado de seu irmão mais velho: uma caixa de som Panasonic PX-5090. Aquele modelo prateado para fitas cassetes com rádio FM/AM foi lançado no final dos anos 1970. Ele aparece em várias cenas, mais proeminentemente quando Will tenta se comunicar com sua mãe, Joyce, do Mundo Invertido.

Há também várias câmeras na série. A mais proeminente é a câmera de 35mm Pentax ME de Jonathan, que ele usa para tirar fotos na floresta (e, é claro, de Barb e Nancy na festa de Steve). Essa câmera não teria sido barata, o que é, em parte, o que torna a cena na qual Steve a destrói tão devastadora. Pode ter levado mais de um ano para Jonathan economizar para comprar uma nova. Felizmente, Nancy, muito mais rica, acaba por lhe oferecer uma câmara substituta (que parece ser exatamente o mesmo modelo) no final da primeira temporada, no capítulo 8 ("O Mundo Invertido").

Na segunda temporada, também vemos várias câmeras no capítulo 2 ("Gostosuras ou Travessuras, Aberração"), enquanto as crianças se preparam para o Halloween. Entre elas está uma câmera vintage One Stop Flash, da Polaroid, usada por Karen Wheeler. As Polaroid explodiram na década de 1970, vendendo até 13 milhões de câmeras por ano em seu auge. O conceito de uma imagem produzida instantaneamente era uma novidade, e tudo acontecia diante de seus olhos em segundos — em contraste com o processo normalmente árduo e demorado de esperar a revelação do filme. Você só sacudia e *voilà*: uma foto totalmente revelada!

> **Graças a Stranger Things, as pessoas estão apaixonadas pela estética dos anos 1970 e 1980 e se surpreendem com as tecnologias da época tanto tempo depois**

Polaroids permaneceram amplamente utilizadas nos anos 1980. No início dos anos 2000, no entanto, o mundo havia mudado, e a Polaroid entrou em falência. Mais recentemente, porém, houve um ressurgimento do interesse (semelhante ao ressurgimento do vinil e de outras mídias vintage). Na verdade, o chefe de marketing global da Polaroid,[7] Martin Franklin, refere-se ao interesse renovado como o "efeito *Stranger Things*". "Graças a *Stranger Things*",[8] explica ele, "as pessoas estão apaixonadas pela estética dos anos 1970 e 1980. Nossa pesquisa de mercado mostra que pessoas entre dezoito e 24 anos ficam surpresas quando veem uma Polaroid em ação pela primeira vez. Realmente, ela não perdeu sua magia de 1972, quando foi lançada."

Além de ir ao fliperama, também sabemos que as crianças jogam Atari. O primeiro console Atari — originalmente chamado de Atari Video Computer System (vcs) e depois renomeado Atari 2600 — chegou ao mercado em 1977. No entanto, dado seu alto custo — quase 200 dólares (que seriam uns 900 dólares hoje, ajustados pela inflação) —, a maioria das famílias não podia comprar. Ainda assim, cerca de 250 mil unidades foram vendidas no primeiro ano. Ajustes foram feitos no console para manter os custos de produção baixos e reduzir o preço, e em 1979 ele estava vendendo mais de um milhão de unidades, impulsionado por jogos como *Pong* e *Space Invaders*. Nos anos seguintes, o Atari tornou-se um dos presentes de Natal mais populares. O console com painel de madeira e os joysticks se tornaram tão onipresentes nos lares americanos quanto as *boomboxes*.

Embora nós nunca vejamos as crianças jogando Atari no programa, sabemos que tanto Dustin quanto Mike têm consoles — embora o de Mike seja confiscado na segunda temporada, capítulo 1 ("MADMAX"), como punição por roubar o dinheiro da irmã Nancy para o fliperama. Não está claro se Lucas tem um, mas Will está esperançoso de que um deles esteja embrulhado sob a árvore de Natal na primeira temporada, no capítulo 8 ("O Mundo Invertido"). "É definitivamente um Atari", ele diz, animado. "Eu peguei o de Dustin hoje e tem o mesmo peso."

É significativo que Will — que vem de uma casa muito mais pobre que Mike — esteja enfim adquirindo um Atari em 1983, quando o preço do console foi reduzido drasticamente. Aquele ano, na verdade, marcou o início do que é descrito como a "decadência do videogame", no qual a indústria despencou repentinamente devido à supersaturação e às preocupações dos pais. Will, no entanto, está bem animado para ter seu próprio Atari, que, por cerca de 99

dólares, ainda representa um grande sacrifício por parte de sua mãe solo, Joyce.

E, como sabemos, ainda há os importantíssimos walkie-talkies. Walkie-talkies são tão centrais para *Stranger Things* quanto as bicicletas. Se as bikes são símbolos da liberdade da infância, os walkie-talkies representam a comunicação da infância. Eles representam um comprimento de onda fora do alcance do mundo adulto. Eles permitem que as crianças se conectem umas com as outras — para contato comum ou para emergências de "código vermelho". Eles são usados até mesmo para captar sinais de Will no Mundo Invertido. Os walkie-talkies que vemos no programa parecem ser realistas.

Na série, eles são os modelos TPC-214,[9] lançados em meados da década de 1980 e vendidos na RadioShack. Estes modelos não foram comercializados para crianças, mas sim para adultos que queriam uma capacidade de comunicação mais forte, talvez para aqueles que trabalhavam em canteiros de obra ou para excursões ao ar livre (acampamentos ou trilhas). Com três canais e três watts, eles funcionariam de maneira bastante eficaz a uma distância de mais ou menos dois quilômetros. Provavelmente teriam custado mais de cem dólares — caros para as crianças de classe média em Hawkins.

Mas não há dúvida de que eles são úteis. Mais do que meros adereços, os walkie-talkies desempenham um papel crucial nas duas primeiras temporadas do seriado. Como diz a jornalista de tecnologia Jessica Conditt: "Essas peças de tecnologia orientam a história e moldam os personagens principais em um nível fundamental. Elas não são apenas nostalgia. Elas são necessárias".[10]

Também fazem parte do que deixa a série tão autêntica. Todas as referências em ciência e tecnologia, de Carl Sagan à RadioShack, de computadores Apple a relógios com calculadora, dão uma ideia de como as coisas realmente funcionavam nos anos 1980. Não faz mal, claro, ter guias educativos inspiradores como Bob Newby e o sr. Clarke.

LEGGO MY EGGO!
ALIMENTANDO A MODA

Como estão conectados waffles Eggo com *Stranger Things*? Dê um Google em "eggos", e a primeira associação de pesquisa sugerida é *Stranger Things*. A marca, na verdade, agora está tão associada à série, que apareceu no início de um comercial do Super Bowl para *Stranger Things 2*. A propaganda de 2017 começa com um comercial antigo da Eggo dos anos 1980, no qual um irmão e uma irmã lutam por um waffle recém-pulado na torradeira. "Leggo my Eggo!",* dizem eles, recitando o famoso slogan da marca. A nostalgia — tão densa quanto o xarope sendo despejado lentamente sobre o prato quente de waffles — é interrompida por Mike gritando "Eleven!" E depois um corte para cenas da segunda temporada.

O comercial ganhou uma resposta de mídia social maior do que qualquer outro anúncio veiculado durante o Super Bowl naquele ano. Na verdade, a conta de mídia social da Eggo e a conta *Stranger Things* brincaram uma com a outra no Twitter. No entanto, isso não foi um marketing no sentido tradicional. De acordo com a Kellogg's (dona da marca Eggo),[1] ela nunca pagou pela colocação na série — era simplesmente um dispositivo de enredo orgânico (e do personagem) que os Irmãos Duffer criaram e que funcionou. Os waffles congelados eram um item básico em muitos lares nos anos 1980 — por que não os Wheeler? A Kellogg's certamente não reclamou.

Os waffles congelados aparecem pela primeira vez no seriado na primeira temporada, capítulo 2 ("A Estranha da Rua Maple"), quando Mike os enfia no bolso da jaqueta, antes de se esgueirar para o porão, onde Eleven está. "Te trouxe café da manhã", diz ele, entregando-lhe um waffle. Depois disso, os waffles congelados se tornam um símbolo importante para o personagem de El — e seu relacionamento com Mike. É a comida que ela associa com amizade, pertencimento, lar, amor. É, literalmente, comida de conforto.

Há uma ironia intencional sobre isso, pois os waffles Eggo não são exatamente o melhor padrão para um autêntico café da manhã caseiro. Eles foram inventados na década de 1950, quando os alimentos congelados produzidos em massa começaram a se instalar em um mercado cada vez mais impulsionado pela conveniência. Fazer waffles de verdade levava tempo e esforço; os Eggos, em contraste, eram rápidos e

---

* Um trocadilho que diz: "Me dá o meu Eggo".

eficientes — e não deixavam bagunça para trás. No início dos anos 1970, a marca foi adquirida pela Kellogg's e lançou seu famoso slogan, "Leggo my Eggo". Sua popularidade explodiu à medida que atendia à demanda do crescente número de residências monoparentais ou com pais trabalhadores. Na década de 1980, quase todas as famílias tinham uma caixa de Eggos em seu freezer.

Não é surpresa, então, que os waffles congelados apareçam em *Stranger Things*. O que surpreende é o quão habilmente os Irmãos Duffer são capazes de tecer os waffles na história.

Os Eggos fazem sua segunda aparição significativa na primeira temporada, capítulo 6 ("O Monstro"). Eleven se vê sozinha e abandonada novamente — dessa vez por seus novos amigos, depois que ela foi incapaz de ajudá-los a encontrar e salvar Will. Depois de passar a noite na floresta, ela entra em um supermercado, suja, desgrenhada e com fome. Todos olham para ela, que sente esse olhar persecutório, mas avança resoluta, procurando algo para comer. Ela, então, vê algo familiar no corredor de alimentos congelados: waffles Eggo. Ela rapidamente pega várias caixas (observe a promoção "Jovens se mantêm unidos por sua segurança" nas caixas).

Os balconistas confusos da loja chamam a polícia e tentam impedi-la enquanto ela desvia, marchando para a porta. Mas Eleven não vai aceitar a situação, usando seus poderes para bloqueá-los com carrinhos de supermercado e batendo as portas de vidro atrás dela. O visual dela segurando várias caixas de Eggos enquanto as portas de vidro se estilhaçavam atrás de si foi indelével. Foi o momento em que o amor de El pelos waffles congelados foi solidificado, não apenas no contexto do programa, mas como um meme da cultura pop.

Finalmente, Eleven volta para a floresta, onde ela se entope de Eggos sozinha. É nesse episódio que vemos que os waffles congelados significam mais para ela do que apenas uma comida aleatoriamente vaga, com gosto de papelão. El permanece uma estranha em uma terra estranha. Como o título do episódio indica, ela se sente como um monstro, uma aberração. Sem uma casa, família ou amigos, ela busca refúgio no conforto dos Eggos por causa do que eles representam — não apenas por conta das memórias da gentileza de Mike, mas também porque, por um breve momento, ela tinha um lugar para chamar de lar.

No episódio final da primeira temporada ("De Ponta-Cabeça"), escondidos na Escola Hawkins, Eleven e Mike conversam enquanto Dustin e Lucas vão à procura de comida, acabando por descobrir uma geladeira cheia de pudins de chocolate. El nunca ouviu falar de pudim, então Mike tenta explicar o que é. Ele então tenta consolá-la, dizendo-lhe que ela pode viver com ele novamente quando as coisas se acalmarem. Ela pode ter um lugar em seu porão, ele diz, ou até mesmo pegar seu quarto. "Não se preocupe", ele a tranquiliza, "quando tudo isso acabar você não terá que continuar comendo junk food e sobras como um cachorro. Minha mãe, ela é uma cozinheira incrível. Ela pode fazer qualquer coisa que você goste." "Eggos?", Eleven pergunta. "Bem, sim, Eggos", fala Mike. "Mas comida de verdade também."

É uma ótima troca — engraçada e comovente — que mais uma vez destaca a diferença de Eleven e o seu anseio pela normalidade. Ela não entende a diferença entre "comida de verdade" e comida processada congelada porque ela nunca teve uma vida normal. Para ela, morar no porão de Mike, comendo Eggos, parece o paraíso.

Perto do final do episódio, após o encontro clímax com o Demogorgon, no qual Eleven aparentemente sacrifica sua vida para salvar seus amigos, os Eggos mais uma vez entram em cena — dessa vez, enquanto o xerife Hopper deixa alguns waffles congelados em uma embalagem na floresta. É véspera de Natal — mais de um mês se passou desde que ela desapareceu —, e a neve agora cobre a floresta. Mas os Eggos são uma sugestão para o público de que ela ainda pode estar viva — ou pelo menos que o xerife Hopper acha que ela pode estar.

De acordo com o produtor Shawn Levy, os Eggos não estavam no roteiro original dessa cena. "Era pra ser só um pouco de comida que sobrou da festa",[2] revelou Levy. "Os Duffer e eu estávamos conversando sobre a cena durante o jantar uma noite e juntos pensamos em deixar especificamente o Eggo, para indicar para quem ele estava deixando a comida, ou para dar esperança. Essa é uma daquelas decisões que você faz em meio a cinquenta outras, e que se tornam momentos decisivos."

O fato do xerife deixar os waffles à vista era uma forma de mostrar esperança no retorno de Eleven, uma decisão simples que se tornou poderosa na série

Ainda que os Eggos desempenhem o papel mais proeminente entre os alimentos na série, várias outras marcas são apresentadas no programa — incluindo um produto famoso em *E.T.*: Reese's Pieces. Quando o dr. Owens pergunta a Will qual é seu doce favorito durante um exame no Laboratório Nacional de Hawkins, Will cita o famoso doce que Elliot usou para atrair *E.T.* "Boa escolha", responde o dr. Owens. "Eu sou mais um cara que curte Mounds, mas eu tenho que dizer, manteiga de amendoim e chocolate, é difícil bater isso."

O chocolate que realmente desempenha um papel mais parecido com *E.T.* em *Stranger Things*, no entanto, é 3 Musketeers. Na segunda temporada, vemos a barra de chocolate em vários episódios, em sua embalagem vintage apropriada — branca com listras vermelhas e azuis, ao contrário das embalagens de prata que são usadas hoje.

A barra de chocolate com um centro torrado de caramelo, a 3 Musketeers apareceu pela primeira vez em 1932. Na década de 1980, no entanto, era muito menos popular do que barras de chocolate como Snickers, Twix, Baby Ruth e Butterfingers. Já estamos familiarizados com o doce quando os meninos estão no Halloween e Lucas reclama de ganhar 3 Musketeers de uma velha senhora. "O que há de errado com 3 Musketeers?", pergunta Dustin. "Ninguém gosta de 3 Musketeers", explica Mike. "Sim, é só caramelo", concorda Will. "Só caramelo?", Dustin replica indignado. "Está entre meus três preferidos!"

Assim como Eggos se tornou inextricavelmente ligado ao personagem de Eleven na primeira temporada, 3 Musketeers posteriormente desempenhou um papel importante para Dustin na segunda temporada. No final do capítulo 2 ("Gostosuras ou Travessuras, Aberração"), ao retornar da noite de Halloween, ele ouve algo farfalhando no lixo. Acontece que é a pequena criatura parecida com um girino que Dustin adota como animal de estimação. Como Dustin, esse animal adora 3 Musketeers. "Você também gosta de caramelo, né?", Dustin diz, sorrindo enquanto observa a criatura roer os pedaços que ele deixa cair dentro da gaiola de vidro. Ele decide nomear a pequena criatura de D'Artagnan — Dart, para os íntimos — por conta de um dos Três Mosqueteiros.*

Além de *E.T.*, a conexão baseada em chocolate de Dustin com o Dart também provocou comparações com *Os Goonies*. Nesse filme, Chunk — um personagem parecido com Dustin — acalma e faz amizade com Sloth, o personagem desfigurado refém dos Fratellis, por meio de uma barra de chocolate Baby Ruth. Da mesma forma, no capítulo final da segunda temporada ("O Portal"), Dustin consegue pacificar Dart, agora não mais aquela criatura fofa, mas um Demodog adulto,

---

* Os três Mosqueteiros é a tradução para o português do nome da barra de chocolate, que faz alusão ao livro homônimo do qual D'Artagnan é um dos personagens.

com uma barra de 3 Musketeers. A barra de chocolate simboliza seu vínculo e permite que ele e seus amigos escapem ilesos. "Adeus, amigo", diz ele, depois de lhe dar o caramelo coberto de chocolate pela última vez.

Nós vemos uma série de outras iterações específicas de marcas de alimentos da época. Na terceira temporada, capítulo 3 ("Caramba"), Eleven está passando pelos canais da TV na casa de Mike quando um comercial da Coca-Cola aparece. Aquele comercial realmente estreou em 1983, o ano em que a primeira temporada acontece. Ver o anúncio, no entanto, desencadeia uma memória desagradável para Eleven, em que ela está sendo testada no Laboratório Nacional de Hawkins. O dr. Brenner olha para ela com aprovação, enquanto ela esmaga uma lata de Coca-Cola com sua mente. Mas El parece assustada e confusa. Quando ela acorda do flashback, o comercial ainda está passando, concluindo com o slogan do refrigerante nos anos 1980, "Coca-Cola é isso aí!"

A escolha de marcas populares da época ajudam a evocar o universo criado pelos Duffer. Há inúmeras cenas divertidas envolvendo comida em Stranger Things.

No mesmo episódio, quando os meninos estão se preparando para a "Operação Floresta das Trevas" para salvar Will, Dustin traz uma grande variedade de lanches, incluindo alguns dos principais itens dos anos 1980 nos Estados Unidos: Bazooka, Smarties, Little Debbie Nutty Bars, Pringles e Nilla Wafers. Na segunda temporada, capítulo 1 ("MADMAX"), vemos Keith, o desajeitado adolescente que trabalha no fliperama, mastigando um Cheetos, com uma embalagem da época. Enquanto isso, em quase todas as cenas

do café da manhã (e há muitas), vemos a icônica garrafa de vidro de xarope Mrs. Buttersworth. Também vemos a pipoca Jiffy Pop — Joyce cozinha a embalagem embrulhada em papel alumínio no fogão — na segunda temporada, capítulo 1 ("MADMAX"), enquanto se preparam para uma noite de filme. A pipoca de fogão, que expandia o revestimento de alumínio enquanto cozinhava, precedeu a pipoca de micro-ondas como a melhor opção para as famílias nos anos 1980.

Na cena gastronômica mais engraçada, Steve e Nancy sentam-se para um jantar estranho com os pais de Barb, os Holland, na segunda temporada, capítulo 1 ("MADMAX"). A mãe de Barb, a sra. Holland, pede desculpas por não ter tido tempo para fazer uma refeição caseira, oferecendo, em vez disso, um balde da rede de fast food Kentucky Fried Chicken. Na mesa de jantar, vemos os clássicos baldes de frango com listras vermelhas e brancas, junto com recipientes plásticos menores de purê de batatas e salada de repolho. Enquanto a sra. Holland parece um pouco envergonhada, Nancy e Steve insistem que a comida está boa. "Eu amo KFC", diz Steve, graciosamente (alguns espectadores apontam que a empresa não mudou oficialmente seu nome para o KFC até 1991, embora, em defesa do programa, as iniciais fossem frequentemente usadas pelos clientes antes disso).

A incorporação do Kentucky Fried Chicken à cena não funciona apenas porque a empresa era super popular nos anos 1980, mas também pela forma como destaca a tendência nacional de famílias se voltarem para o fast food no intuito de compensar seus agitados horários de trabalho. Ao longo da refeição, Nancy e Steve descobrem que os pais de Barb colocaram a casa à venda para pagar um detetive particular para investigar o desaparecimento de sua filha. Perturbada por esse desenvolvimento, Nancy pede licença para ir ao banheiro. Steve, deixado sozinho com os pais de Barb, morde um pedaço de frango frito e, sem saber o que mais dizer, decide repetir o famoso slogan do KFC: "Isso é de lamber os dedos" (Nota: este é provavelmente um dos cinco momentos mais engraçados da série).

Figurino especial

Stranger Things & o singular senso de estilo dos personagens

01. Existe uma boa transição da comida para a moda? Provavelmente não. Mas ambas são partes integrantes da iconografia do seriado. Nada em *Stranger Things* — nem mesmo Eggos — inspirou mais memes do que o singular senso de estilo de Barb Holland.

Interpretada por Shannon Purser em seu papel de estreia, Barb se tornou uma sensação na internet, inspirando infinitos *gifs*, hashtags e tributos. A *Vulture* a declarou a melhor personagem do programa.[3] O *Daily Beast* se refere[4] a ela como uma "rainha do *normcore**sem noção". Enquanto isso, a *Vanity Fair* explica o fenômeno de Barb assim:[5] "Pode haver muitas mulheres desajustadas na TV hoje em dia, mas a maioria delas ainda se parece com Nancy: mulheres magras com olhos grandes e pele de porcelana. Em contraste, Barb, de óculos e sardas, parece mais alguém que você poderia conhecer na vida real — ou poderia ter conhecido, se estivesse por perto nos anos 1980. E, por isso, ela é uma presença singular na TV, que claramente atingiu o ponto certo".

Depois de morrer no começo do capítulo 3 ("Caramba") — eu avisei que haveria spoilers! — os espectadores ficaram (como Nancy) indignados com a pouca atenção dada ao desaparecimento dela, particularmente em comparação com o de Will. Eles exigiram justiça para Barb. A obsessão com Barb ficou tão intensa que Purser foi forçada a deixar o emprego em uma sala de cinema porque muitos fãs queriam conhecê-la pessoalmente.

Ao selar seu destino no início da primeira temporada, os espectadores exigiram justiça para Barb já que seu desaparecimento teve menos atenção do que o de Will

Purser ficou chocada com a resposta à sua personagem. "Todo o fenômeno de Barb me surpreendeu",[6] ela reconhece. "Barb não deveria ser nada de especial e vocês, seus fofos, as pessoas, a tornaram importante", ela disse aos fãs no Twitter. Até mesmo os Irmãos Duffer admitem que não esperavam a

---

* *Normcore* é uma tendência de moda, caracterizada pelo uso de roupas normais e despretensiosas.

comoção, embora tenham ficado emocionados. Como muitos outros, eles se identificaram com Barb como uma forasteira olhando para dentro. "Foi muito fácil escrever o personagem de Barb",[7] disse Ross Duffer, "e acho que, você sabe, Shannon Purser — que nunca havia atuado antes — fez um trabalho tão brilhante interpretando-a. E sem muitas falas — 25 falas, pra ser exato. E eu acho que todo mundo se sente como se conhecesse essa garota, ou fosse ela."

Claro, Barb teve alguns detratores. Alguns viram seu caráter como hipócrita e ciumento ou possessivo em relação a Nancy. No entanto, claramente, como disse a *Vanity Fair*,[8] ela atingiu o ponto certo. E embora haja, sem dúvida, muitas razões para isso, uma grande parte disso tem a ver com o seu visual.

A principal meta da figurinista Kimberly Adams-Galligan para Barb — e os outros personagens da série — era autenticidade. "O maior foco dos Irmãos Duffer foi que eles queriam que os personagens fossem reais e não versões kitsch do que as pessoas lembram dos anos 1980, o que acontece muito",[9] disse ela.

Para Barb, o visual chave incluía jeans de cintura alta, de cor clara (às vezes chamados de "jeans de mãe"); uma blusa xadrez de gola alta (dobrada); e grandes óculos de armação de plástico (que alguns comparam com aqueles usados por Stef de *Os Goonies*). "Nós experimentamos muitas roupas",[10] disse Adams, "mas quando ela vestiu a primeira blusa xadrez com babados, nós duas nos entreolhamos e sabíamos que havíamos encontrado a personagem!"

No entanto, o estilo de Barb também tem a ver com o cabelo curto e ruivo e as sardas, bem como sua altura e seu tipo de corpo. Como Purser se escreveu no Twitter: "Posso falar a verdade? Não achava que uma garota com o meu tipo de corpo pudesse chegar tão longe. Estou muito agradecida e empolgada".[11] Matt Duffer acreditava que isso era parte do motivo pelo qual as pessoas se conectavam com ela. "Eu só acho que ninguém encontra as pessoas certas como ela faz. E o que foi importante para nós e importante para [a diretora de elenco Carmen Cuba] é que queríamos

chegar a crianças e adolescentes que fossem muito reais... Barb se parece com alguém que realmente frequenta a sua escola."[12]

A mesma quantidade de cuidado foi usada para escolher o figurino dos outros personagens. Kimberly Adams — que supervisionou o figurino dos episódios um a quatro — vasculhou os filmes e programas de TV dos anos 1980, além de catálogos, revistas e anuários do período. Em seguida, ela montou "mood boards" que estabeleciam a aparência de diferentes personagens ou grupos. Para a família Byers, por exemplo, ela queria garantir que as roupas não parecessem tão novas ou na moda, de acordo com suas circunstâncias socioeconômicas. As roupas de Will, portanto, tinham a intenção de parecer roupas de segunda mão, comparadas às roupas mais novas de Mike. Enquanto isso, Nancy Wheeler usa uma combinação de suéteres, gola alta e cardigãs — capturando o lugar de sua personagem entre uma garota legal e uma estudante consciente. "Sua família é de classe média alta, ela é inteligente, doce e feminina, e seu armário precisava refletir isso."[13]

> **"O maior foco dos Irmãos Duffer foi que eles queriam que os personagens fossem reais e não versões kitsch do que as pessoas lembram dos anos 1980."**
> **— Kimberly Adams-Galligan**

Juntamente com Barb, talvez o visual mais icônico do programa seja o de Eleven — vestida pelos meninos — vestido rosa, blusão azul marinho e meias listradas. O vestido rosa estilo boneca vem do antigo guarda-roupa de Nancy, enquanto a jaqueta e as meias parecem ser de Mike. Essa combinação já se tornou uma das mais populares fantasias de Halloween — com ou sem a peruca loira — e é instantaneamente associada a *Stranger Things*.

Para a segunda temporada, o corte raspado de Eleven é substituído por madeixas morenas, e seu vestido, por roupas folgadas mais rústicas, incluindo macacões e jaquetas pesadas. "Na minha cabeça",[14] explicou a nova figurinista Kim Wilcox, "Hopper estava dando a ela as roupas que ele já tinha encaixotadas em sua cabana, e talvez dando uma corrida até o próximo município para ir a um brechó e comprar coisas para um menino, como um disfarce."

Esse olhar, é claro, muda drasticamente, no capítulo 7 ("A Irmã Perdida"). Qual foi a inspiração para a "Eleven punk"? "Queríamos que ela se tornasse par-

As roupas usadas por Eleven na primeira temporada já se tornaram uma das mais populares fantasias de Halloween de todos os tempos

te da gangue",[15] explica Wilcox, "para absorver parte desse visual, para ser essa pessoa mais rude. Então, metade de sua fantasia ainda é composta de coisas que ela teria trazido com ela — seus famosos tênis Converse, suas meias, seus jeans —, mas nós sentimos que a metade superior seria emprestada das outras, e que seria divertido combinar uma camiseta rasgada com um elemento mais certinho." O resultado final — com sombra nos olhos, cabelo penteado para trás e blazer escuro — é um visual inspirado nas estrelas da MTV, como Madonna e The Bangles, bem como nas roqueiras punk, como Siouxsie Sioux e Joan Jett.

Além de Eleven e sua nova gangue punk, Wilcox queria tornar as roupas da segunda temporada mais vibrantes — assim como elas evoluíram gradualmente ao longo dos anos 1980. "Eu queria infundir mais as cores do início dos anos 1980",[16] diz ela, "então,

enquanto nós mantivemos muito da paleta terrosa — os beges e os marrons e azuis —, nós também adicionamos alguns tons pastéis e algumas cores mais fortes. Os tons são um pouco mais felizes." Nós vemos essas cores tanto nos meninos quanto nas garotas (as cores não tinham essa coisa de gênero nos anos 1980).

Os recém-chegados da segunda temporada também trazem sensibilidades estilísticas muito distintas. Max, a garota moleca da Califórnia, veste uma jaqueta com listras vermelhas em um episódio e uma camiseta amarela brilhante em outra. Enquanto isso, seu irmão mais velho, Billy, é todo jeans: jaqueta jeans, jeans Levi's justos e botas. E, claro, o *mullet*. "Eu adoro o momento em que ele sai do Camaro pela primeira vez, sua bota sai do carro e bate no chão, e todas as garotas estão olhando",[17] diz Wilcox. "É tão anos 1980!" A inspiração para o visual de Billy veio de várias figuras de garotos malvados dos anos 1980, mas especialmente o personagem de Rob Lowe (também chamado de Billy) em *O Primeiro Ano do Resto de Nossas Vidas* (eles até usam o mesmo brinco).

Perguntada sobre seu figurino favorito para a segunda temporada, Wilcox escolheu um personagem surpreendentemente sutil — o ícone da segunda temporada, Bob Newby. Para compor esse visual, Wilcox pegou "todas aquelas fotos antigas de funcionários reais da RadioShack [como inspiração]. Eles não usavam uniformes, geralmente apenas um terno, casaco esportivo e calça comprida. E muito poliéster! Então, era aquele visual sem graça — e a gente pensou 'É isso'. O jeans dele também é dos anos 1970. Bob definitivamente não mudou seu estilo em muito tempo."[18]

Por mais excelentes que sejam os visuais dos recém-chegados, nenhuma discussão sobre estilo em *Stranger Things* estaria completa sem mencionar Steve Harrington. O visual de Steve é a versão vintage dos anos 1980: camisas polo, Levi's, cáqui, Nikes imaculados, óculos de sol tipo Tom Cruise. Isso faz sentido, pois não só sabemos que Steve vem de uma família rica (ele tem uma piscina aquecida!), mas também é o protótipo do "cara popular do ensino médio".

Mas a verdadeira chave para o visual de Steve é o cabelo. Steve parece ter o cabelo longo, grosso e volumoso sem esforço. No entanto, em uma conversa com Dustin na segunda temporada, capítulo 6 ("O Espião"), enquanto caminha pelos trilhos do trem com Dustin, descobrimos o verdadeiro segredo: a Fabergé Organics. "Use o xampu e o condicionador", explica ele. "E quando seu cabelo estiver úmido — não molhado, está bem? Úmido —, borrife quatro vezes o laquê da Farrah Fawcett." Dustin acha essa revelação hilária. "Laquê da Farrah Fawcett?" "Sim", responde Steve. "É, Farrah Fawcett. Se você contar pra alguém que eu te disse, você já era."

Talvez o maior ícone de estilo dos anos 1970, Farrah Fawcett assinou um contrato de vários milhões de dólares com a Fabergé Organics em 1977, pouco depois de estrelar *As Panteras*. Tanto o xampu quanto o laquê foram muito populares no final dos anos 1970 e início dos anos 1980. Os comerciais do produto, com Fawcett, eram veiculados regularmente na TV. Os Duffer queriam exibir um desses comerciais no programa, mas não conseguiram o licenciamento. "Nós queríamos que Eleven visse um comercial de cabelo de Farrah Fawcett logo no início, quando ela estava assistindo TV",[19] disse Matt Duffer, "mas nós não podíamos pagar os direitos dele. Normalmente nós conseguimos, mas aquele foi um que não deu." No começo dos anos 1980, Fawcett não estava mais nos comerciais — em seu lugar, estava a atriz e modelo Heather Locklear.

Inspirado pelas dicas de cabelo de Steve, Dustin é visto mais tarde usando o laquê da Farrah Fawcett em sua preparação para o Baile de Inverno da Escola Hawkins. A versão do "cabelo de Steve" de Dustin, é claro, é um pouco diferente: uma combinação de *mullet*, *pompadour* e cachos (na vida real, precisou de muito gel). Mas o visual molhado e encaracolado de Dustin é um clássico dos anos 1980 e ele o usa com estilo e confiança.

Ao longo da série, o mantra fashion era simples: autenticidade. "Para os Duffer",[20] explica Kimberly Adams, "era importante tornar os personagens reais e não caricaturas dos anos 1980." Como muitos outros ingredientes no programa, funciona tão bem por causa de sua atenção aos detalhes — para roupas, marcas, penteados, maquiagem, acessórios. "Cada detalhe faz a diferença para cada personagem, mesmo que nunca seja percebido na tela."[21]

SOMOS FREAKS
SER ESTRANHO É NORMAL

Na segunda temporada, no capítulo 1 ("MAD-MAX"), Jonathan entra no quarto de Will e encontra seu irmão mais novo fazendo um desenho intitulado "Zumbizinho". É um autorretrato. Jonathan pergunta se alguém o chamou assim na escola, mas Will está relutante em contar. Ele diz que está cansado de pessoas tratando-o como se ele fosse quebrar, como se ele fosse uma aberração. "Você não é uma aberração", diz Jonathan. "Sim, eu sou", responde Will enfaticamente. "Eu sou."

Jonathan, claro, sabe como é isso. "Sabe de uma coisa?", ele diz a Will. "Você está certo. Você é uma aberração. Mas tudo bem," diz. "não há problema em não ser normal, não ser como todo mundo. Eu sou uma aberração", continua. "Pode ser solitário," ele reconhece, "mas também pode tornar a vida mais interessante. O negócio é", explica, "ninguém normal já realizou algo significativo no mundo."

A entrada de Bob segundos depois desafia a lógica dessa afirmação (às vezes, como Bob mais tarde prova, pessoas "normais" podem fazer coisas extraordinárias), mas Will parece entender o ponto de vista de Jonathan. Está tudo bem em ser diferente.

A década de 1980 foi uma década paradoxal no tocante de ser diferente — particularmente para os meninos. Por um lado, foi uma década que pareceu estar confortável, até mais do que hoje, com homens desafiando as expectativas tradicionais de gênero. Basta olhar para as estrelas pop da MTV naquela década: não apenas Bowie (a quem Jonathan faz referência), mas também Prince, Michael Jackson, George Michael e praticamente qualquer banda britânica de *new wave*.

> **"Não há problema em não ser normal, não ser como todo mundo. Pode ser solitário, mas também pode tornar a vida mais interessante."**
> **— Jonathan**

Além disso, muitos filmes da década apresentavam meninos que eram sensíveis, vulneráveis e diferentes — por exemplo, *E.T.* (Elliot), *Os Goonies* (Mikey), *Karatê Kid* (Danny), *Conta Comigo* (vários personagens) e *Vidas Sem Rumo* (vários personagens). É claro que os anos 1980 também foram a década de heróis de

ação machões como *Rambo*, *O Exterminador do Futuro* e *Perseguidor Implacável*. Mas nos anos 1980, pelo menos na cultura pop, estava tudo bem para os caras parecerem, agirem e serem diferentes.

No entanto, também podia ser bem cruel, especialmente em cidades mais provinciais ou conservadoras. Veja, por exemplo, o caso de Ryan White. De Kokomo, Indiana — uma cidade não muito diferente da fictícia Hawkins —, White soube que contraiu HIV por meio uma transfusão de sangue (White era hemofílico) em 1984. Ele tinha treze anos de idade.

Quando voltou para a escola, ele foi tratado terrivelmente por alguns de seus colegas, que o chamavam de "bicha" e "viadinho". White foi assediado,

Nos anos 1980, pelo menos na cultura pop, estava tudo bem para os caras parecerem, agirem e serem diferentes

ridicularizado e intimidado; cartas cheias de obscenidade foram deixadas em seu armário e na caixa de correio de sua casa. As pessoas na escola e na igreja o tratavam como um leproso. "Foi muito ruim",[1] lembra sua mãe, Jeanne White Ginder. "As pessoas eram realmente cruéis, elas diziam que ele só podia ser gay, que ele tinha que ter feito algo ruim ou errado, ou ele não teria ficado doente. Foi um castigo de Deus, ouvimos muito sobre castigos de Deus. De alguma forma, ele havia feito algo que não deveria ter feito, ou não teria contraído AIDS."

White ouviu que teria apenas seis meses para viver quando foi diagnosticado com HIV, em 1984. Ainda assim, ele conseguiu viver mais seis anos e se tornar uma das vozes mais importantes na educação do público norte-americano sobre a AIDS. Morreu em 1990.

Além de informar as pessoas sobre a AIDS, a história de White também evidenciou a intolerância persistente em torno dos meninos percebidos como estranhos — seja por causa da orientação sexual ou simplesmente por causa de outras diferenças. Nós vemos essa superfície de fanatismo várias vezes em *Stranger Things*, particularmente com os irmãos Byers — e especialmente com Will, uma figura parecida com Ryan White, que não quer nada mais do que simplesmente viver uma vida normal.

JOSEPH VOGEL

O Jonathan é esquisito

O desajustado mais óbvio da série

01. Jonathan, o irmão mais velho de Will, talvez seja o desajustado mais óbvio de *Stranger Things* — a arquetípica pessoa magoada, o incompreendido introvertido. Está claro desde o começo da série que Jonathan se sente alienado em Hawkins, Indiana. Não apenas por seu gosto musical. Não apenas porque a cidade parece uma ilha ou pela forma como ele é tratado na escola. Não apenas pelo divórcio de seus pais ou pelo papel que ele é forçado a desempenhar em casa no lugar de seu pai ausente — observe na primeira temporada, capítulo 2 ("A Estranha da Rua Maple"), como ele prepara o café da manhã e como faz um turno extra para ajudar com as despesas da casa. É uma combinação de todas essas coisas — e uma sensação geral de dor enterrada que quase o engole quando seu único amigo verdadeiro, seu irmão Will, desaparece.

Jonathan é quieto, introspectivo e gentil, o que não são qualidades geralmente valorizadas no mundo frequentemente cruel e estratificado do ensino médio. Quando o vemos pela primeira vez nesse ambiente, no capítulo 2 ("A Estranha da Rua Maple"), ele está colocando cartazes de "desaparecido" com seu irmão perdido estampado. Os adolescentes populares olham para ele com uma combinação de desprezo e diversão. "Oh, Deus, isso é deprimente", diz Steve, enquanto seu amigo Tommy especula que Jonathan pode ter matado seu irmão pessoalmente. Apenas Nancy tem a decência de mostrar compaixão e se aproximar de Jonathan, assegurando-lhe que Will ficará bem.

Mas ninguém mais parece se importar. Ele está sozinho, invisível na escola. Sua alienação é exemplificada por seu interesse pela fotografia. Sua câmera permite que ele interaja com o mundo, mas ainda assim permanece um pouco distante dele. Como ele explica mais tarde para Nancy, "Acho que prefiro observar as pessoas mais do que, você sabe..." "Falar com elas?", diz Nancy, completando sua frase. "Eu sei, é esquisito", fala Jonathan. Mas ele explica que a fotografia, para ele, parece mais autêntica do que interações cotidianas e superficiais. Nancy parece entender.

Mas a maioria das pessoas não entende. No capítulo 3 ("Caramba"), Steve e seu grupo de amigos confrontam Jonathan depois da escola sobre as fotos que ele tirou na floresta. Eles roubam sua mochila e começam a peneirar as fotos. Uma garota as chama de "perturbadoras". Jonathan se defende dizendo que estava apenas procurando por seu irmão. "Não", replica Steve, "Isso se chama perseguir." Quando Nancy vê a foto sua ao se despir, vista pela janela, Jonathan é humilhado. Sentindo isso, Steve continua a pressioná-lo e rotulá-lo de louco. "Esse é o problema dos pervertidos", ele fala, "eles têm uma programação genética, sabe, eles não conseguem evitar." Ele continua rasgar a foto e quebra a câmera de Jonathan.

155

Sozinho no mundo

A relação de Jonathan com amigos se forma à medida que ele se abre ao mundo

02. Jonathan também é o que alguns podem descrever pejorativamente como "lerdo". Ele não é atirado com as garotas. Ele não pratica esportes. Ele não gosta de violência. Está implícito que seu pai Lonnie era abusivo — física e emocionalmente. Nós descobrimos, por exemplo, que Lonnie tentou torná-lo "mais homem" de várias maneiras, incluindo forçá-lo a atirar e matar um coelho aos dez anos de idade, coisa que Jonathan se recusou a fazer.

Ele não pratica esportes. Ele não gosta de violência. E em diversos momentos fica implícito que seu pai não era uma boa pessoa com ele.

Jonathan parece ter um desgosto visceral por seu pai e pelo que ele representa. O que não significa que ele seja um covarde. Em vários pontos, ele se defende vigorosamente do pai. E na primeira temporada, no capítulo 6 ("O Monstro"), ele supera Steve em uma briga. Isso só acontece, no entanto, depois de Steve implacavelmente ficar enchendo a sua paciência, até ele estourar. O primeiro instinto de Jonathan é simplesmente tirar Nancy da situação com segurança. Mas Steve continua provocando-o. Ele insinua que Nancy é uma "puta" e diz que sempre achou que Jonathan fosse uma "aberração". Então ele ataca a família de Jonathan, dizendo que sua mãe é tão "transtornada" que não é de se admirar que Will tenha sumido.

É quando Jonathan se vira e dá um soco colossal no rosto de Steve. Ele também não desiste — algo dentro dele parece ter estourado — e continua atacando Steve no chão, até que é removido por um policial. Mais tarde, na delegacia de polícia, Flo diz a Nancy: "Apenas o amor deixa alguém tão louco, querida".

No entanto, o modo padrão de Jonathan não é violento, é gentil. Na primeira temporada, capítulo 5 ("A Pulga e O Acrobata"), por exemplo, quando ele e Nancy se deparam com o cervo ferido na floresta, Jonathan tenta se encarregar de "ser um homem" e terminar o serviço para que o cervo não sofra mais. Mas vendo o bicho deitado ali, sangrando e choramingando, ele não consegue puxar o gatilho. Da mesma forma, na segunda temporada, capítulo 8 ("O Devorador de Mentes"), enquanto os Demodogs se aproximam da casa de Byers, o xerife Hopper pergunta se Jonathan pode usar um rifle. Jonathan hesita; é Nancy quem avança. "Eu sei", ela se voluntaria.

Jonathan tem idade suficiente para encontrar maneiras de aceitar e, de certa forma, exaltar sua identidade de esquisitão. Na primeira temporada, no capítulo 2 ("A Estranha da Rua Maple"), no flashback em que ele apresenta The Clash ao Will, ele diz ao seu irmão mais novo que não se preocupe em não ir a um jogo de beisebol com o pai. "Ele está tentando forçá-lo a gostar de coisas normais", diz ele. "E você não deveria gostar das coisas porque as pessoas dizem que deve gostar."

> **A dinâmica de Jonathan e Nancy funciona: ele a faz pensar sobre o que ela quer da vida, e Nancy o permite ser menos introspectivo e isolado**

No entanto, essa identidade desinteressada de aberração é ocasionalmente desmontada por aquelas poucas pessoas que ele permite aproximação. Na primeira temporada, capítulo 5 ("A Pulga e O Acrobata"), quando ele tenta dizer a Nancy que ela parecia "sozinha" na foto que tirou dela — como se estivesse "tentando ser outra pessoa", ela chama de "besteira". Ela não está tentando ser outra pessoa, ela diz. Ele simplesmente não gosta de Steve. "Não leve isso pro pessoal", fala Jonathan. "Eu não gosto da maioria das pessoas. Ele está na grande maioria."

Mas Nancy não engole. Na verdade, ela está começando a achar que ele é uma pessoa legal, coloca ela, e "não o pretensioso idiota que todo mundo diz que é". A observação toca num ponto nevrálgico, e Jonathan responde defensivamente, atacando o senso de identidade de Nancy. Desta forma, eles são bons um para o outro: Jonathan a compele a realmente pensar sobre o que ela quer da vida, enquanto Nancy permite que Jonathan seja menos introspectivo e isolado.

Na segunda temporada, no capítulo 2 ("Gostosuras ou Travessuras, Aberração"), por exemplo, quando Jonathan tenta escapar de uma festa, porque ele vai levar o irmão para recolher doces, Nancy o chama para sair. "Não, de jeito nenhum", ela diz, "Você vai estar em casa às oito, ouvindo os Talking Heads e lendo Vonnegut ou algo assim." Jonathan encolhe os ombros. "Isso soa como uma boa noite." Nancy, no entanto, prevalece em tirá-lo de sua concha, e Jonathan acaba indo para a festa.

A mãe de Jonathan, Joyce, da mesma forma, tenta fazer Jonathan não se isolar tanto — deixar as pessoas se aproximarem. Ela reconhece que ele teve uma vida difícil em certos aspectos, e que ele sempre foi bom em cuidar de si mesmo. Mas ela implora a ele para não a deixar de fora da vida dele, particularmente em seu esforço para encontrar Will. "Isso não é culpa sua para ter que consertar sozinho", ela diz a ele na delegacia de polícia na primeira temporada, no capítulo 7 ("A Banheira"). "Você age como se estivesse sozinho no mundo. Mas você não está. Você não está sozinho."

É um momento poderoso de solidariedade entre mãe e filho emocionalmente destruídos. Joyce sabe que muitas vezes negligencia Jonathan por conta de Will. Mas para resgatar o filho mais novo, eles precisarão um do outro. Gradualmente, à medida que a série progride, Jonathan fica melhor em se abrir — não apenas para sua mãe e Will, mas também para Nancy, Bob e outros.

Na Terra das Fadas

Joyce comenta as provocações e intimidações dos colegas de Will

03. Will enfrenta lutas semelhantes por causa de suas diferenças. Como Jonathan, ele é doce e sensível, o que faz dele um alvo fácil para os valentões. Quando ele desaparece, na primeira temporada, capítulo 1 ("Desaparecimento de Will Byers"), sua mãe Joyce tenta explicar isso ao xerife Hopper. "Ele não é como as outras crianças", ela diz. "Ele tem alguns amigos, mas é constantemente intimidado. Eles são maldosos, zombam dele, eles o chamam de nomes, riem das roupas dele…" "O que há de errado com as roupas dele?", pergunta Hopper. "Não é sobre isso", Joyce responde (apesar de sugerir que o status socioeconômico relativamente baixo de sua família faz parte da equação). "O ponto é que ele nunca se encaixa." Ela confidencia que o pai de Will, agora afastado, Lonnie, "costumava dizer que ele era gay, o chamava de bicha". "Ele é?", questiona Hopper. "Ele está desaparecido, isso sim", retruca Joyce.

A orientação sexual de Will pode não ser clara, mas não há dúvida de qual é a percepção de Hawkins. Como Ryan White, ele é um imã para epítetos homofóbicos. Quando uma assembleia é realizada na escola Hawkins para homenageá-lo após sua suposta morte, ele é elogiado como "um estudante excepcional e um amigo maravilhoso". No entanto, seus amigos reais veem a coisa toda como falsa. A maior parte da escola nunca o conheceu ou se importou com ele. Se estavam cientes dele, muitas vezes era para provocá-lo. Eles até veem algumas crianças cochichando e rindo durante a assembleia. Felizmente, Will tem um ótimo grupo de amigos leais.

Depois da assembleia, Mike confronta os meninos que ele vira zombando de Will. "Vocês acham isso engraçado? Vi vocês rindo lá. E eu acho que é errado." "Que motivo eu tenho pra ficar triste?", responde Troy, um dos valentões. "Will está na terra das fadas, certo? Voando com as outras fadinhas. Feliz e *gay*!"

> **"Eles são maldosos, zombam dele, eles o chamam de nomes, riem das roupas dele (...) O ponto é que ele nunca se encaixa."**
> **— Joyce**

Normalmente Mike não é adepto do confronto físico, mas defende Will, empurrando Troy para o chão. Então, assim que Troy está prestes a atacar Mike, Eleven usa seus poderes para fazer com que Troy urine nas calças. É um grande momento de desforra, não apenas para Will, mas para todo o grupo.

JOSEPH VOGEL

STRANGER FANS

Nós ficamos juntos

Desentendimentos ocorrem, mas amigos de verdade nunca se separam

04. O grupo de desajustados e aberrações, como explorado nos capítulos anteriores, era um clássico tropo dos anos 1980, de *Os Goonies* a *Conta Comigo*. No caso de *Stranger Things*, além de Will (e depois Eleven), temos Mike, que é desajeitado e nerd; Lucas, que parece ser um dos únicos garotos negros em Hawkins; e Dustin, que tem displasia cleidocraniana, uma condição rara que afeta o desenvolvimento de ossos e dentes (Gaten Matarazzo, que interpreta Dustin, revelou que ele também tem a condição na vida real e tentou usar sua plataforma para educar o público sobre isso). Esses garotos não praticam esportes nem concorrem a uma vaga no conselho estudantil; eles jogam *Dungeons & Dragons* e fazem parte do Clube de Audiovisual. Eles são, como a irmã de Lucas, Erica, coloca sucintamente, um "bando de nerds".

E junto com Will, todos são suscetíveis ao bullying. Na primeira temporada, capítulo 1 ("O Desaparecimento de Will Byers"), quando os meninos chegam à escola em suas bicicletas, eles são imediatamente confrontados por James e Troy, seus arqui-inimigos. "Aproximem-se, senhoras e senhores", diz Troy. "Comprem seus ingressos para o show de aberrações." Ele passa a atribuir a cada um deles um apelido depreciativo: Meia-Noite (Lucas), Cara de Sapo (Mike) e Sem

Dentes (Dustin). James, o outro valentão, imita a fala de Dustin, antes de forçá-lo a se apresentar para sua diversão. "Babacas", diz Lucas depois de saírem.

Tais confrontos persistem durante a primeira temporada. No capítulo 3 ("Caramba"), Troy e James se aproximam do grupo no pátio da escola e zombam deles sobre seu amigo desaparecido. "Você sabe o que meu pai disse", insulta Troy, "que ele provavelmente foi morto por outra bicha." Mike diz a Lucas e Dustin para simplesmente ignorá-los, e eles começam a se afastar. James, no entanto, faz Mike tropeçar e cair no chão, cortando o queixo.

Seus amigos, porém, o defendem. Quando Dustin é ridicularizado por sua displasia cleidocraniana, Mike

O grupo de desajustados e aberrações, como explorado nos capítulos anteriores, era um clássico tropo dos anos 1980, de Os Goonies a Conta Comigo

o recompõe — é como um superpoder. "Como o sr. Fantástico ou algo assim." Como mencionado anteriormente, Mike também defende Will na assembleia.

Dustin, entretanto, muitas vezes desempenha o papel do mediador ou pacificador no grupo. Após a briga entre Mike e Lucas no ferro-velho, em que Eleven acidentalmente derruba Lucas, é Dustin quem convence Mike a pedir desculpas por dar o primeiro golpe. "Vocês três foram uns babacas!", ele coloca. "Eu fui o único sensato." Dustin não tem medo de ser franco, mas sua qualidade como amigo e pessoa é a lealdade. Como ele coloca: "Nós ficamos juntos, não importa o que acontecer".

Embora haja falhas ocasionais, o grupo faz exatamente isso quando é importante. Uma das demonstrações mais impressionantes de solidariedade vem na primeira temporada, Capítulo 6 ("O Monstro"). Buscando vingança pelo incidente na escola, Troy e James emboscam Dustin e Lucas na floresta. Os garotos largam suas bikes e fogem, mas por fim são encurralados contra um penhasco. Troy puxa uma faca na garganta de Dustin e exige saber como eles o fizeram urinar nas calças. "Sei que você fez algo comigo. Alguma ciência pra me forçar a fazer aquilo."

"Nossa amiga tem superpoderes", declara Dustin, "e ela apertou sua pequena bexiga com a mente." Troy não acha essa explicação engraçada, e ameaça cortar o resto de seus dentes de leite a menos que Mike pule do penhasco, no lago, centenas de metros abaixo. Dustin implora a Mike para não fazer isso, já que era muito provável que ele morreria. Mas Mike corajosamente caminha até a beira do penhasco, olha para baixo, respira fundo e pula.

Mike, claro, acaba sendo salvo por Eleven em uma das cenas mais épicas da temporada. No entanto, esse momento também mostra como esses garotos são leais uns aos outros, especialmente quando é mais necessário.

JOSEPH VOGEL

STRANGER FANS

A jornada de Lucas

Através de Lucas, questões raciais são exploradas ao longo das temporadas

05. O enredo da primeira temporada, de fato, é motivado, em muitos aspectos, pela dedicação implacável dos meninos em encontrar seu amigo perdido. Muitas vezes negligenciado em seu compromisso notável com essa missão está Lucas. Lucas é realista, pragmático. Ele é compreensivelmente cético sobre Eleven, que ele chama de "a esquisitona", porque ele acredita que ela é uma distração do objetivo real, que é encontrar Will. No fim, frustrado pela recusa de Mike em renunciar a Eleven, ele resolve encontrar o portal.

Ao longo da primeira temporada, vemos lados diferentes da personalidade de Lucas: ele pode ser teimoso e intrépido, corajoso e humilde

Na primeira temporada, capítulo 6 ("O Monstro"), o vemos reunindo uma mochila cheia de suprimentos, incluindo uma bússola, o walkie-talkie e os binóculos, e amarrando uma bandana de camuflagem na cabeça, estilo Rambo, antes de sair em sua bicicleta. Ele chega na cerca que contorna o Laboratório Nacional de Hawkins, onde sobe em uma árvore e espia as atividades ao redor do prédio com seus binóculos.

É essa desenvoltura que o alerta para a culpabilidade do Laboratório no desaparecimento de Will — e a ameaça que agora eles representam para o resto do grupo, especialmente Eleven. No início do capítulo 7 ("A Banheira"), Lucas freneticamente avisa Dustin e Mike que "os homens maus estão chegando", permitindo que escapem pela porta lateral da casa dos Wheeler antes que os agentes cheguem. Segue-se uma cena épica de perseguição de bicicleta, pontuada pela heroica virada de van de Eleven. Este momento finalmente permite que Lucas veja que ela está do lado deles. De volta ao ferro-velho, ele se ajoelha ao lado dela, olha nos olhos dela e pede desculpas. "Tudo que falei sobre ser uma traidora e tal, eu estava errado", diz ele, colocando a mão no ombro dela. "Sinto muito."

Ao longo da primeira temporada, vemos lados diferentes da personalidade de Lucas: ele pode ser teimoso e intrépido, corajoso e humilde. Na segunda temporada, no entanto, temos uma melhor noção de seu caráter enquanto algumas das realidades raciais do subúrbio de Indiana emergem.

O primeiro reconhecimento explícito da questão racial na série vem em um momento mais alegre, quando o grupo fala sobre quem deveria se vestir como Venkman de *Os Caça-Fantasmas* para o Halloween. Mike diz que Lucas deveria ser Winston — um personagem afro-americano que desempenha um papel mais coadjuvante no filme. Mas Lucas insiste que ele não concorda com isso. "Ele se juntou à equipe muito tarde, ele não é engraçado e nem sequer é um cientista." Mike responde que Winston ainda é legal. "Por que ele não se veste como ele então", pergunta Lucas. Mike começa a balbuciar alguma desculpa. "P-p-p-porque você não é negro", diz Lucas. "Eu não disse isso", responde Mike. "Mas pensou", conta Lucas.

> **O primeiro reconhecimento explícito da questão racial na série surge quando o grupo fala sobre quem deveria se vestir como Venkman de Os Caça-Fantasmas para o Halloween**

É uma troca engraçada que também consegue trazer um ponto importante: que Lucas, ao contrário de Winston de *Os Caça-Fantasmas*, não se contenta em ser a "minoria" simbólica do grupo ou desempenhar um papel menor. Mike supõe que ele seja o membro mais popular e importante da equipe de *Os Caça-Fantasmas*, mas Lucas não aceita os termos de sua lógica. Ele se recusa a ser marginalizado apenas por causa de sua cor.

A cena também prevê o papel ativo que Lucas desempenha no grupo à medida que o resto da temporada se desenrola. Longe de ser um amuleto, ele ativamente toma as rédeas das coisas. O melhor exemplo disso é sua relação crescente com a recém-chegada, Maxine. Quando o grupo a conhece, eles ficam todos, no estilo pré-adolescentes, paralisados pela inação,

limitados a simplesmente observá-la à distância (Max chama isso de "perseguição").

Lucas e Dustin finalmente juntam a coragem de se apresentar e convidá-la a ir ao Halloween. Mas de todos os garotos do bando, Lucas é aquele que é capaz de ganhar sua confiança (por ser honesto) e fazê-la se sentir incluída. Dustin, claro, também está apaixonado pela skatista ruiva da Califórnia. Mas Lucas finalmente conquista seu coração seguindo o conselho de seu pai, e sendo verdadeiro (Dustin segue o conselho de Steve de fingir que ele não se importa, o que no final não funciona tão bem).

Espertamente, no entanto, *Stranger Things* demonstra que uma relação entre uma garota branca e um garoto negro em uma pequena cidade nos anos 1980 não era uma questão simples. Antes de Max e Lucas se aproximarem, Lucas fica sob a mira do irmão mais velho de Max, Billy. Os Duffer reconhecem que Billy tinha a intenção de não apenas ser um "antagonista humano" abstrato,[2] mas um racista real cuja "raiva total no mundo" se manifesta por meio do fanatismo e da violência. O relacionamento de Lucas com Max permitiu que eles "fossem honestos sobre o que um relacionamento [inter-racial] faria, e como certos personagens reagiriam, e como um personagem como Billy realmente reagiria a isso."[3]

Vemos numerosos exemplos disso durante a segunda temporada. No capítulo 4 ("Will, o Sábio"), por exemplo, Billy vê Max falando com Lucas depois da escola e o observa ameaçadoramente. Quando Max entra no carro, ele exige saber quem é o menino. Ela tenta minimizar a relação, dizendo que é apenas um garoto da escola, mas Billy não acredita nela. Ele agarra-a pelo braço. "Algo que você aprende é que é melhor manter distância de certas pessoas neste mundo", diz ele. "E aquele garoto é uma dessas pessoas, Max. Fique longe dele." Uma Max aterrorizada é deixada em lágrimas.

A raiva violenta de Billy sobre sua irmã adotiva com um garoto negro persiste durante a segunda temporada. No capítulo 5 ("Dig Dug"), ele ameaça Max de novo depois de pegá-la conversando com Lucas

no fliperama. Ainda assim, apesar dos perigos, Lucas não desiste de Max. No capítulo 6 ("O Espião"), ele anda de bicicleta até a casa dela e toca a campainha — uma jogada arriscada, para dizer o mínimo. Felizmente, Max abre a porta. Mas a tensão é palpável. Para Lucas, Billy é tão perigoso quanto qualquer Demogorgon. Sua amizade com Max está repleta de perigos. Quando Billy se aproxima para atender a porta, você pode sentir isso. Felizmente, Max termina a conversa bem a tempo, dizendo a Billy que eram apenas mórmons na porta, antes de voltar para o quarto dela. Quando a barra está limpa, ela sobe pela janela e foge com Lucas em sua bicicleta.

A relação de Lucas com Max permitiu que eles fossem honestos sobre o que um relacionamento inter-racial faria e como certos personagens reagiriam

Billy finalmente pega o casal na casa dos Byers, no capítulo 9 ("O Portal"). É um momento arrepiante. Ele primeiro confronta Max. "Eu pensei que tinha te avisado pra ficar longe dele", ele diz a ela. Ele então se vira para Lucas, pega o menino muito menor por sua camisa e o bate na parede. Max e o resto do grupo olham horrorizados, mas aparentemente impotentes contra a raiva de Billy. Lucas parece apavorado também, mas de alguma forma consegue dar um chute na virilha de Billy, desestabilizando-o o suficiente para que Steve pule de volta na briga.

Steve dá alguns bons socos, mas é subsequentemente espancado até quase desmaiar. Uma alerta e corajosa Max, no entanto, encontra uma das seringas de Will com uma agulha e a enfia no pescoço de Billy. Atordoado, Billy se vira para atacá-la, mas antes que ele possa, a droga começa a fazer efeito, e ele entra em colapso. Max pega o bastão com pregos e fica em cima dele. "Daqui pra frente, vai deixar a mim e a meus amigos em paz", ela diz. "Entendeu?"

Desta forma, o relacionamento de Lucas e Max é um triunfo sobre o racismo e o fanatismo. Vê-los juntos no Baile de Inverno da Escola Hawkins no final da segunda temporada é uma cena comovente, não apenas porque eles gostam um do outro e têm um momento deles, mas por causa do que esse momento representa. Foi preciso muita persistência, vulnerabilidade e coragem de ambas as partes para que ficassem juntos. E para o seriado, ele representa uma imagem muito mais completa e consciente dos Estados Unidos dos anos 1980 do que qualquer filme de John Hughes (nos quais a questão racial é completamente ignorada).

JOSEPH VOGEL

STRANGER FANS

Will, o Sábio & Mike, o Empático

A relação repleta de significados entre Will e Mike

06. Outro relacionamento negligenciado, mas significativo na segunda temporada, é entre Will e Mike. Will já era percebido como diferente no início da primeira temporada, em grande parte, nós descobrimos, por causa da percepção de que ele era gay. Mas na segunda temporada, sua diferença é amplificada, porque — para a maioria de seus colegas — ele voltou dos mortos. Quando ele volta para a escola, ele se sente ainda mais estranho do que antes. As pessoas olham para ele enquanto ele caminha pelo corredor. Bilhetinhos cruéis são deixados em seu armário. Ele é chamado de "zumbizinho" e de "aberração". Muito parecido com Ryan White, ele é visto como um pária, um leproso.

Além disso, aprendemos no início da segunda temporada que Will está tendo "episódios" psicossomáticos frequentes nos quais ele vê e sente coisas que os outros não veem. Ele está sendo tratado no Laboratório Nacional de Hawkins, mas durante a maior parte da temporada, os médicos não têm certeza de como diagnosticar ou curar o que está vivenciando. Conforme a temporada se desenrola, seus episódios se tornam mais frequentes e vívidos. Não só ele de repente se encontra sozinho e aterrorizado no Mundo Invertido; ele também tem visões de um "monstro de sombra" invasivo.

Will tem episódios psicossomáticos frequentes e se trata no Laboratório Nacional de Hawkins, mas os médicos não têm certeza do que está acontecendo

Ele diz ao dr. Owens que esse monstro da sombra o faz se sentir "congelado" de medo — que sua presença é esmagadora. Para lidar com sua ansiedade, Will se volta para a arte, desenhando imagens de sua forma semelhante a um bicho com tentáculos, pairando em um céu cheio de nuvens. Seus desenhos o tornam mais tangível e concreto. Eles são, de fato, a "evidência" que permite que sua mãe veja que o que ele está vivendo não está apenas em sua cabeça. Por fim, eles também salvam vidas, servindo como uma representação visual de suas "memórias do agora": um mapa dos túneis subterrâneos de Hawkins.

Muitas pessoas tentam ajudar Will — sua mãe, Joyce, sr. Owens, Jonathan, Bob, seus amigos —, mas não sabem como. Ninguém realmente entende o que ele está passando. Eles assumem que tenha a ver com o estresse pós-traumático, ou talvez até com um histórico de doença mental de sua família. Na segunda temporada, no capítulo 3 ("O Girino"), Bob tenta ajudar Will, comentando sobre os próprios medos de sua infância. Ele finalmente os superou, diz ele, enfrentando-os.

Embora oferecido com as intenções certas, no entanto, o conselho de Bob acaba o prejudicando ainda mais. No meio de um episódio ruim, Will corre para fora da escola, em direção ao campo. Mas então ele se lembra do que Bob lhe disse e para. Ele tenta ser corajoso e "permanecer firme". Ele grita para o Monstro das Sombras "ir embora". Mas, em vez de ceder, a criatura desce pela sua garganta, consumindo-o inteiramente. Quando sua mãe e seus amigos o encontram, ele parece estar tendo uma convulsão, tremendo incontrolavelmente, em estado de transe. Depois disso, ele está infectado por inteiro. O monstro — como um vírus — está dentro dele. Ele diz a sua mãe que tentou resistir, mas agora "o senti em todos os lugares. *Em toda parte.*"

Ele não vai embora. Nos episódios subsequentes, Will se torna o "hospedeiro" do Monstro das Sombras, conectado por uma mente de colmeia. Quando o Mundo Invertido é incendiado, parece que ele está sendo queimado por dentro. Quando o Monstro das Sombras quer alguma coisa — ou quer que ele faça alguma coisa —, parece impossível resistir.

Compreensivelmente, durante a maior parte da segunda temporada, Will não é apenas "muito sensível",

como descreve Lucas; ele está à beira de um colapso. Mike é o amigo que parece entender melhor isso. Outras pessoas veem Will como uma aberração, Mike o vê como especial — não diferente de Eleven. Mike acredita que Will tem a "visão verdadeira" — significando que ele pode ver outras dimensões que as pessoas comuns não podem. Quando Mike vai checar seu amigo no capítulo 5 ("Dig Dug"), Will confirma o mesmo. Mas ele diz a Mike que não parece mais que ele apenas está no Mundo Invertido: "É como se eu sentisse o que o Monstro das Sombras está sentindo, visse o que ele está vendo".

Sentindo o medo de Will, Mike sugere que talvez isso possa ser uma coisa boa. Isso significa que Will pode espionar a criatura e saber o que ela fará. "Se você sabe o que ele está vendo e sentindo, talvez seja assim que possamos pará-lo", diz Mike. Will continua incerto, mas Mike estabiliza a mão trêmula dele e garante que tudo ficará bem. Durante a segunda temporada, Mike permanece firme e leal ao seu amigo doente.

Significativamente, mesmo quando a memória de Will começa a se deteriorar, esquecendo quem são o xerife Hopper e o dr. Owens, ele ainda se lembra de Mike. No Capítulo 8 ("O Devorador de Mentes"), Mike lembra Will de quando eles se tornaram amigos pela primeira vez. Foi no primeiro dia do jardim de infância. Nenhum deles tinha amigos. Mas então eles se encontraram perto do balanço. Se o poder de Will é a "visão verdadeira", o poder de Mike é que ele pode sentir o que os outros sentem. Ele é um empático, um confortador. Assim como ele ofereceu a Eleven uma "casa" emocional na primeira temporada, na segunda, ele serve como uma âncora para Will. Ele ouve Will, e faz com que ele se sinta compreendido e aceito. Para o resto da escola, Will pode ser gay, esquisito ou "zumbizinho", mas para Mike ele é "Will, o Sábio".

Redenção do Babaca

A transformação do personagem de Steve Harrington

07. E, então, há Steve Harrington. Parece estranho mencionar Steve em um capítulo sobre aberrações. De muitas maneiras, ele é o privilegiado por essência: popular, bonito, rico, atlético. Steve pode nunca ser uma aberração da mesma forma que os outros garotos. Mas ele passa por uma transformação significativa, na qual ele renuncia ao seu lugar entre os adolescentes descolados e começa a se identificar com — e ajudar — os marginalizados.

A metamorfose de Steve começa perto do final da primeira temporada. No capítulo 7 ("A Banheira"), o vemos saindo com seus amigos, Tommy e Carol, do lado de fora de um posto de gasolina, ainda se recuperando da surra que ele levou de Jonathan (e da rejeição de Nancy). O incidente, no entanto, parece ter desencadeado um tipo de autorreflexão. Ele não deixa Tommy e Carol chamarem Nancy de vagabunda, só porque ela não é "miserável" e cruel como eles. A conversa quase se transforma em uma briga, mas Steve parece perceber que não vale a pena — e, mais importante, que eles não valem a pena como amigos.

A próxima vez que o vemos, ele está no cinema, oferecendo-se para limpar os epítetos pintados com spray por seus antigos amigos na marquise. No capítulo 8 ("O Mundo Invertido"), ele encontra Nancy com Jonathan na casa dos Byers e tenta se desculpar. Nancy, no entanto, tem preocupações maiores — preocupações que Steve subitamente entende, quando um Demogorgon rompe uma das paredes.

Steve decide não fugir (mesmo depois de Nancy dizer que tudo bem), mas ficar e lutar — com seu taco e o que mais tiver — ao lado de Nancy e Jonathan, e isso marca uma virada decisiva para o personagem. Com Jonathan imobilizado no chão e Nancy sem balas, Steve ataca o Demogorgon com o taco, cheio de ferocidade e adrenalina. O Demogorgon é subjugado, então: chega até a armadilha e é incendiado. Steve Harrington, outrora um babaca autocentrado, tornou-se um herói.

De acordo com os Irmãos Duffer, esse não era o plano original. Steve deveria ser o atleta estereotipado e cruel, mas Joe Keery, o ator, acabou enchendo o personagem com tal simpatia e nuance que o roteiro foi alterado. Em última análise, em vez de ter seu personagem morto — o plano original —, ele recebeu um arco redentor, surpreendendo membros do elenco e espectadores.

Na segunda temporada, a transformação continua, com Steve assumindo o papel de babá em tempo integral. Nos primeiros episódios, torna-se aparente que Steve não é mais o mandachuva. Nós vemos sua

Steve Harrington

insegurança sobre suas habilidades acadêmicas e sobre planos pós-ensino médio. Nós o vemos alienar seus velhos amigos. Além disso, fica cada vez mais claro que Nancy seguiu em frente, aproximando-se de Jonathan enquanto eles embarcam em uma jornada para desvendar a morte de Barb. Porém, em vez de ficar com ciúmes e raiva, Steve aceita, assumindo um novo papel — e identidade — como irmão mais velho das crianças, especialmente de Dustin.

Dustin e Steve se encontram pela primeira vez no capítulo 5 ("Dig Dug"). Dustin está na casa dos Wheeler, procurando por Mike, quando Steve chega com um buquê de rosas para Nancy. Dustin, no entanto, informa a Steve que Nancy não está lá — e, de qualquer forma, eles têm problemas maiores do que sua "vida amorosa".

Com isso, eles entram na BMW marrom de Steve, e a camaradagem Steve-Dustin começa. Ainda um pouco cético sobre Steve após a primeira temporada, os telespectadores do programa gradualmente começaram a sucumbir ao charme do personagem no decorrer da segunda temporada. A *Vice* declarou a evolução do personagem como "a transformação em *Stranger Things* pela qual ninguém esperava",[4] enquanto a *Vanity Fair* escreveu que "ele se tornou um novo favorito dos fãs". Enquanto isso, Babá-Steve e Pai-Steve se tornaram virais como memes nas mídias sociais."[5]

Talvez o momento que melhor exemplifica seu novo papel venha no capítulo 6 ("O Espião"), enquanto Steve e Dustin caminham pelos trilhos do trem. "Essa é provavelmente uma das minhas cenas favoritas",[6] reconhece Joe Keery, "porque, pela primeira vez, Steve baixa a guarda. Você pode dizer que esses dois personagens, apesar de estarem juntos porque foram abandonados por seus amigos, acabam se importando um com o outro e cuidando um do outro. Ele se transforma nesse relacionamento de irmão mais velho, mesmo que ambos sejam um pouco teimosos e pensem que manjam de tudo. Por baixo, há esse cuidado genuíno um pelo outro. E é isso que torna esse relacionamento interessante, que esses dois personagens, que você nem pensaria que pudessem interagir, se conectam por não ter mais ninguém, é o que o torna tudo especial."

A cena dos trilhos de trem é a manifestação completa do novo Steve: mais realista, decente e engraçado. Ele dá conselhos sobre relacionamentos para Dustin, compartilha seus segredos de cabelo e, em vez de expressar amargura sobre Nancy ou de chamá-la de "vadia", reconhece que ela é especial.

Nos episódios seguintes, Babá-Steve se torna o campeão dos desajustados, lutando contra Demodogs e valentões. No capítulo 6 ("O Espião"), quando ele deixa o ônibus no ferro-velho para proteger o restante dos Demodogs e se oferece como isca, Max diz: "Ele é insano". Dustin responde: "Ele é incrível".

No capítulo final ("O Portal"), Steve novamente defende as crianças, dessa vez de Billy Hargrove. Quando Billy aparece em seu Camaro, Steve o encontra do lado de fora e faz o seu melhor para difundir a situação. Não demora muito, no entanto, antes de Billy o deixar no chão, rolando de dor. No entanto, assim como na primeira temporada, Steve se recusa a recuar. Quando Billy coloca Lucas, mais jovem e menor, contra a parede, Steve retorna e consegue dar vários bons socos, antes de perder a briga. Mesmo que ele não possa salvá-los neste caso (Max finalmente faz as honras enfiando uma agulha no pescoço do irmão), as crianças apreciam a tentativa. Como Dustin fala para um Steve grogue e mutilado na parte de trás do carro: "Ele te deu uma surra, mas você lutou bem".

Steve leva uma surra por sua transformação — literal e figurativamente. Mas, no processo, ele se torna uma pessoa melhor — alguém que as crianças admiram e confiam. Como Steve diz a Nancy: "Eu posso ser um namorado ruim. Mas acontece que sou uma babá muito boa".

PARA SEMPRE ELEVEN
UMA HEROÍNA DE VERDADE

Eleven é chamada de muitas coisas ao longo das duas primeiras temporadas de *Stranger Things*: El, Jane, garota, esquisitona, aberração, maga, feiticeira, arma, espiã russa, monstro.

Uma coisa é certa: ela é uma das personagens mais memoráveis — da televisão ou do cinema — na história recente. Com o cabelo raspado, vestido rosa, meias soquetes e nariz sangrento, Eleven rapidamente se tornou um ícone. Com seus notáveis poderes telecinéticos e atos lendários, ela também se tornou uma heroína cult — como uma Luke Skywalker ou uma Harry Potter da nova geração.

Com o cabelo raspado, vestido rosa, meias soquetes e nariz sangrento, Eleven se tornou um ícone. Seus poderes e atos lendários a transformaram em uma heroína cult.

Interpretada por Millie Bobby Brown,[1] Eleven fala um total de 246 palavras na primeira temporada. No entanto, ela conseguiu injetar as cenas em que apareceu com tanta presença, sutileza e força, que a inusitada refugiada do Laboratório que ela interpretou se tornou totalmente redonda. De uma hora para a outra, Millie, então com doze anos de idade, passou de atriz jovem e obscura a um fenômeno global.

Eleven, é claro, não é a única personagem feminina notável do programa. Joyce Byers, interpretada pela veterana Winona Ryder, apresenta um desempenho perfeito como uma mãe forte e obstinada, determinada a encontrar — e, na segunda temporada, proteger — seu filho. Um dos primeiros atores a ser designado para o seriado, Winona Ryder foi mais conhecida antes de *Stranger Things* por seu trabalho no final dos anos 1980 e nos 1990, incluindo papéis aclamados em *Os Fantasmas se Divertem* (1988), *Edward, Mãos de Tesoura* (1990), *Mulherzinhas* (1994) e *As Bruxas de Salem* (1996). Com seus cabelos curtos e olhos castanhos expressivos, ela frequentemente desempenhava papéis que equilibravam ingênuas inocentes e rebeldes excêntricas. Em Joyce, vemos a paixão característica e a energia cinética de Ryder, mas em

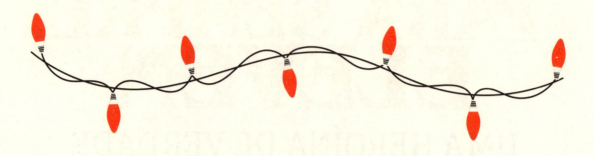

um novo tipo de papel: uma mãe solo lutando para sobreviver, cuidar de dois filhos e manter o controle em uma dura realidade.

Nancy Wheeler (interpretada por Natalia Dyer), da mesma forma, é uma personagem forte e dinâmica, cuja busca incansável pela verdade acaba por dar justiça para Barb. Em vez de simplesmente cair no estereótipo previsível da garota bonita e popular, Nancy é, como Steve coloca depois de perdê-la, "especial". Ela é esperta — não apenas inteligente — é uma pensadora independente; tem suas próprias ideias e ética. Ela também é corajosa, muitas vezes enfrentando pessoas ou assumindo o controle de situações em que os outros ficam mornos demais. E ela é compassiva. Ela ajuda Jonathan depois que seu irmão desaparece; ela dança com Dustin quando ninguém mais o faz; e ela se recusa a permitir que sua melhor amiga morra em vão.

Há uma série de outras grandes personagens femininas, incluindo Max Mayfield (interpretada por Sadie Sink), a moleca ruiva californiana que chega, na segunda temporada, e cativa os garotos com sua proeza no videogame e humor ácido; Barb (interpretada por Shannon Purser), a fiel amiga e confidente cuja jornada termina muito cedo (o personagem de Barb é discutido com mais profundidade no capítulo 9); e Karen Wheeler (interpretada por Cara Buono), que, além de capturar perfeitamente a mãe suburbana dos anos 1980, tem uma das melhores cenas da série (com Billy na segunda temporada, capítulo 9 — você sabe do que estou falando).

Nancy, Joyce e Max são algumas das personagens femininas que se destacaram muito ao longo da série e ganharam fãs também fora das telas

Essas personagens femininas são uma grande parte do que torna o programa tão atraente — e tão diferente dos típicos elencos dominantes masculinos que costumamos ver nas aventuras de ficção científica e nas histórias de amadurecimento. As mulheres não são apenas mostradas como personagens de apoio; elas desempenham papéis essenciais. Liderando este incrível elenco feminino está Eleven — a estrela da série.

Dominando o mundo

A força de Eleven inspira novas gerações de meninas pelo mundo

01. Como notado no capítulo 3 deste livro, Eleven tem algumas semelhanças fortes com personagens femininos sobrenaturais dos anos 1970 e 1980 de Stephen King, particularmente Carrie White (de *Carrie*) e Charlie McGee (de *A Incendiária*).

Ainda mais amplamente, ela também se sente em casa entre os ícones femininos ferozes, excêntricos e sensíveis dos anos 1980. A década é frequentemente descrita como uma era em que as mulheres começaram a enfrentar uma reação adversa às incursões que tinham feito desde a década de 1960. Os tradicionalistas temiam que as mulheres se tornassem muito liberais. Nos meios de comunicação, debates sobre sexo e corpo, papéis familiares e carreiras, se tornavam intensos.

Em seu romance best-seller 1984, *O Conto da Aia* (que foi recentemente adaptado em uma popular série da Hulu estrelada por Elisabeth Moss), Margaret Atwood imaginou uma futura sociedade distópica na qual as mulheres perderam de repente direitos básicos e são tratadas como propriedade de uma teocracia dominada por homens. Muitos o leem como uma crítica ao surgimento da Direita Religiosa e de seu apelo por um retorno aos valores tradicionais, particularmente para as mulheres.

No entanto, embora houvesse, indubitavelmente, uma poderosa corrente conservadora em relação ao papel das mulheres, os anos 1980 também viram o surgimento de uma nova geração de mulheres que se recusaram a aceitar qualquer tipo de rótulo. Em uma entrevista com Dick Clark no *American Bandstand* em 1983, a pop star Madonna declarou sua intenção de "dominar o mundo". Esse tipo de ambição para as mulheres era considerado um tabu.

> **Os anos 1980 viram o surgimento de uma nova geração de mulheres que se recusaram a aceitar qualquer tipo de rótulo, e Eleven acaba sendo produto disso**

Mas artistas como Madonna expressaram um novo tipo de conforto e confiança em ser quem elas queriam ser e ir atrás do que queriam. Em 1990, a crítica cultural Camille Paglia declarou Madonna como o "futuro do feminismo".[2]

Os anos 1980 também foram a época do sucesso de Jane Fonda com sua revolução de condicionamento físico e a ascensão de Sandra Day O'Connor ao Supremo Tribunal. Era uma época em que a Princesa Leia (interpretada pela incrível Carrie Fisher) não se contentava em ser uma donzela em perigo, e a heroína de ação, Sigourney Weaver, a Ripley de *Alien*, fazia o mesmo. Era uma época em que mulheres singulares e peculiares como Cyndi Lauper e Molly Ringwald se tornavam ícones culturais, artistas como Annie Lennox e Sinead O'Connor abalaram e desafiaram convenções com suas cabeças raspadas, e artistas afro-americanas como Janet Jackson e Whitney Houston quebraram recordes e barreiras.

A Princesa Leia não se contentava em ser uma donzela em perigo, e Ripley tampouco. Eleven entra para o sagrado espaço destas personagens.

Isto é, os anos 1980 definiram o cenário para que Millie Bobby Brown descrevesse Eleven no MTV Movie and TV Awards de 2017 como um "personagem fodão, feminino e icônico".[3]

JOSEPH VOGEL

STRANGER FANS

Descobrindo Eleven

`Millie Bobby Brown: um talento sobrenatural francamente assustador`

02. Quando Millie Bobby Brown fez o teste para *Stranger Things*, ela estava, ironicamente, com onze anos de idade. Nascida na Espanha de pais britânicos, Millie cresceu na Inglaterra, antes de se mudar para Orlando aos sete anos de idade para tentar seu sonho de ser atriz. Enquanto ela não tinha nenhum treinamento prévio ou experiência de atuação, ela conseguiu um agente e vários pequenos papéis em séries como *Once Upon a Time in Wonderland*, *Modern Family* e *Grey's Anatomy*. Seu primeiro grande papel veio no programa da BBC, *Intruders*, um drama de ficção científica de 2014. Porém, esse seriado não conseguiu ganhar força entre os críticos ou espectadores e foi cancelado após uma temporada.

Então veio a audição de *Stranger Things* em 2015. Na época, Millie confessa, ela quase perdeu a esperança de conseguir sua grande chance. Mas então, do nada, veio a oportunidade de sua vida. Millie acertou em cheio em seu teste de *Stranger Things* e recebeu um telefonema positivo.

Os Irmãos Duffer estavam intimamente envolvidos no processo de seleção. "Tínhamos cinco crianças [que precisávamos para a série]", [4] diz Matt Duffer, "e sabíamos que apenas um [mau desempenho infantil] prejudicaria o programa. Shawn sabia disso, nós sabíamos disso, a Netflix sabia disso. Então, no minuto em que eles disseram sim ao programa, e neste momento nós só tínhamos um roteiro escrito na época, começamos uma busca mundial muito intensiva pra achar essas crianças. Nós vimos cerca de mil crianças, no total. Mas havia poucas que podiam atuar no nível que precisávamos, assim ficou claro na hora quais eram as crianças que poderiam realmente fazer essa série." Especialmente crucial foi o papel de Eleven, que eles sabiam que tinha o desafio único de levar uma performance de liderança com quase nenhum diálogo.

Mesmo com dezenas de jovens talentosos se apresentando nas audições, os Duffer insistiram até encontrar a autenticidade que procuravam

O produtor e diretor Shawn Levy elogiou a insistência dos Duffer em encontrar o elenco certo. "Mesmo quando vimos dezenas de jovens talentosos, os

Duffer insistiram em continuar a busca até descobrirem a autenticidade que procuravam",[5] lembra ele. "E essa persistência obstinada foi incrível e exigiu uma tremenda confiança para os novos cineastas."

A persistência valeu a pena. Depois de algumas audições separadas, que incluíram peças de filmes clássicos dos anos 1980 como *Conta Comigo*, Millie conseguiu o papel. Os Duffer sabiam que ela era um talento especial. Ela tinha uma certa autenticidade e intensidade que eram raras para um ator infantil. Ela não se parecia com uma atriz mirim da Disney; ela era natural, real. Shawn Levy lembra que ela pegou de cara o olhar da personagem em uma das audições. "Não tem como se esquecer, porque foi muito intuitivo",[6] lembra Shawn Levy. "Que essa pequena pessoa tivesse um poder tão feroz —aquilo me surpreendeu."

A persistência na busca valeu a pena. A intérprete de Eleven conseguiu o papel por apresentar talento, intensidade e autenticidade no teste

Depois de garantir o papel, no entanto, Millie foi informada de uma cláusula: ela teria que raspar a cabeça. Os pais de Millie estavam inicialmente preocupados; no entanto, os Duffer os convenceram — e a Millie — de que isso não era necessário apenas para o papel, mas que, na verdade, poderia ser fortalecedor. Eles mostraram fotos de Charlize Theron, de *Mad Max: Estrada da Fúria* (2015), que também raspou seu cabelo para o papel, pelo qual ela ganhou um Critics Choice Movie Award de melhor atriz. Ela poderia desempenhar um papel similarmente "durão",

Para se preparar para o papel, a jovem Millie Bobby Brown assistiu a vários clássicos dos anos 1980, com Poltergeist, Conta Comigo e Os Goonies

disseram os Duffer. Millie e seus pais decidiram assinar o contrato. "Foi a melhor decisão que eu já tomei",[7] lembra Millie.

Para se preparar para o papel, Millie foi instruída a assistir vários clássicos dos anos 1980, incluindo *Poltergeist*, *Conta Comigo* e *Os Goonies*. Mas o mais importante, eles queriam que ela estudasse o tom e a dinâmica da obra-prima de Spielberg de 1982, *E.T.* Seu personagem, como *E.T.*, seria uma espécie de alienígena perdido em um mundo estrangeiro.

As filmagens de *Stranger Things* levaram cerca de seis meses. Mesmo que eles soubessem que Millie era especial antes das filmagens começarem, foi apenas no momento em que estavam nas trincheiras que eles perceberam o quão especial ela é. "Atores infantis, mesmo os grandes, quase sempre têm dificuldade em ouvir",[8] observaram os Duffer. "Eles são capazes executar bem suas falas, mas permanecer completamente no personagem em uma cena quando eles não estão falando... isso é outra habilidade totalmente diferente." Millie não só tinha esse conjunto de habilidades, ela tinha o que os Duffer descreveram como "um talento sobrenatural francamente assustador. Ela habita cada momento tão intensamente, com uma alquimia que mistura inteligência, preparação e instinto. Ao final da produção, nos encontramos ouvindo Millie como se ela fosse um dos atores adultos mais experientes."[9]

Seus colegas atores ficaram igualmente impressionados, da equipe de garotos a veteranos experientes como Winona Ryder e David Harbour, os quais afirmaram acreditar que ela tinha o potencial de uma Meryl Streep. "Ainda temos que encontrar algo que ela seja incapaz de fazer", [10] disse o cocriador Matt Duffer. "Eu posso jogar para essa garota uma incrível bola curva, ela vai rebater com perfeição. É como um cantor que pode acertar qualquer nota. Seu alcance é simplesmente incrível. Eu não conheço os limites dela."

Quando a série chegou à Netflix no verão de 2016, o resto do mundo conseguiu assistir ao que eles estavam vendo no set. A *Vanity Fair* chamou a presença dela na tela de "comandante",[11] particularmente destacando sua química na tela com Finn Wolfhard (Mike). O *New Yorker* descreveu[12] seu papel na série como uma "performance de lançamento de carreira. Sua cabeça raspada, seu rosto sério, ela é silenciosa por muito tempo na série, mas ela leva a história para frente, através de uma transparência emocional destemida." Enquanto isso, quando o romancista best-seller Stephen King tuitou sua admiração pelo seriado, ele destacou a performance de Millie como "ótima".[13] "É minha imaginação", ele escreveu, "ou os atores mirins estão muito melhores do que costumavam ser?"

Não demorou muito para que Millie Bobby Brown se tornasse um nome familiar. Em questão de meses, seu personagem se tornou uma das mais populares fantasias de Halloween, com milhares de fãs postando fotos em mídias sociais. De acordo com a varejista de roupas Lyst,[14] os dados de buscas encontraram grandes picos de interesse em "vestidos rosa com colarinho", "meias soquetes" e "jaquetas azuis". Segundo o IMDB,[15] Millie também era a página de celebridades mais visitada de 2016. Em pouco tempo, ela parecia estar em todos os lugares: conversando com Ellen Degeneres, dançando com colegas de elenco no Emmy, fazendo rap no *The Tonight Show com Jimmy Fallon*, arrasando nos tapetes vermelhos. A conta de Instagram dela explodiu para mais de 18 milhões de seguidores.

JOSEPH VOGEL

STRANGER FANS

Monstruosa & Heroína

Eleven luta com diferentes dimensões de sua identidade em sua jornada

03. Por que o desempenho de Millie como Eleven ressoou tanto? Não há dúvida de que parte disso tem a ver com o fato de seu papel se assemelhar a uma super-heroína. Ela faz parte de uma onda de heroínas icônicas de ação no cinema e na televisão da última década, como Katniss Everdeen (interpretada por Jennifer Lawrence) em *Jogos Vorazes;* Rey (interpretada por Daisy Ridley) em *Star Wars; Mulher Maravilha* com Gal Gadot; Daenerys Targaryen em *Game of Thrones* (interpretada por Emilia Clarke). Mesmo o filme *Os Caça-Fantasmas* foi refeito com um elenco feminino. Como essas mulheres, Eleven é muitas vezes elogiada como uma potência forte e feroz. Nós a vemos lutar com vilões, distribuir vingança a valentões, virar vans, matar Demogorgons, salvar o mundo.

No entanto, parte do que faz de Eleven um personagem interessante é sua fragilidade e vulnerabilidade. O momento em que a vemos chorando à noite na cama improvisada do porão que Mike faz para ela; o momento em que ela olha para seu reflexo no lago, gritando sua dor reprimida; seu terror visceral depois de ser submersa na piscina de privação sensorial no ginásio da Escola Hawkins, o que a lembra de suas memórias mais assustadoras do Laboratório Nacional de Hawkins.

Eleven é uma sobrevivente. Mas, à medida que vemos seus frequentes flashbacks, entendemos que ela não esqueceu o trauma passado. Ela carrega sua história consigo. Este também é o genial da performance de Millie Bobby Brown: como ela é capaz de comunicar essa sensação de trauma e abandono e ternura em uma cena, e então em outra, com um simples olhar e balanço da cabeça, trazer força e poder.

Eleven é muitas vezes elogiada como uma potência forte e feroz. Nós a vemos lutar com vilões, distribuir vingança a valentões, virar vans, matar Demogorgons, salvar o mundo.

Ao longo do seriado, Eleven luta com diferentes dimensões de sua identidade. Às vezes, ela age com compaixão e assistência; às vezes, por ciúme, raiva e vingança. Na primeira temporada, no capítulo 6 ("O Monstro"), ela se refere a si mesma como um monstro. Ela se sente responsável pelas consequências de seus poderes, que às vezes podem ser exercidos, intencionalmente ou não, para fins destrutivos. Ela sabe que ela tem um lado sombrio. Esse lado normalmente surge quando algo atinge uma ferida não curada. Na primeira temporada, capítulo 3 ("Caramba"), por exemplo, depois de sua recusa em matar um gato no Laboratório Nacional de Hawkins, ela é arrastada para uma cela de confinamento solitário. Quando a porta está prestes a se fechar, ela abaixa a cabeça e joga um guarda contra a parede e agarra o pescoço do outro.

Eleven se sente responsável pelas consequências de seus poderes, que as vezes podem ser exercidos, intencionalmente ou não, para fins destrutivos

Embora esse ato possa ser justificado como autodefesa, os poderes de El são usados às vezes sem a mesma discrição ou necessidade. Na primeira temporada, capítulo 4 ("O Corpo"), quando ela vê Lucas brigando com Mike, por exemplo, ela atira Lucas no chão com tanta força que o surpreende, surpreendendo até a si mesma. Na segunda temporada, capítulo 3 ("O Girino"), quando ela vê Max se relacionando com Mike, ela faz com que ela tropece e caia do skate.

Eleven ocasionalmente até usa seus poderes contra aqueles com quem ela se sente mais próxima. No capítulo 4 da segunda temporada ("Will, o Sábio"), ela tem uma luta épica com o xerife Hopper, que a adotou de certa maneira, culminando em uma birra psíquica que deixa a cabana em frangalhos e Eleven sozinha e chorando no chão de seu quarto. O produtor Shawn Levy descreveu a cena como um "choque de titãs".[16] A

energia brutal na cena, quando ela e Hopper trocam ameaças e insultos, é um grande exemplo do porquê de Millie ter recebido aclamação como uma jovem atriz. Ela faz você sentir cada centímetro do turbilhão de emoções que ela está vivendo. Mas também revela a luta que ela enfrenta em aproveitar seus poderes, mas descobrir quando e como eles devem ser usados.

O personagem de Eleven evolui de maneira interessante nas duas primeiras temporadas. Na primeira, como os Irmãos Duffer explicaram,[17] ela é uma espécie de peixe fora d'água. Ela nunca teve amigos, escola, casa, Eggos. Além disso, ela não testou seus poderes fora do Laboratório Nacional de Hawkins. Tudo, portanto, é novo e estranho.

Uma grande parte da primeira temporada também estabelece sua história de origem, que obtemos em fragmentos. Nós aprendemos que ela é chamada Eleven (011 está tatuado em seu pulso) porque ela era uma cobaia no Laboratório; aprendemos que ela foi sequestrada de sua mãe real, Terry Ives, após seu nascimento; aprendemos que ela foi criada pelo dr. Brenner (a quem ela se refere como Papa), que age como uma espécie de pai de mentira, explorando seus dons como parte de um projeto maior financiado pelo governo para usar a mente como uma arma geopolítica.

Aprendemos que em seu "teste" culminante, ela foi colocada em um tanque de privação sensorial, o que lhe permitiu atingir um estado psíquico visualizado como "O Vazio". "Hoje é um dia muito especial", diz Brenner. "Você sabe por quê?" El balança a cabeça negativamente. "Porque hoje", declara Brenner, "faremos história."

Fazer história, no entanto, tem um custo. No Vazio, uma El de olhos arregalados se depara com uma estranha criatura. Quando ela se aproxima e a toca, ela se vira e grita para ela, fazendo El entrar em um ataque de pânico. Em vez de protegê-la da criatura, Brenner, intrigado com a perspectiva de uma descoberta extradimensional, consegue que ela volte ao tanque de privação sensorial e retorne ao Vazio.

JOSEPH VOGEL
STRANGER FANS

Sacrifícios reais

Eleven faz o que precisa para proteger os amigos do mal

04. É claro que nada disso é sabido quando os meninos descobrem El na floresta enquanto procuram por Will na primeira temporada, capítulo 1 ("O Desaparecimento de Will Byers"). Eles simplesmente veem uma criança assustada com a cabeça raspada em uma roupa de hospital. Quando eles a trazem de volta para a casa de Mike, eles não têm ideia do que fazer com ela. Lucas acha que ela é louca. Dustin, pelo menos inicialmente, concorda. Mike é o único que parece entendê-la intuitivamente. Seu relacionamento, capturado com notável química na tela, tem sido citado por muitos críticos e fãs como um dos destaques da série.

Presa por tanto tempo nos confins frios e estéreis do Laboratório Nacional de Hawkins, Mike oferece a ela calor e aceitação. Ele fornece refúgio. Há algo genuinamente belo e tocante em suas interações na primeira temporada. Através de seus olhares e expressões, pode-se sentir o quanto os simples atos de bondade de Mike significam para Eleven. Ela tenta devolver essa gentileza de várias maneiras, inclusive usando seus poderes para ajudá-lo a encontrar Will. Por exemplo, no capítulo 4 ("O Corpo"), ela canaliza Will no walkie-talkie. O rosto de Eleven enquanto ela assiste a euforia de Mike ao ouvir Will capta perfeitamente a pureza e a autenticidade de sua amizade.

Através de seus olhares e expressões, pode-se sentir o quanto os simples atos de bondade de Mike significam para Eleven

É também outro exemplo do brilho sutil do desempenho de Millie Bobby Brown.

Em última análise, Eleven conquista a confiança dos outros garotos — não apenas por encantá-los com seus poderes telecinéticos, mas também por provar que ela é uma verdadeira amiga e aliada. No Capítulo 6 ("O Monstro"), depois que ela os ajuda a escapar dos agentes do Laboratório Nacional de Hawkins, Lucas pede desculpas no ferro-velho por excluí-la do grupo. "Eu estava errado", diz ele, estendendo a mão. "Sinto muito." Daquele ponto em diante, ela faz parte do grupo.

Nos últimos episódios da primeira temporada, El é fundamental para localizar Barb e Will e proteger seus novos amigos de uma série de perigos invasivos. Isso requer uma tremenda coragem. No Capítulo 6 ("O

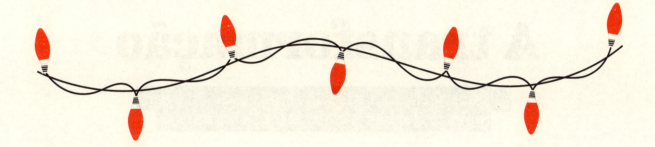

Monstro"), quando entra na piscina de privação sensorial, ela está, em essência, enfrentando um de seus piores medos. A última vez que ela entrou na água, no Laboratório, ela fez contato com a criatura extradimensional a que mais tarde nos referimos como o Demogorgon e acidentalmente abriu o portão para o Mundo Invertido. Mas agora ela voluntariamente volta para encontrar Barb e Will, descobrindo que a primeira está morta, e este último ainda está vivo — por pouco.

No capítulo 8 ("O Mundo Invertido"), entretanto, parece que ela gastou a última gota de energia protegendo seus amigos dos agentes do Laboratório Nacional de Hawkins. Mas de alguma forma, no confronto final com o Demogorgon, ela invoca a força para se levantar e caminhar em linha reta em direção à criatura que uma vez a horrorizou. Ela olha para os amigos uma última vez e diz: "Adeus, Mike" antes de estender a mão para o Demogorgon, transfundindo seu poder até que a criatura — e ela — se torne cinzas.

Seus amigos — e o público — inicialmente supõem que ela está morta: que ela se sacrificou para salvar as pessoas que ela veio a amar. Este, de fato, era o plano do roteiro original. Os Duffer inicialmente conceberam *Stranger Things* como um seriado de uma temporada. Assim, Eleven se sacrificar para salvar seus amigos — e Hawkins — teria o maior impacto.

No entanto, devido ao sucesso do programa, a Netflix queria outra temporada, e não havia maneira de fazer isso sem o personagem icônico de Millie. Os Duffer, então, foram forçados a descobrir um final diferente: um final no qual ela poderia fazer o ato heroico e sacrificial, mas pelo menos sugerir à plateia de que voltaria. Isso foi conseguido com Hopper deixando comida para ela na floresta, que, claro, incluía os waffles Eggo.

> **Quando entra na piscina de privação sensorial, Eleven está, em essência, enfrentando um de seus piores medos**

JOSEPH VOGEL

STRANGER FANS

A transformação

O renascimento significativo de Eleven para a jornada na qual ela embarca

05. Como Eleven retorna após o ato heroico no qual ela aparentemente desaparece em cinzas no final da primeira temporada? Acontece que ela foi transportada para o Mundo Invertido. No escuro corredor coberto de videiras, ela vê um portal brilhante — o mesmo portal pelo qual o Demogorgon chegou à Escola Hawkins. O surgimento de Eleven através da abertura pegajosa na parede é como um nascimento — ou renascimento — o que é significativo, dada a jornada em que ela subsequentemente embarca.

O arco de personagem de El para a segunda temporada é diferente do primeiro. Como os Duffer explicam: "O que nos deixou animados desde o início é a ideia de Eleven como um peixe fora d'água, ajustando-se a um novo mundo na primeira temporada, e agora é mais sobre Eleven crescer fora do Laboratório. Como ela lida com o trauma do que aconteceu com ela, da mesma maneira como todo mundo vem lidando com seus traumas? E ela usa essa experiência para o bem ou para o mal? Isso nos permitiu explorar relacionamentos que não poderíamos explorar de outra forma".[18] A principal dessas novas relações é com o xerife Hopper. Como na primeira temporada, não vemos Eleven até o final do primeiro episódio. Desta vez, porém, ela não é uma garota assustada na floresta; ela está morando com Hopper em uma cabana remota. Lá, eles estabeleceram certas rotinas, rituais e regras, que se resumem a: não correr riscos e não ser estúpido. Isso essencialmente significa que Eleven deve permanecer presa na cabana, com cortinas fechadas e portas trancadas, onde ela rapidamente começa a se sentir isolada, entediada e inquieta.

Assim como a dinâmica entre Eleven e Mike foi um dos destaques da primeira temporada, a dinâmica entre a personagem e Hopper é sem dúvida uma das melhores coisas da segunda temporada. Millie Bobby Brown descreveu sua química na tela como "elétrica". "Acho que foi muito bom para Millie estar perto de um ator como David Harbour",[19] disse Matt Duffer, "um ator que realmente vai desafiá-la a fazer coisas que ela não está esperando." Millie concordou: "Ele trazia tanta energia e grandeza para uma cena",[20] ela explicou, "que eu teria apenas que dar uma espécie de resposta para ele". O emparelhamento não só ressoou por causa de grande talento e da química, mas também porque capturou uma dinâmica familiar de pai-filha, às vezes quente e terna, e às vezes tensa e combativa. Ele quer protegê-la e deixá-la fora de perigo; ela quer mais liberdade e independência.

Depois de um tempo, El fica cansada de passar a maior parte de seus dias sozinha e sem propósito, e quebra seu acordo com Hopper sobre deixar a cabana. Ela primeiramente procura Mike na escola, mas acaba não falando com ele depois de vê-lo com Max. Em seguida, ela procura sua mãe, de quem ela descobre por meio de arquivos em uma caixa de armazenamento escondida sob o piso da cabana de Hopper. Mesmo que sua mãe seja apenas uma casca de seu antigo eu, El é capaz de se comunicar com ela no Vazio e preencher mais lacunas sobre seu passado. Ela descobre como foi tirada de sua mãe após seu nascimento, como sua mãe foi torturada ao tentar resgatá-la e, significativamente, como ela não estava sozinha na "sala do arco-íris" — ela tinha uma irmã.

Isso dá espaço para o capítulo 7 ("A Irmã Perdida"), o único episódio ocorrido fora de Hawkins — e talvez o episódio com mais polarização de opiniões das duas primeiras temporadas. Apesar das críticas, os Duffer sentiram que o episódio era necessário em particular para a evolução de Eleven, semelhante a Luke Skywalker indo para Dagobah, onde ele conhece Yoda e é treinado por ele. "Nós queríamos que Eleven fizesse sua própria jornada e fosse por um caminho de autodescoberta",[21] explicou Matt Duffer. "(...) Eleven está tentando encontrar seu local no mundo. Ela não pertence ao grupo dos garotos, porque ela não pode participar do bando sem colocá-los em perigo. Sua existência com Hopper, que parecia promissora a princípio — esse é um cara que ela acreditava que iria protegê-la e ajudá-la a encontrar seu caminho no mundo — está, ao que parece, falhando. Ela está realmente perdida. Eleven vai para a mãe, mas ela não está lá, basicamente. Então isso não é um lar para ela. Essencialmente, ela sai a procura de uma casa."

O que ela encontra, no entanto, não é um lar, mas uma revelação sobre si mesma. Em Kali, Eleven encontra alguém, finalmente, que entende a dor e o trauma de seu passado. Como El, Kali era uma cobaia no Laboratório Nacional de Hawkins, que levava o número "008", como El, tatuado em seu pulso. Em Kali, Eleven também encontra alguém que tem um dom sobrenatural — no caso da irmã, a capacidade de criar ilusões. Kali encoraja El a não pensar em si mesma como uma aberração ou um monstro, nem ter vergonha de suas habilidades, mas usá-las. Kali diz a El que encontrá-la finalmente a fez "sentir-se completa"; El sente o mesmo.

Eleven passa por diversas provações e transformações até reencontrar sua guia moral e objetivo de vida

A metamorfose física de El — de macacão de flanela de cidade pequena a penteado com gel, jaqueta preta e delineador (conhecida como "Eleven Punk") — simboliza a transformação de sua personagem e sua nova lealdade ao grupo de aberrações magoado de Kali. No entanto, à medida que o episódio avança, fica claro que as experiências de vida das duas desde que saíram do Laboratório — e suas personalidades — não são exatamente as mesmas. Kali quer que El desenvolva seu poder canalizando sua dor e sua raiva. El não está totalmente familiarizada com esse método e, de certa forma, o considera libertador e catártico. Mas quando ela é convidada a matar um homem do Laboratório Nacional de Hawkins responsável pela condição de sua mãe, ela não consegue completar a missão. Ela vê uma foto das filhas do homem e, de repente, para. Quando Kali puxa uma arma para fazer o trabalho sozinha, El lança a arma pela janela.

O incidente causa uma fissura no relacionamento delas, mas também provoca uma epifania em Eleven. Ela percebe que essa não é a vida que ela quer, e que seu lar está em Hawkins — com Mike, Hopper e o resto da turma. Eles são os primeiros que a aceitaram e cuidaram dela quando ela estava perdida e abandonada. E são eles que mais precisam dela — não por atos individuais de vingança ou retribuição, mas por defesa contra uma ameaça muito maior e mais iminente. Em uma visão criada por Kali no armazém, Papa (Brenner) visita Eleven e avisa: "Você tem uma ferida, Eleven, uma terrível ferida, e ela está supurando. Você sabe o que isso significa? Supurar? Significa que está apodrecendo. Vai crescer, se espalhar, e por fim, te matará." Kali quer que El reconheça a necessidade de enfrentar seus demônios e vingar sua mãe. Em vez disso, porém, isso solidifica ainda mais a decisão de El de deixar sua irmã e retornar a Hawkins.

A entrada de Eleven Punk pela porta dos Byers

"Você tem uma ferida, Eleven, uma terrível ferida, e ela está supurando. Significa que está apodrecendo. Vai crescer, se espalhar, e por fim, te matará." — Papa

no final do capítulo 8 é um momento maravilhosamente orquestrado e arrepiante. Nós vemos seus tênis brancos, seus jeans enrolados nos tornozelos. Então vemos a reação atordoada de Hopper, Mike e do resto do grupo. E finalmente, a revelação completa da nova Eleven, que retornou de sua busca, agora mais sábia e mais forte, e cujo nariz sangrento indica que ela, mais uma vez, salvou as vidas deles — desta vez dos Demodogs ao redor.

No último capítulo da segunda temporada, El se junta a Hopper novamente. Eles pedem desculpas por seus erros — na verdade, Hopper até admite que seu novo visual punk estilo MTV é bem "poderoso". El, é claro, também se reúne com Mike — primeiro, na casa e depois no Baile de Inverno —, outro momento arrepiante que destaca o lado mais suave de Eleven. São essas reuniões com as pessoas com as quais ela mais se importa o que realmente cura a ferida e preenche o vazio que iniciou sua busca em primeiro lugar.

No entanto, como na primeira temporada, é preciso um esforço miraculoso para proteger as pessoas que ela ama de serem destruídas. Dessa vez, ela e Hopper descem ao porão do Laboratório Nacional de Hawkins, onde o outrora pequeno portal agora se tornou uma enorme abertura vulcânica. Lá, nas profundezas do limiar cavernoso, Hopper atira em Demodogs com sua espingarda enquanto El começa a concentrar sua mente na fusão dos tecidos do Portal. Fechar o Portal exige tudo que El possa convocar. Ela levanta as duas mãos para frente, lembrando o conselho de Kali para canalizar sua dor e raiva, gritando enquanto olha para a fornalha ardente.

O visual de El, sangrando de ambas as narinas, braços estendidos, levantado-se do chão, fagulhas voando, enquanto o Portal lentamente começa a se fundir, é de tirar o fôlego de tão poderoso. Não só exigiu tudo de sua personagem, mas também dela como atriz. Millie se lembra de ficar enjoada e totalmente exausta depois de terminar a cena.

Quando o Portal é finalmente selado, ela cai nos braços de Hopper. Eles se abraçam enquanto o elevador sobe de volta em meio às cinzas, e em direção à luz.

JOSEPH VOGEL

STRANGER FANS

Nós Podemos ser Heróis

Stranger Things pode até ter monstros, mas confia na amizade para transformar

06. Pelo que ela representa — sua bravura, excentricidade, autenticidade e poder — Eleven se tornou uma heroína para meninas e meninos de todo o mundo. Em 2018, a revista *Time*[22] incluiu Millie Bobby Brown em sua lista das 100 pessoas mais influentes do mundo. Ela era a pessoa mais jovem a receber a honraria.

"Eleven ressoa com as pessoas porque ela é diferente. Ela é uma pária, ela é uma desajustada, e é por isso que as pessoas se enxergam nela." — Millie Bobby Brown

Para Brown, isso tem sido um dos aspectos mais gratificantes do papel. "Eu não esperava que a Eleven se tornaria tão popular",[23] ela reconheceu. "Eu pensei que ela seria apenas um tipo de ajudante, mas acho que Eleven ressoa com as pessoas porque ela é diferente. Ela é uma pária, ela é uma desajustada, e é por isso que as pessoas se enxergam nela."

Em um discurso depois de vencer o *Critics Choice Awards* de 2017, David Harbour refletiu sobre sua odisseia entrelaçada com Eleven (Millie Bobby Brown). "Nessa temporada de *Stranger Things*",[24] ele disse, "Hopper passa a maior parte do outono de 1984 em uma cabana com uma jovem em amadurecimento, tentando desesperadamente cuidar dela enquanto suas necessidades estão em constante evolução. Ela escapa pelos dedos não sofisticados dele, por conta das suas crenças rígidas, e de seu medo de que o mundo não esteja pronto pra ela. O mundo não está pronto para o poder secreto e inerente que ela tem dentro de si. Ela é feroz, ele é seu guardião. A cabine é segura, reconfortante, e é perigoso lá fora, e ainda assim ela vai embora."

Ele continua: "Depois de reencontrar com sua irmã, ela acende em chamas e carrega esse fogo, essa luz, de volta para Hawkins e reúne-se com Hopper. E agora ele mesmo deve ser guiado pela Estrela Guia de sua poderosa chegada. Porque ele a ama e porque ele precisa dela. Ela é a chave para ressuscitar a vida, limpando a infecção, fechando a ferida da vida dele".

Harbour fechou seus comentários agradecendo "à talentosa e incomparável Millie Bobby Brown" por ser sua 'parceira de duelos' e inspiração, bem como a 'incandescente' Winona Ryder por ser sua luz." O

discurso se tornou viral e explicitou a importância das mulheres para a série.

Após a primeira temporada,[25] alguns críticos argumentaram que *Stranger Things* tinha uma "visão limitada sobre as mulheres". Eles apontaram a falta de atenção dada ao desaparecimento de Barb em comparação com o de Will, ou o fato de que a vida da personagem de Joyce parece girar inteiramente em torno de seu filho, indicativos dessas falhas na série. Questionado sobre essa crítica após a primeira temporada,[26] Matt Duffer afirmou que acreditava que cada uma das principais personagens femininas tinha uma "forte motivação" e uma identidade dinâmica que só cresceria e se aprofundaria na segunda temporada.

Nós certamente vemos isso com Eleven. Ela é destaque no centro da arte da capa do seriado por uma razão — ela é sua heroína central.

Joseph Campbell definiu a jornada do herói como uma busca universal e arquetípica na qual o indivíduo deve passar por vários limiares para crescer ou alcançar mais esclarecimento.

Há uma variedade de iterações dessa teoria, mas geralmente são mais ou menos assim: primeiro, o herói deve aceitar ou responder ao chamado da aventura (muitas vezes, isso ocorre quando alguém é apresentado a um mentor ou guia); segundo, o herói encontra algum tipo de resistência; terceiro, o herói enfrenta maiores desafios ou obstáculos; quarto, há algum tipo de crise suprema e culminante; quinto, o herói é transformado ou renascido; sexto, ele deve sintetizar ou processar o significado de sua jornada e transformação; e sétimo, ele deve retornar e de alguma forma usar o novo conhecimento ou poder que ganhou para ajudar seus semelhantes. É fácil ver com que proximidade a jornada de Eleven em *Stranger Things* segue esse arco.

Mas não é apenas Eleven quem embarca na jornada de um herói. Enquanto ela é a heroína central da série, cada personagem é desenvolvido o suficiente para ter sua própria identidade, suas habilidades e seu propósito. Esse, de fato, é o conceito de "o bando de aventureiros" de *Dungeons & Dragons*.

Todo mundo tem um papel a desempenhar. Nós vemos esses papéis se desenrolando no final da segunda temporada como uma orquestra cuidadosamente conduzida.

Hopper quase se mata navegando pelos túneis subterrâneos tóxicos que levam ao Mundo Invertido e depois serve como o braço direito de Eleven quando ela fecha o Portal. Bob sacrifica sua vida para recuperar a eletricidade no Laboratório Nacional de Hawkins. Steve cuida das crianças (levando uma surra no processo). Dustin impede que Dart mate seus amigos. Lucas se recusa a ser intimidado por Billy. Max põe fim à violência de seu irmão. Joyce e Mike ajudam a exorcizar o Devorador de Mentes. E Nancy e Jonathan expõem o Laboratório e se vingam por Barb.

Todos contribuem, e toda contribuição é crucial para o sucesso da missão. Essa é a beleza do seriado. Claro, *Stranger Things* possui monstros extraterrestres e conceitos sobrenaturais, mas seu apelo central fica a cargo de seus personagens. São os personagens que nos fazem continuar assistindo. São os personagens que fazem os anos 1980 ganhar vida com tanta vitalidade. São os personagens que se parecem tão autênticos e familiares que acreditamos em sua busca. São os personagens que fazem a letra do Bowie parecer verdadeira:

> *Oh, we can beat them, forever and ever*
> *Then we can be heroes just for one day**

---

* Da música "Heroes", lançada em 1977. "Nós podemos vencê-los, para todo o sempre. Então, nós podemos ser heróis, apenas por um dia."

PLAYLIST
DUSTIN

CANÇÕES ESTRANHAS

1. Should I Stay or Should I Go
   THE CLASH
2. Another One Bites The Dust
   QUEEN
3. Break on Through (To The Other Side)
   THE DOORS
4. Heroes
   DAVID BOWIE
5. Disorder
   JOY DIVISION
6. Every Breath You Take
   THE POLICE
7. Boys Don't Cry
   THE CURE
8. Beat It
   MICHAEL JACKSON
9. Wake me Up Before You Go-Go
   WHAM!
10. My Generation
    THE WHO
11. Dancing With Myself
    GENERATION X
12. There is a Light that Never Goes Out
    THE SMITHS
13. Just Can't Get Enough
    DEPECHE MODE
14. Just What I Needed
    THE CARS
15. How You Like Me Now
    THE HEAVY
16. Free Fallin'
    TOM PETTY
17. Down Under
    MEN AT WORK
18. Heart of Gold
    NEIL YOUNG
19. Atmosphere
    JOY DIVISION
20. Let it Be
    THE BEATLES
21. In the Air Tonight
    PHIL COLLINS
23. Marquee Moon
    TELEVISION
24. Don't Look Back
    BOSTON
25. I'm Not Down
    THE CLASH

DUNGEONS & DRAGONS
em STRANGER THINGS

por Thiago Shinken

Acontece rápido demais, como um atalho pelo tempo, como quase tudo o que experimentamos em *Stranger Things*.
Em menos de trinta segundos somos apresentados às enormes torres de concreto e antenas parabólicas do Laboratório Nacional de Hawkins. Com um pouco mais de tempo (entenda por isso, alguns outros segundos) somos lançados dentro dos corredores oscilantes e fracamente iluminados da Estação de Energia. Ao que parece, chegou a hora de acompanharmos o desespero de um dos cientistas. O homem de jaleco parece preocupado, treme: tudo bem, ele está em pânico. E com menos de dois minutos…

— *Ahhhhh!* — gritamos junto com ele.

O que viria em seguida? Mais gritos? Sangue? O monstro assassino (que até então só poderíamos chamar de monstro assassino)?

Nada disso. O que aparece a seguir é um irrigador automático, que estranhamente executa uma trilha sonora paranoica que poderia muito bem ter saído da mente igualmente paranoica de John Carpenter. Mas é só depois, quando já estamos seguros, sentados sob as luzes quentes de um porão em companhia daqueles que seriam nossos melhores amigos por muito tempo, que somos apresentados ao icônico jogo de RPG que nos guiaria pela série.

Como perceberíamos depois de apenas um minuto de jogo (quase exatamente um minuto, você pode conferir), um dos elementos mais fundamentais de *Stranger Things* seria essas sessões de *Dungeons & Dragons* jogadas, ou melhor dizendo, *vivenciadas* pelos garotos. Apesar de serem momentos breves dentro da extensão da série, eles são cruciais, e servem como uma janela para a percepção dos protagonistas, como uma forma de prever os acontecimentos futuros da temporada.

E como bons fãs obcecados de *Stranger Things*, nós vamos um pouco mais fundo nessa história.

JOSEPH VOGEL

STRANGER FANS

O início dos RPGs como conhecemos

Lançado em 1974, D&D se tornou um épico consagrado entre os fãs

01. *Dungeons & Dragons* foi lançado em 1974, criado por Gary Gygax e Dave Arneson. Por décadas acreditou-se que D&D fosse o primeiro RPG, mas o documentário *Secrets of Blackmoor* estabelece que o grupo de Arneson já usava esse modelo desde os primeiros jogos em *Braunstein*, de David Wesley, em 1969.

Nos anos 1970, existiam muitos *wargames*. Nesses jogos, os jogadores assumiam o controle de exércitos, normalmente reconstruindo batalhas que realmente aconteceram. O *Braunstein* de Wesley era incomum em alguns aspectos: havia uma preocupação com o que acontecia fora do campo de batalha, os jogadores assumiam funções dentro do mundo de jogo (como prefeito ou reitor de universidade) e o cenário era a fictícia cidade de Braunstein, na Alemanha. Wesley atuava como juiz, arbitrando as ações dos jogadores e improvisando regras quando necessário.

Do *Braunstein*, D&D trouxe a figura do juiz. Agora chamado "Dungeon Master" ("Mestre da Masmorra", mas mais frequentemente "Mestre do Jogo" ou apenas "Mestre"), esse jogador tem o papel de descrever o cenário do jogo para os demais, arbitrar os resultados de suas ações e aplicar as regras de forma justa. Em *Stranger Things*, quem detém essa função é Mike Wheeler, e tanto no jogo quanto fora dele, cabe a Mike apresentar as regras e os cenários aos demais.

A partir dessas raízes de *Braunstein* e D&D, um novo tipo de jogo surgiu. É o *role-playing game* ["jogo de interpretação de papéis", em tradução livre], hoje mais difundido pela sua influência na indústria do videogame. Em sua versão analógica, hoje conhecida como RPG de mesa, jogadores se reúnem para interpretar personagens em um cenário ficcional e criar juntos uma história. Como veremos em breve, existem particularidades e tendências nesse modelo que dialogam diretamente com a estrutura narrativa de *Stranger Things*.

Por décadas acreditou-se que D&D fosse o primeiro RPG, mas o incomum Braunstein, de David Wesley, já trazia estruturas similares em 1969

Classes

O elo de personalidade entre os jogadores e seus personagens

02. Os personagens de D&D são definidos, principalmente, por suas classes. As classes são arquétipos a serem assumidos pelos personagens dos jogadores, baseados em várias fontes de fantasia, incluindo *O Senhor dos Anéis*, de Tolkien, *Lankhmar*, de Fritz Leiber, *Elric*, de Michael Moorcock e *Dying Earth*, de Jack Vance.

A função principal das classes é determinar o que cada personagem pode fazer de forma facilmente identificável. É muito mais rápido e fácil explicar que um personagem é um mago do que falar que ele "conjura magias por meio do estudo de um grimório e da manipulação de energia arcana". Isso ajuda Mike (nosso Mestre do Jogo) a explicar a dinâmica de seu grupo de amigos para Max, na segunda temporada.

Como cada classe obtem formas distintas de treinamento e arquetipicamente conviveu com camadas diferentes da sociedade, é possível inferir o comportamento e a personalidade de um personagem a partir de sua classe. Espera-se que um Ladino esteja sempre preparando seu próximo esquema, que um Druida deseje estar em contato com a natureza, e que um Paladino seja inclemente contra o mal. Isso permite que, em vez de desenvolver personagens ficcionais complexos, os jogadores usem a si próprios como base para seus personagens no mundo de jogo. Em vez de ter que pensar sobre onde seu personagem nasceu, do que ele gosta e o que ele teme, é mais fácil pensar apenas "sou eu, mas eu sou um guerreiro num mundo de fantasia". Essa parece ser a postura adotada pelos personagens da série. Will, por exemplo, chama seu mago de "Will, o Sábio".

> **As classes são arquétipos a serem assumidos pelos personagens dos jogadores, baseados em várias obras de mestres fantásticos, como Tolkien, Leiber, Moorcock e Vance**

Essa identificação direta entre os jogadores e seus personagens facilita o uso dos eventos da série como prenúncio do que vai ocorrer na sequência. A instância mais óbvia acontece logo no começo, quando o personagem de Will falha na sua tentativa de usar a bola de fogo e acaba sendo derrotado pelo Demogorgon. Logo depois, o próprio Will é capturado pelo "monstro assassino" que seus amigos acabariam batizando de Demogorgon.

JOSEPH VOGEL

O olhar da fantasia

A nomenclatura de D&D é crucial para entrar no universo de Stranger Things

03. Quando interagem com o Mundo Invertido, a maior parte das pessoas de Hawkins não tem nenhuma base de vocabulário para descrever a vasta gama de estranhezas contida naquele cenário. O mesmo não acontece com os jogadores da mesa de D&D de Mike Wheeler. Familiarizados com o jogo, eles traçam paralelos entre seus elementos fantásticos e aquilo que encontram nessa outra dimensão, chegando inclusive a usar o manual do jogo para obter pistas.

Como dissemos há pouco, é usando a nomenclatura de *Dungeons & Dragons* que os meninos batizam o monstro que levou Will como Demogorgon. No jogo, trata-se de um lorde demônio de duas cabeças, senhor da 88ª camada do Abismo. No passado, o Demogorgon tinha apenas uma cabeça, mas que foi dividida em duas durante uma batalha. Desde então, as duas cabeças disputam pelo domínio. Apesar do conflito interno, nenhum outro demônio consegue superar o Demogorgon e assumir seu posto autodeclarado de Príncipe dos Demônios. Todo esse poder não foi o bastante para salvá-lo da derrota nas mãos do habilidoso espadachim drow Drizzt Do'Urden.

Na segunda temporada, a mesma coisa acontece com o novo antagonista, chamado de Devorador de Mentes. No jogo, os Devoradores de Mentes são uma grande comunidade de criaturas humanoides com tentáculos ao redor das bocas, conhecidos como ilítides. Eles vivem sob o jugo de um cérebro anciao que os une numa espécie de mente coletiva, de colmeia, influenciando todas as suas decisões. Os ilítides possuem ainda imensos poderes psíquicos, sendo capazes de atordoar inimigos com uma rajada mental, mas são realmente temidos pela sua habilidade de devorar os cérebros de seus oponentes após enredar suas cabeças com tentáculos. Em algumas versões do jogo, os ilítides são ainda mais assustadores; eles seriam o futuro da humanidade, tendo dominado todo o espaço conhecido. Confrontando uma ameaça insuperável, eles teriam voltado ao passado para tentar restabelecer seu reino com antecedência.

Outro exemplo do jogo está na habilidade que Will adquire de vislumbrar o Mundo Invertido. Os meninos rapidamente a relacionam com uma das magias do jogo, a "visão verdadeira" ou "visão da verdade". A poderosa magia permite que o usuário veja na mais completa escuridão, e através de ilusões, perceba criaturas etéreas, detecte portas escondidas e até consiga entrever criaturas invisíveis. Embora em outras versões do jogo ela seja uma magia disponível para os magos, na versão que os meninos de Hawkins jogam ela é exclusiva para os clérigos. Dessa forma, embora Will tenha essa habilidade, seu personagem no jogo não pode conjurar a magia homônima.

Curiosamente, um dos paralelos mais famosos não consta nos livros consultados, pelo menos não da forma mostrada na série. Embora exista um lugar chamado Vale das Sombras no videogame *Icewind Dale,* baseado em D&D, ele tem muito pouco a ver com a dimensão alternativa. Além disso, o videogame foi lançado em 2000, dezessete anos depois dos eventos da série.

Porém, existe em D&D uma dimensão relacionada com sombras que é um reflexo do plano material. Chamada no game de plano das sombras, semiplano das sombras ou pendor das sombras, dependendo da versão do jogo, ela se encaixa perfeitamente na descrição usada pelo seriado como sendo o Mundo Invertido. Uma descrição detalhada do semiplano das sombras aparece pela primeira vez em *Unearthed Arcana,* de 1985, mas ele já era citado no *Monster Manual II,* de 1983, onde os meninos poderiam ter lido a respeito.

Fechando o ciclo

04. Depois de D&D influenciar *Stranger Things* de tantas formas, o sucesso do seriado tornou inevitável que o RPG fosse influenciado também. A Wizards of the Coast, publicadora de games americana, anunciou o lançamento do *Stranger Things Dungeons & Dragons Starter Set*. O produto é uma nova versão do conjunto inicial da quinta edição de D&D, feito para apresentar o jogo a novos jogadores.

Esse conjunto inicial inclui um manual de regras, um conjunto de dados, uma aventura completa e algumas fichas de personagem prontas. Embora a primeira versão do conjunto inclua a aventura *The Lost Mines of Phandelver*, essa nova versão tem a mesma aventura que Mike preparou para seus amigos, incluindo o confronto final com o Demogorgon. As fichas são as dos personagens com os quais os meninos jogaram na série, criando oportunidades interessantes para várias formas de metalinguagem.

Além disso, o conjunto inclui ainda duas miniaturas do Demogorgon. Uma já vem pintada e pronta para uso, enquanto a outra pode ser customizada da forma que você preferir.

Com um pouco da imaginação dos nossos amigos, talvez as novas gerações possam usar esse material para, daqui a trinta ou quarenta anos, criar sua própria versão do Mundo Invertido, definindo novas regras e magias que nos permitam manipular a realidade por algumas horas. Algo que, sem dúvida, qualquer Mestre do Jogo aprovaria.

ANATOMIA DEMOGORGON

FILOGENIA: ESTRANHA EVOLUÇÃO

por Rafael Ângelo

1 O organismo denominado Demogorgon tem estágio de vida bem definido em metamorfoses. Podem ser identificadas as fases de pupa, larvária, seguindo para fase quadrúpede caudal jovem e bípede adulto sem cauda.

2 A pensar que o espécime seja nativo da dimensão chamada Mundo Invertido, pressupõe-se que demonstrou total adaptabilidade à caça com o olfato ou outro dispositivo de captação de informações do ambiente extremamente acurado, que identifique sangue. E, devido à escassez de alimento, tenha a capacidade de reduzir seu metabolismo a quase total anulação, entrando em estado de dormência, enquanto aguarda um ambiente favorável para sair desse estado e seguir com seu metabolismo e desenvolvimento normais. Esse estado de dormência pode estender-se por tempo indeterminado e ocorre também com plantas e alguns animais extremamente resistentes, como o urso d'água.

3 A estrutura do aparelho bucal com abertura radial, dentes presentes em todas as extensões dos prolongamentos labiais indicam que o Demogorgon provavelmente engole suas presas inteiras; seus dentes auxiliam apenas na fixação da presa. Outra possibilidade é que o tipo de dentição do Demogorgon também possa ser considerado de raspagem, em que ele raspa a carne dos ossos. Isso justificaria a cena em que o vemos se alimentando do cervo morto (capítulo 5 "A Pulga e o Acrobata"). Essa dentição pode ser vestígio de um passado de endoparasitose, ou seja, que na ancestralidade do Demogorgon ele tivesse sido um parasita, vivendo no interior de outro organismo e utilizando a estrutura bucal como fixador nos tecidos internos do hospedeiro, como ocorre hoje com o verme *Taenia solium*, conhecida como Solitária.

4 A série nos apresenta um organismo com dois tipos de comportamento social: predador isolado e operário de estrutura de sociedade complexa, que segue funções bem determinadas por uma "rainha", como em uma colmeia. Considerando que nunca houve um comportamento de predador isolado, mas sim que apenas a nossa ótica sobre as ações de um indivíduo em específico foi vista, como uma abelha que sai da sua rotina ao se deparar com açúcar, poderíamos conceber que toda a colônia de Demogorgons "maturou" quando o primeiro deles percebeu no ambiente a disponibilidade de alimento, misturando assim dois comportamentos, mas dentro de um contexto ecológico concebível.

5 A reprodução apresentada infere que o Demogorgon utiliza-se de esporulação: liberação de esporos no meio que culminam em uma fase de desenvolvimento em casulo tanto no ambiente externo do Mundo Invertido, quanto no interior do organismo humano como ocorre com Will Byers. O desenvolvimento, aparentemente, é facultativo de um hospedeiro, uma vez que se tem um exército de Demogorgons que se desenvolveram independente dessa característica. Outra possibilidade é que o hospedeiro seja necessário na nossa dimensão pelas condições de exposição à radiação ultravioleta do Sol, ausente no Mundo Invertido.

6 É possível que exista tertoxicidade no Demogorgon uma vez que nos é revelado que a atmosfera do Mundo Invertido é prejudicial a humanos, mas isso carece de dados.

7 O Demogorgon bebeu de várias fontes de predadores que, no subconsciente humano, são aterrorizantes. Ele tem extrema agilidade e hábitos noturnos, repugnância parasitária, mudança por metamorfose, o que dificulta a padronização que nos conferiu sobrevivência. Assim, pode-se dizer, que ele é uma amálgama do Nemesis perfeito para o inconsciente humano.

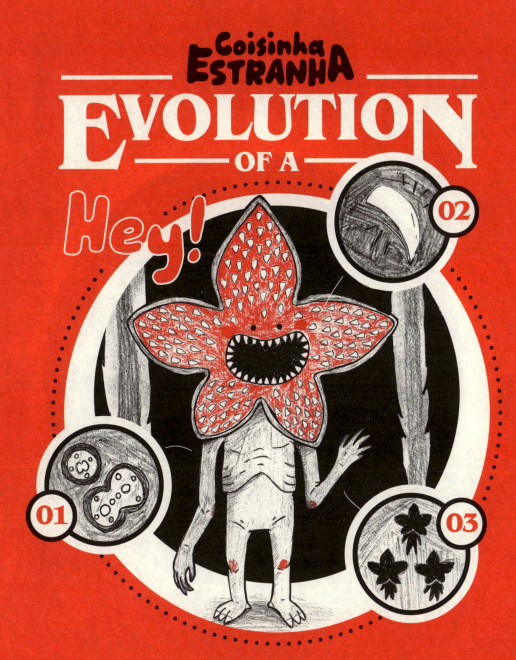

STRANGER & ELDRITCH
CONECTADOS: ARKHAM E HAWKINS

por Ramon Mapa

Quando a *Astounding Stories* publicou, no ano de 1936, o conto "A Sombra vinda do tempo", de H.P. Lovecraft, a revista estampou na capa uma ilustração do artista Howard V. Brown retratando um dos principais elementos da história, a antiga raça de Yith, seres sencientes capazes de projetar suas mentes para corpos de outros seres em outras épocas. A ilustração, bem ao estilo das revistas pulp da época, mostra os membros da grande raça como cones pescoçudos, com três olhos em uma cabeça redonda encimada por três antenas e braço terminando em pinça, como um caranguejo. É algo bem ridículo, na verdade, que poderia muito bem figurar naquela versão horrível de *Masters of the Universe*, de 1987, com Dolph Lundgren no papel de He-Man. A ilustração de Brown é só um dos exemplos de como é difícil adaptar as ideias de Lovecraft para qualquer mídia visual. Com suas longas descrições de seres e lugares que não lembram nada do que existe na Terra, Lovecraft é quase "intraduzível" para formas de arte que dependem da imagem.

Isso explica, em parte, porque, até hoje, o filme lovecraftiano de maior reconhecimento é *Re-Animator*, de Stuart Gordon, do ano de 1985. O filme funciona porque adapta um conto de Lovecraft que, apesar de seus méritos, é pouco representativo da obra do autor. É um conto em que o horror cósmico, a grande contribuição de Lovecraft para a literatura, mal é arranhado. O filme, por sua vez, investiu no caráter de paródia de *Frankenstein* da história, carregando no *gore* e no pastelão, antecipando aquela mistura de terror e comédia que no Brasil ganharia a péssima alcunha de "terrir". As tentativas de se levar as obras principais de Lovecraft para o cinema foram, para falar de forma lisonjeira, frustrantes. Mas, é claro, para além das adaptações diretas dos contos, temos a influência do autor na criação de monstros, no desenvolvimento de personagens e ambientes e até mesmo em momentos das narrativas, gerando boas ideias. Filmes bons, como *Cloverfield*, de 2008, ou ótimos, como *Alien* (1979) e *O Labirinto do Fauno* (2006), têm lá seu "cheirinho" de Lovecraft.

Com suas longas descrições de seres e lugares que não lembram nada do que existe na Terra, Lovecraft é quase "intraduzível" para formas de arte que dependem da imagem.

Para além do cinema, outras obras visuais usaram muito bem a influência do cavalheiro de Providence, como no quadrinho *A Liga Extraordinária,* de Alan Moore e do desenhista Kevin O'Neal. Do mesmo Moore, agora com Jacen Burrows na arte, o polêmico *Neonomicon* e o monumental *Providence. Hellboy,* de Mike Mignola, fanático por Lovecraft assumido, é também carregado de referências. Nos mangás, *Uzumaki* e boa parte da obra do mestre Junji Ito. Nos games, o magistral *Bloodborne*, em que Hidetaka Miyazaki criou, talvez, a maior obra lovecraftiana não escrita por Lovecraft. Na TV, é impossível não destacar a brilhante primeira temporada de *True Detective*, que estreou na HBO trazendo um pessimismo antinatalista baseado em Thomas Ligotti, um autor que destilou Lovecraft por anos até chegar à sua própria filosofia na qual a consciência é vista como o maior dos horrores. A série ainda trazia o Rei de Amarelo, do livro homônimo de Robert Chambers, que Lovecraft admirava tanto que incorporou ao seu universo. Com um tom completamente diferente, *Stranger Things* é outra obra em que podemos perceber os tentáculos, digo, *dedos*, de Lovecraft.

A influência de Lovecraft comum a todas essas obras está na construção da ambientação. E nisso, *Stranger Things* é especial. Não apenas porque usa de forma muito inteligente as referências diretas a Lovecraft — isso os outros exemplos acima também fizeram —, mas porque entende e se utiliza, como poucos trabalhos audiovisuais, de uma cidade claramente lovecraftiana, de um *lócus* de estranheza cósmica e transcendente, que acaba se tornando uma "personagem", uma parte da história tão central e importante quanto as próprias crianças.

Enquanto escritor consciente de suas próprias opções estéticas, Lovecraft sempre considerou mais importante a construção e o desenvolvimento do ambiente narrativo do que as ações narradas. Seus contos mais importantes, como "A cor que caiu do céu" ("The Colour Out of Space"), "O chamado de Cthulhu" ("The Call of Cthulhu") e "A sombra sobre Innsmouth" ("The Shadow Over Innsmouth"), não são simples coleções de peripécias e acontecimentos escabrosos, mas tentativas obsessivas de descrever ambientes e seres tão absolutamente opressivos e incompreensíveis, que o leitor se encontra inquirindo se sua sanidade suportaria um confronto com uma realidade tão limítrofe.

Para isso, Lovecraft se utilizava de um expediente que influenciaria, quase um século depois, os Irmãos Duffer em sua série: ambientar suas histórias em uma realidade completamente normal e provinciana que oculta em seu cerne, através de um véu de placidez e ignorância, a terrível verdade da insignificância humana perante um cosmos hostil ou inteiramente indiferente. A vida urbana americana do início do século XX é retratada por Lovecraft como segura e razoavelmente organizada, mas às voltas com ameaças cósmicas insuperáveis, que se manifestam na decadência racial, na corrupção da natureza ou na destruição da mente. Esse caráter *insular* dos territórios lovecraftianos também está presente em *Stranger Things.*

Hawkins funciona tão bem na tela porque é, talvez, desde *E.T. — O Extraterrestre,* a melhor representação

da vida suburbana americana. Essa vida que parece tão tranquila e pacata, mas que se desenvolveu como salvaguarda para os temores que, presentes na herança puritana do país, permeiam toda a sua psicoesfera. O medo do ermo, do escuro, da floresta, que abrigariam bruxas e demônios, que vemos tão bem retratado em *A Bruxa,* filme de 2015 dirigido por Robert Eggers, se mantém no século xx, adotando, em sua segunda metade, principalmente, outras formas: o medo do abuso científico, da guerra nuclear, dos assassinos em série. O estranho continua amedrontador, mas muda de natureza. Da mesma forma que em *A Bruxa* a *plantation* era um refúgio contra o mal que espreitava na desolação da floresta, o subúrbio se torna uma ilha fortificada contra a perversão da cidade grande, com sua oferta incansável de sexo, drogas e rock 'n' roll.

Mas, assim como nos contos de Lovecraft, em que aos poucos as cidades vão revelando sua verdadeira face, em *Stranger Things,* Hawkins, esse refúgio de nobres republicanos, se mostra, com o desaparecimento de Will Byers, bem mais do que parece ser. E os Duffer trabalham isso de uma forma que faria Lovecraft, que tentava trazer para seus contos a concepção do cosmos como uma realidade amoral, sorrir satisfeito. Não é que o Mundo Invertido seja mal, ele simplesmente existe, e suas criaturas fazem o que quaisquer seres vivos fariam para sobreviver. Não é uma simples oposição entre o certo e o errado. Hawkins e o Mundo Invertido são uma coisa só.

Stranger Things entende e se utiliza de uma cidade claramente lovecraftiana e que acaba se tornando uma "personagem", uma parte da história tão central e importante quanto as próprias crianças

Podemos, é claro, apontar em *Stranger Things* referências mais diretas aos contos de Lovecraft. A mais óbvia, é o Devorador de Mentes ou Monstro das Sombras que vemos na segunda temporada. Temos aqui uma entidade puramente lovecraftiana. Lovecraft criou seres de formas extremamente variadas, não apenas por sua aparência, mas por sua vacuidade, seu caráter indizível. Para usar um termo caro a Lovecraft, inominável. Não é à toa que é preciso emprestar outro nome de D&D para se referir a ele. É impossível não relacionar o Devorador de Mentes à criatura invisível de "O horror em Dunwich" ("The Dunwich Horror"). Mas temos muitos outros elementos lovecraftianos na série. A forma da cabeça do Demogorgon, por exemplo, remete às cabeças estreladas das criaturas encontradas no gelo em *Nas montanhas da loucura (At the mountains of madness)*; as plantações de abóboras putrefatas, que soltam esporos tóxicos e se estendem por quilômetros de túneis e terras devastadas, lembram os cultivos contaminados e decadentes de "A cor que caiu do céu" ("The Colour Out of Space"). A relação entre Hawkins e o Mundo Invertido, que permite a comunicação de Will com sua mãe, remete às trocas entre "nossa" realidade e as "dimensões não euclidianas" em *Os sonhos na casa da bruxa (The Dreams in the Witch House)*, além de, claro, à *Kadath* e outras paragens das *Dreamlands* que Randolph Carter, assim como faz Eleven com o Mundo Invertido. As experiências científicas que levaram à descoberta do Mundo Invertido remetem a outro conto importante de Lovecraft, "Do além" ("From Beyond"), em que, por meio do estímulo da glândula pineal, um cientista consegue ver seres extradimensionais. Depois de um tempo, esses seres começam a perceber a presença do estranho, e o terror se inicia. Aliás, Lovecraft explorava bastante a ideia de que a curiosidade e o despudor científicos acabariam por revelar a insignificância do homem perante o cosmos, e que isso nos destruiria. Em *Stranger Things* a ciência é mostrada de forma bem semelhante.

Assim como acontece nos contos de Lovecraft, a cidade de Hawkins se mostra, com o desaparecimento de Will Byers, bem mais do que parece ser

Mas todas essas referências são menos importantes do que a presença diáfana de Lovecraft em todo o ambiente da série. Apenas Stephen King ocupa um espaço tão importante como influência em *Stranger Things*, e ele aprendeu justamente com Lovecraft a explorar o terror presente nos detalhes mais sutis do cotidiano. Por isso a presença tão massiva da cultura pop dos anos 1980 na série. Nunca foi um mero *fan service* ou uma forma lúdica de trazer para a história elementos familiares aos autores. Nenhuma outra geração se definiu tanto por sua relação com a cultura pop como a dos anos 1980. O cinema, a música, a TV e os videogames moldaram o cotidiano de crianças e jovens que, na liberdade e segurança relativas dos subúrbios, podiam fantasiar aventuras como aquelas que consumiam todos os dias. Guerras estelares e batalhas medievais eram a rotina dessas crianças, que cresceram misturando fantasia e realidade como nenhuma outra geração.

Assim como Lovecraft conseguia, por meio da construção realista de suas ambientações, dar mais peso ao estranho e ao bizarro quando ele surgia em seus contos, os Duffer alcançam densidade semelhante ao recriar, com tamanho esmero, a infância suburbana americana da década de 1980. Hawkins é um portal para o cosmos, com tudo de grandioso e terrível que ele abarca, da mesma forma que Arkham e Innsmouth. São cidades tão reais porque só existem em nossa imaginação. E lá, quem sabe, elas são cidades próximas, vizinhas. A uma corrida de bicicleta uma da outra.

ESTRANHOS BRINQUEDOS
CRIANÇAS PARA SEMPRE

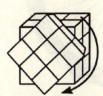 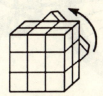 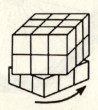

Assistindo a *Stranger Things*, rapidamente somos colocados em uma máquina do tempo, e tudo o que surge ante nossos olhos ganha o status de sagrado, místico e nostálgico. Mas você ficaria surpreso com a idade avançada de alguns brinquedos que aparecem na série, enquanto Eleven recebe a ajuda dos garotos para fugir de seu "Papa", dr. Martin Brenner.

Segundo estudiosos, a primeira bicicleta foi chamada em seu país de origem, a França, de "cavalinho-de-pau" e surgiu em Paris no ano de 1818. Essa primeira versão não tinha pedais e era basicamente uma receita infalível para testar a dureza do chão.

Os chamados "videogames" surgiram centenas de anos mais tarde, e o primeiro deles foi o *Tennis for Two* [*Tênis para dois*, no Brasil]. O maior dos problemas dessa invenção de 1958 era que o primeiro jogo eletrônico precisava de computadores e da tela de um osciloscópio para funcionar, e tudo isso para que o empolgado "operador" batesse em uma bolinha branca com seu traço vertical que, com muito esforço imaginativo, representaria uma raquete. Empolgante, não? Pois é, sabemos também que não.

Já os jogos de tabuleiro existiam em civilizações como Egito e Mesopotâmia há mais de 5 mil anos. Como você pode imaginar, é um pouco difícil datar qual foi (ou quais foram) os primeiros jogos da humanidade, mas o jogo *Mancala* se apresenta como um dos mais antigos, com mais de 7 mil anos de existência. No Brasil, os índios conhecem um jogo chamado *Jogo da Onça*, que tem sua origem provável entre os incas. Esse jogo foi encontrado entre os Bororos, no Mato Grosso, onde é conhecido como *Adugo*, bem como entre os Manchineri, no Acre, e os Guaranis, em São Paulo. Trata-se de um jogo de estratégia com um tabuleiro que é riscado no chão a cada partida. Uma

pedra representa a onça, e catorze outras representam os cachorros. O objetivo dos cachorros é imobilizar a onça, e o objetivo da onça é comer cinco cachorros.

De todas as diversões e entretenimentos considerados "mais comuns", talvez o RPG seja o único essencialmente recente, uma vez que surgiu em 1974, e sim, estamos falando justamente de *Dungeons & Dragons*, o jogo que indiretamente serve como um mapa, ou pelo menos como uma legenda, para as aventuras de nossos heróis em *Stranger Things*. Você já sabe, o capítulo sobre isso começa na página 193.

Quanto às bonecas e aos bonecos, embora não sejam conhecidos da Pré-História — porque possivelmente eram feitos em madeira ou em couro, materiais perecíveis —, é provável que nos acompanhavam nas cavernas. Os primeiros datáveis também vieram do Antigo Egito, no período situado entre 3000 e 2000 a.C., onde foram encontradas bonecas de madeira com uma forma que se assemelha a uma espátula, possuindo uma cabeleira farta, feita de fios de cabelo de verdade, provavelmente banhados na argila. A criação de bonecas com objetivos comerciais estruturou-se na Alemanha do século XV, nas localidades de Nuremberg, Augsburgo e Sonneberg, onde nasceram os *Dochenmacher* (fabricantes de bonecas). Foi também na Alemanha que se criou as casas de bonecas.

E então todas essas tecnologias voltadas à diversão se encontram onde? Ou melhor: quando?

Exatamente em 1980.

E aqui no Brasil, entre os intervalos do *Xou da Xuxa* e do programa do Bozo, as crianças eram bombardeadas por reclames esquisitos que as deixavam legitimamente encantadas com essas e outras tecnologias divertidas e, principalmente, *interativas*.

Em 1980, ninguém se divertia sozinho.

STRANGER MOVIES
A PEQUENA LOCADORA DE HORRORES

CHAMAS DA VINGANÇA
Firestarter • Mark L. Lester (1984)

A personagem de Eleven tem inspiração em Charlie McGee. Pirocinética desde que nasceu, Charlie cria e controla o fogo com a mente, e está a um passo de ser usada como arma militar pelo governo.

CONTA COMIGO
Stand by Me • Rob Reiner (1986)

A dinâmica do grupo de amigos de Hawkins se assemelha bastante com a dos quatro meninos de *Conta Comigo* que se deparam com um cadáver. A experiência e a amizade que se fortalece os transformam para sempre.

IT: A COISA
It • Tommy Lee Wallace (1990)

A obra de King segue firme na influência: os objetivos dos amigos do Maine (que precisam combater o mal ancestral na figura do palhaço Pennywise) e os de Hawkins (que confrontam o Demogorgon) também se cruzam.

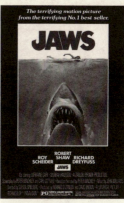

TUBARÃO
Jaws • Steven Spielberg (1975)

Ele tem dentes, é selvagem, e é praticamente invencível! Se a franquia *Alien* vendeu seu peixe como "um *Tubarão*, mas feito no espaço", o Demogorgon seria algo parecido com "um *Tubarão* vindo do Mundo Invertido".

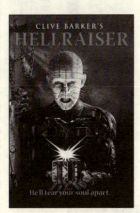

HELLRAISER: RENASCIDO DO INFERNO
Hellraiser • Clive Barker (1987)

Na obra criada por Clive Barker, nos deparamos com essa criatura horrenda e maligna, vinda de um universo paralelo de escuridão e dor. Apesar das diferenças conceituais, o Demogorgon traz a essência dos cenobitas: sofrimento.

UMA NOITE ALUCINANTE
The Evil Dead • Sam Raimi (1981)

No filme clássico de Sam Raimi fomos levados a uma cabana no meio do nada para redescobrirmos a possessão apresentada em *O Exorcista*. Em *Stranger Things*, foi a vez de Will Byers hospedar as criaturas do Mundo Invertido.

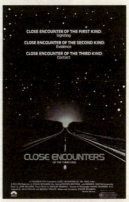

CONTATOS IMEDIATOS DE TERCEIRO GRAU
Close Encounters of the Third Kind • Steven Spielberg (1977)

Joyce Byers nunca desiste, e graças a ela não só reencontramos a influência de Steven Spielberg como renovamos nossa fé nas comunicações interdimensionais baseadas em maquetes e códigos luminosos. Obrigado, Joyce.

O VOO DO NAVEGADOR
Flight of the Navigator • Randal Kleiser (1986)

Nos cinemas de 1986, um garoto foi sequestrado por alienígenas, declarado como morto pelas autoridades e devolvido seis anos depois, sem ter envelhecido um único dia. Impossível não pensarmos em Will Byers.

* STAR WARS * CONTA COMIGO STEPHEN KING
* E.T. O EXTRATERRESTRE

01. ENIGMA DO OUTRO MUNDO - 1982
02. SCANNERS * SUA MENTE PODE DESTRUIR

* POLTERGEIST: O FENÔMENO HOOPER/ SPIELBERG
A HORA DO PESADELO - WES CRAVEN

01. A HORA DO PESADELO I * II * III
02. CONTATOS IMEDIATOS
03. DO ALÉM - GORDON

* IT - UMA OBRA PRIMA DO MEDO
01. HISTÓRIA SEM FIM - + CLIP TEMA

TUBARÃO - SPIELBERG
CLIP - NEW WAVE * POP *CLIP TRIP*

01. ACREDITE SE QUISER - JACK PALANCE
02. MANIMAL* THUNDERCATS + SUPER MÁQUINA

E.T.: O EXTRATERRESTRE
E.T. • Steven Spielberg (1982)

Vamos começar pelas perseguições do governo. Mas também temos um extraterrestre, bicicletas, poderes psíquicos e uma porção de desculpas esfarrapadas para os pais. Oh, e a peruca loira de Eleven!

A HORA DO PESADELO
A Nightmare on Elm Street • Wes Craven (1984)

O que é o que é: tem garras, é praticamente invencível e te ataca mesmo no mundo dos sonhos? Se você disse Demogorgon, acertou em cheio, mas lembre-se que o grande professor dessa matéria chama-se Freddy Krueger.

DO ALÉM
From Beyond • Stuart Gordon (1986)

Um cientista vasculha uma dimensão proibida e começa a trazer terríveis formas de vida para o nosso mundo. Troque o Resonator original por um aparato do governo e voilà: tenha seu próprio Demogorgon!

A FÚRIA
The Fury • Brian De Palma (1978)

Claramente De Palma tentou repetir o êxito de *Carrie: A Estranha*, mas a influência da dobradinha governo e poderes psíquicos é fundamental no universo incrível de *Stranger Things*.

ENIGMA DO OUTRO MUNDO
The Thing • John Carpenter (1982)

Alienígenas monstruosos e cheios de baba estão à solta, mas nada nos incomodou mais que a paranoia constante entre a equipe de cientistas. Em Hawkins, esses mesmos ingredientes ainda nos fazem tremer.

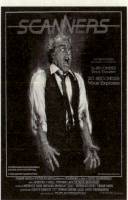
SCANNERS
Scanners • David Cronenberg (1981)

Poderes mentais cultivados em laboratório sempre tiveram consequências terríveis, e um ótimo exemplo são os Scanners que explodiam cabeças e sangravam pelo nariz. Parece familiar? Pergunte a Eleven.

POLTERGEIST: O FENÔMENO
Poltergeist • Tobe Hooper (1982)

Em 1982, a parceria Hooper/Spielberg estava em alta. Se em *Contatos Imediatos* falamos com os extraterrestres, o Poltergeist de Hooper nos permitiu falar com os mortos. Joyce Byers deve conhecer bem de perto esses filmes.

STAR WARS: EPISÓDIO V
Star Wars V • Irvin Kershner (1980)

Na saga de George Lucas, a princesa Leia é protegida por um grupo de rebeldes revolucionários. Em *Stranger Things* foi a vez de Eleven receber ajuda de renegados punk-new-wave para se salvar.

VHS STRANGER MOVIES
A PEQUENA LOCADORA DE HORRORES

VHS STRANGER MOVIES
A PEQUENA LOCADORA DE HORRORES

OS GOONIES
The Goonies • Richard Donner (1985)

Aqui a ameaça não vem do governo, mas do setor imobiliário — o que não impede perseguições de bicicletas, amizades verdadeiras, assassinos perigosos e uma participação muito especial em *Stranger Things*.

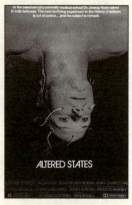

VIAGENS ALUCINANTES
Altered States • Ken Russel (1980)

Experimentos do governo são constantes em Hollywood, mas Câmaras de Privação Sensorial são bem menos comuns. É o que Eleven experimenta quando precisa mergulhar fundo no Mundo Invertido.

ALIEN, O OITAVO PASSAGEIRO
Alien • Ridley Scott (1979)

O *Tubarão* espacial não só entrou na composição física do Demogorgon como emprestou alguns ovos estranhos, sua saliva e o confronto com uma heroína inesquecível. Os fãs de ficção científica que sabem.

A BRUMA ASSASSINA
The Fog • John Carpenter (1980)

Os produtores já declararam que a terceira temporada da série é baseada em Carpenter: existe a transcomunicação pelo rádio e o nevoeiro, mas a influência de John Carpenter atua em muitos outros aspectos de *Stranger Things* também.

MAD MAX
Mad Max • George Miller (1979)

O apelido da recordista do fliperama poderia ser só um pequeno aceno ao filme de George Miller, mas *Mad Max* também está presente no temperamento veloz de Maxine e nas máquinas envenenadas de seu irmão metaleiro Billy Hargrove.

OS GREMLINS
Gremlins • Joe Dante (1984)

Quando o lagartinho fofucho de Dustin é batizado de D'Artagnan, todo mundo imagina o pior. E aí o bicho se torna um monstro, no melhor estilo *Os Gremlins*. A coisa toda só ficaria pior se D'art se multiplicasse na água.

CARRIE: A ESTRANHA
Carrie • Brian De Palma (1976)

Quando ela aparece na tela, surge estranha e socialmente inapta. Tem poderes mentais incríveis, um problema sério em casa e está descobrindo seu próprio corpo. Eleven, certo? Mas poderia ser Carrietta White.

OS CAÇA-FANTASMAS
Ghostbusters • Ivan Reitman (1984)

Premissas foram mantidas: a caça aos monstros, os fantasmas, o portal para o outro mundo. Mas o que nos fez gritar foram os meninos vestidos a caráter com a trilha sonora original. Ghostbusters!

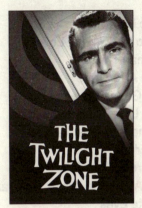

ALÉM DA IMAGINAÇÃO
The Twilight Zone • Rod Serling (1959)

Pessoas comuns colocadas em situações extraordinárias promovendo resoluções notáveis. Se isso não define Hawkins e seus habitantes, nada mais o fará. *Além da Imaginação* é mais que uma influência, é uma bíblia.

O EXTERMINADOR DO FUTURO
Terminator • James Cameron (1984)

O assassino russo de *Stranger Things* é praticamente um rascunho do Arnold Schwarzenegger de 1984. Isso inclui armas, jaquetas, óculos escuros e a atitude incansável em exterminar Hopper e Joyce.

A MOSCA
The Fly • David Cronenberg (1986)

Cronenberg é um dos grandes nomes do *body horror*, e *A Mosca* é considerado um dos melhores. Além do uso de efeitos práticos parecidos, o pápa de Eleven, Martin Brenner, é claramente uma referência física ao diretor.

O ILUMINADO
The Shining • Stanley Kubrick (1980)

Quando Bruce-Machista persegue Nancy e Jonathan pelo hospital e quebra uma porta, encaixa o rosto e fala um sombrio "Oi, vocês", já sabemos para onde olhar. Some a referência com as portas vermelhas e os poderes mentais descontrolados.

217

SOUNDTRACK 1980

- **TIFFANY** • I Think We're Alone Now
- **MILLI VANILLI** • Girl You Know It's True
- **BIZ MARKIE** • Just a Friend
- **TEARS FOR FEARS** • Everybody Wants to Rule...
- **DEF LEPPARD** • Pour Some Sugar on Me
- **WHITESNAKE** • Here I Go Again
- **U2** • With or Without You
- **THE CARS** • Drive
- **HUEY LEWIS & THE NEWS** • 'The Power of Love'
- **GRACE JONES** • Pull Up to the Bumper
- **NU SHOOZ** • I Can't Wait
- **PHIL COLLINS** • In the Air Tonight
- **BONNIE TYLER** • Total Eclipse of the Heart

- **JOURNEY** • Don't Stop Believin'
- **FOREIGNER** • I Want to Know What Love Is
- **ROXY MUSIC** • More Than This
- **CYNDI LAUPER** • Time After Time
- **RICK ASTLEY** • Never Gonna Give You Up
- **NEW ORDER** • Bizarre Love Triangle
- **REM** • It's the End of the World as We Know It
- **RICK JAMES** • Super Freak
- **THE POLICE** • Every Breath You Take
- **FINE YOUNG CANNIBALS** • She Drives Me Crazy
- **HALL & OATES** • Private Eyes
- **GEORGE MICHAEL** • Faith
- **BRUCE SPRINGSTEEN** • Dancing in the Dark

DEXYS MIDNIGHT RUNNERS • Come On Eileen
PAT BENATAR • Love is a Battlefield
TINA TURNER • What's Love Got to Do With It
RUFUS AND CHAKA KHAN • Ain't Nobody
THE CLASH • Should I Stay Or Should I Go
THE CURE • Close to Me
LIONEL RICHIE • All Night Long
A-HA • Take on Me
TOTO • Africa
THE HUMAN LEAGUE • Don't You Want Me
SOFT CELL • Tainted Love
NENEH CHERRY • Buffalo Stance

BON JOVI • Livin' on a Prayer
KATE BUSH • Running Up That Hill
THE SMITHS • This Charming Man
FLEETWOOD MAC • Everywhere
SALT-N-PEPA • Push It
MADONNA • Into the Groove
PRINCE • When Doves Cry
MICHAEL JACKSON • Beat It
DAVID BOWIE • Modern Love
TALKING HEADS • Once in a Lifetime
WHITNEY HOUSTON • I Wanna Dance with Somebody
PET SHOP BOYS • West End Girls

JACOB BOGHOSIAN

O criador da logo de Stranger Things fala sobre seu processo criativo no Mundo Invertido

Jacob Boghosian é diretor de arte e designer da Califórnia, e foi o criador da logo de *Stranger Things* para a Netflix. Ele trabalhava em uma agência em Los Angeles quando ouviu falar pela primeira vez sobre uma nova série de TV que precisava mesclar nostalgia e originalidade.

DARKSIDE: Houve algum tipo de aproximação com a década de 1980 antes que você fosse escolhido para a equipe de *Stranger Things*?

JACOB BOGHOSIAN: Eu nasci nos anos 1980, por isso pude compreender bem a era enquanto crescia. Parece que havia um quê de inocência naquele período, o que pode ser um resultado de não ter esse acesso instantâneo à internet que se tem hoje. A vida parecia mais simples, o que dava mais liberdade e possibilidade de experimentação nas artes e no entretenimento. O sistema NES trouxe o início da cultura do videogame para a América do Norte, as cores na moda ficavam mais vivas e vibrantes, os filmes se voltavam cada vez mais para o gênero de ação, e a música era mais extravagante e enérgica do que nunca.

DARKSIDE: Uma coisa que sempre alucinou os meninos dos anos 1980 nas locadoras de VHS foi as capas dos filmes de terror. Tem alguma que seja inesquecível para você, sua favorita?

JACOB BOGHOSIAN: Eu cresci indo direto a locadoras como a Blockbuster. Todas as minhas escolhas de qual filme alugar foram baseadas nas capas das fitas VHS. Mas tem uma capa, pessoalmente a minha favorita, que é a do filme *O Enigma do Outro Mundo*, do John Carpenter. A capa em si só mostra a silhueta de uma pessoa com jorro de luz saindo da cabeça. Um conceito simples, que faz todo sentido depois que você assiste ao filme e entende as motivações por trás daquela arte. Essas experiências da juventude foram fundamentais para desenvolver a vontade de estudar design gráfico. Demonstra quanta influência e impacto a arte e o design exercem na nossa cultura.

DARKSIDE: Como todos sabem, *Stranger Things* é ambientada nos anos 1980. Você poderia dizer algum filme ou livro desse período que te marcaram ou inspirou de maneira irreversível?

JACOB BOGHOSIAN: Sinceramente, é difícil dizer um livro ou filme que me inspiraram de modo irreversível. Os anos 1980 nos deram alguns dos mais clássicos filmes da nossa geração. Foi o ponto alto de produções como *De Volta Para o Futuro*, *O Iluminado*, *Duro De Matar*, *Os Caça-Fantasmas* — para citar alguns —, que me marcaram no quesito de quão bem uma história pode se conectar com o público e assim transformar sua experiência.

DARKSIDE: O logo que aparece na abertura nos diz imediatamente qual década será pano de fundo para a série. Como foi a pesquisa tipográfica até que vocês encontrassem o resultado que vimos na tela? Quais foram as suas referências?

JACOB BOGHOSIAN: Os irmãos Duffer, criadores e produtores de *Stranger Things*, são pessoas muito detalhistas, eles basicamente expuseram o que queriam para a série em seus briefings criativos. Tiramos sugestões de suas anotações para que ficasse próximo ao estilo Stephen King, o que nos deu alguma norte para pesquisar a tipografia. A partir disso, fomos coletando o máximo de referências possível, passando

> "Os anos 1980 nos deram alguns dos mais clássicos filmes da nossa geração."
> — Jacob Boghosian

de capas dos romances do Stephen King até a pôsteres de filmes. Depois de coletadas essas referências, o trabalho foi encontrar as fontes corretas e colocá-las em diversas disposições, até que encontramos a nossa preferida, que foi a ITC Benguiat. No fim das contas, fizemos modificações na fonte ajustando os contornos do typeface para dar o efeito harmônico e único que se tornou o logo final.

DARKSIDE: Nesse processo inicial de criação vocês tiveram acesso a algum material já filmado ou produzido para "entrar no clima" da série? E depois, quais fontes de inspiração você usou? Música, filmes...

JACOB BOGHOSIAN: Nos estágios iniciais do nosso projeto, nos foi dado um briefing criativo e o roteiro de três episódios. Tudo isso aconteceu antes de qualquer produção, e ajudou muito a ajustar o tom da série para a nossa equipe. Nós usamos capas do Stephen King e pôsteres de filmes dos anos 1980 como inspiração para a criação do logo. Eu também escutei playlists e trilhas sonoras dos anos 1980 como inspiração enquanto desenhava as muitas opções de logotipo.

DARKSIDE: E a sua relação com o restante da equipe?

JACOB BOGHOSIAN: Na verdade, nós não temos nenhum contato com o restante da equipe de *Stranger Things*. O interessante de tudo isso é que o design da logo foi feito para ficar só em um *pitch deck* para promover todas as ideias de marketing que elaboramos para a série. Quando a Netflix viu a logo no *pitch deck*, eles compartilharam com os produtores, e em dois meses eles compraram de nós sem nenhuma revisão adicional.

DARKSIDE: Como você encara essa volta aos anos 1980? Nós acompanhamos muitos remakes, tantos deles, inclusive, do próprio Stephen King, o mestre do horror. Essa revisitação constante dos clássicos do passado te agrada?

JACOB BOGHOSIAN: Eu acho ótimo que estejamos revivendo os anos 1980 de alguma forma, mas, na minha opinião, é preciso muito cuidado ao fazer isso. Há uma geração que não teve a oportunidade de vivenciar, ter a experiência, desse período, e por isso acho que essa é uma ótima oportunidade para que eles tenham alguma noção do que foi a década de 1980. No entanto, acho que algumas coisas são clássicas por um motivo, e não devem ser refeitas ou revisitadas. Por exemplo, há motivos para repintar a Mona Lisa? Precisamos de um remake de *O Poderoso Chefão*? Eu entendo as motivações financeiras desses constantes remakes de clássicos, mas prefiro que criemos novas histórias e novas experiências. Precisamos definir a era na qual vivemos agora, para que quando estivermos no futuro e quisermos remontá-la, ela seja única e não só um remake do passado.

Estudos originais para a assinatura

REC

A B C D E F G H
I J K L M N O P Q
R S t U V W X Y Z

SIMBOLOGIA &
IMAGENS
ANÁLISE DO IMAGINÁRIO

Certos acontecimentos de *Stranger Things* têm diversos desdobramentos simbólicos, e a experiência com a série se expande quando entendemos as possíveis influências e correlações dessas imagens em mitos. Fruto de um grupo de estudos do nosso plano, este capítulo mostra como o imaginário foi utilizado por outras obras da cultura pop, como livros, filmes e games. É um outro tipo de "jornada de curiosidade", como colocaria nosso amigo Dustin, que tenta compreender os conceitos por trás das imagens usadas em *Stranger Things* para abrir os olhos para as minúcias mais significativas do time criativo dos Irmãos Duffer.

JOSEPH VOGEL

STRANGER FANS

As luzes e a trovoada

As luzes piscando são prelúdios
de uma grande desventura

por Flávia Gasi e Bhernardo Viana

01. Desde a primeira temporada, percebemos que as luzes piscando em *Stranger Things* sempre são um prelúdio de que algum infortúnio pode acontecer — talvez, justamente porque, se as luzes piscam, é porque podem se apagar. Quem sabe pra sempre. Ou seja, o mundo de sombras começa a atuar no universo de Hawkins. Outra coisa interessante é que, no caso de *Stranger Things*, a trovoada é sobrenatural — suas cores são esquisitas, o vermelho e o rosa, e ela acontece em um mundo diferente do nosso.

Para tentar entender essas luzes da trovoada, vamos começar com a imagem do trovão. Como símbolo, ele é geralmente associado na mitologia à destruição pelo poder divino. Os deuses considerados reis do trovão dividem esse método de destruição dramático instantâneo. Talvez os mais conhecidos sejam Zeus, da mitologia grega, e Thor, da mitologia nórdica. As duas figuras dividem certos paralelos, como serem os deuses importantes de suas castas, ambos aparecerem como senhores do trovão e serem figuras de autoridade. No entanto, as semelhanças acabam aí. Zeus é o deus supremo entre os olimpianos, enquanto Thor é o defensor dos asgardianos. Um é o monarca, o outro

é o guerreiro. Existe muita força no trovão que ambos empunham, mas não de uma maneira necessariamente maligna.

Pensando na tempestade que assusta, poderíamos citar Raijin da mitologia japonesa, o deus do trovão, do relâmpago e da guerra. Ele é considerado um deus mais demoníaco, desenhado com dentes e garras afiadas, cabelos longos e com um tambor para fazer os trovões. Em algumas lendas ele é descrito como um deus vermelho que adora comer umbigos humanos. Por isso, durante uma tempestade, o pais japoneses dizem a os seus filhos para esconderem seus umbigos, para não serem devorados pelo deus. Ele é acompanhado por uma criatura de eletricidade e uma de fogo. O que une esses três deuses é o seu poder destrutivo; o trovão é visto como uma imagem dura, que pode mudar o rumo das coisas.

Além do som poderoso, os raios são muitas vezes descritos como algo que "corta" os céus, portanto, são símbolos de ruptura e de divisão. O trovão é, geralmente, um prelúdio de chuva, e isso é bastante explorado em várias mídias e obras, que usam o trovão como um símbolo para algo que acordou, ou como aviso de que algo destrutivo está para acontecer. Por exemplo, pense nos trovões antes de Frankenstein se levantar (no livro e nas adaptações cinematográficas), que dizem que o monstro está vivo e que servem também como advertência para os problemas que virão em decorrência disso. Se você viu o filme *Matrix*, talvez se lembre do relâmpago na tela, que surge logo depois de Neo tomar a pílula vermelha, anunciando que sua vida mudaria, ou então os relâmpagos com tempestade antes do último chefe de *Shadow of the Colossus*. Esses trovões profetizam: algo maligno está por vir, e pode não ser necessariamente o que você imagina.

> **A trovoada já carrega em si algumas características que podemos encontrar em outros mitos e lendas, como o seu poder destruidor, sua força e autoridade.**

Essa trovoada pode até ser traduzida como um alarme, uma forma de grito. Um dos pensadores da teoria do imaginário, Gaston Bachelard, diz que para compreender as imagens do grito, deve-se entender as imagens da tempestade: "Em seguida, tentaríamos aproximá-la de uma fenomenologia do grito animal. Aliás, muito nos surpreenderia o caráter inerte das vozes animais. A imaginação das vozes não escuta senão as grandes vozes naturais. Teremos, então, no detalhe mesmo, a prova de que o vento gritante está no primeiro plano da fenomenologia do grito. O vento de certo modo grita antes do animal, as matilhas do vento uivam antes dos cães, o trovão rosna antes do urso."[1] O autor, então, diz que a tempestade se assemelha muito ao vento que carrega aquela rosnada amedrontadora do animal. E isso dialoga bastante com *Stranger Things*.

A trovoada vermelha e rosa que aparece no primeiro episódio da segunda temporada ("MADMAX") já carrega algumas características que podemos encontrar em outros mitos e lendas, como o seu poder destruidor; sua força e autoridade; a possibilidade de fazer as luzes piscarem e talvez se apagarem; pode cortar o ar com garras afiadas como Raijin, servir como prelúdio para algo ruim que se aproxima; e ser o grito que precede o animal que amedronta.

Resta apenas entender porque dar ao trovão essa aura avermelhada. Nesse caso, podemos citar outro autor que estuda o imaginário: Gilbert Durand. E ele faz uma leitura bem interessante do símbolo da lua de sangue: "Os eclipses são mais ou menos universalmente considerados destruições, por mordedura, do astro solar ou lunar", como se o Sol ou a Lua estivessem sendo engolidos por uma espécie de criatura. Assim, ele continua: "Este animal que devora o Sol e esse Sol devorado e tenebroso parece-nos ser um parente próximo do Cronos grego, símbolo da instabilidade do tempo destruidor."[2]

Na mitologia grega, Cronos é um titã, filho de Urano, o céu estrelado, e Gaia, a Terra. Apesar de ser o mais jovem, Cronos era o rei dos titãs, e regia de forma bastante destrutiva; por exemplo, ele castrou o pai com um golpe de foice. Depois, casou-se com a sua irmã Reia, com quem teve seis filhos: as deusas Héstia, Deméter e Hera, e os deuses Hades, Poseidon e Zeus. O problema é que ele tinha medo de ser destronado, como o pai fora, então ele engolia seus filhos assim que nasciam. Zeus, é claro, conseguiu escapar, mas Cronos permanece conhecido como o tempo devorador. O vermelho da lua de sangue e o vermelho da trovoada de *Stranger Things* estão ambos associados ao sangue, a um poder maléfico, a algo que vem para devorar os humanos — como o diabo cristão. Portanto, o trovão vermelho pode ter esse mesmo significado, algo de poder destruidor ou sendo destruído, devorado, corroborando com a questão do presságio de algo negativo.

JOSEPH VOGEL

STRANGER FANS

A podridão da floresta

A floresta é sempre vasta e existe uma imensidão em sua imagem

por Flávia Gasi e Saulo Machado

02. O Mundo Invertido deturpa tudo aquilo que é considerado inocente, como a própria Eleven, por exemplo, ou os alimentos que comemos. Sua corrupção começa a vazar para Hawkins aos poucos, e vemos indícios disso na floresta. Para compreender por que é tão importante essa imagem de podridão que se alastra pelo verde, podemos começar pelas simbologias da floresta. Desde tempos antigos e religiões mais ancestrais, a floresta sempre foi considerada um santuário. Sacerdotes e sacerdotisas entravam na floresta para meditar, buscar refúgio, fazer rituais. Como coloca Durand: "A floresta é um centro de intimidade, assim como a casa, a gruta ou a catedral. A paisagem silvestre fechada é constitutiva do lugar sagrado. Todo lugar sagrado começa pelo 'bosque sagrado'."[3]

Da mesma forma, em muitas culturas, como a nórdica, por exemplo, a figura da árvore é a própria imagem da criação e da vida. A árvore vai até o subterrâneo com suas raízes, fica no mundo terreno, com o seu tronco, e vai até o céu com a sua copa; ela participa de todo o ciclo da vida. Entrar na floresta é explorar o lado terreno do desconhecido, podendo

> **A paisagem silvestre fechada é constitutiva do lugar sagrado. Todo lugar sagrado começa pelo 'bosque sagrado'.**

ser a viagem até o mundo subterrâneo, ou mesmo o subir até o cume. Entrar na floresta é perder-se em todo esse ciclo.

Em seu livro *A Poética do Espaço*, Bachelard comenta que: "Não há necessidade de permanecer muito tempo nos bosques para termos a impressão sempre um pouco ansiosa de que nos 'aprofundamos' num mundo sem limite.

Logo, se não sabemos aonde vamos, não saberemos mais onde estamos."[4] Esse desnorteamento acaba acontecendo porque a floresta é sempre vasta. Existe uma imensidão na imagem da floresta, como também na imagem do oceano.

Por conta dessa imagem de contemplação do todo e da questão ritualística, a floresta é considerada um local de magia — e isso não significa que é apenas magia do bem. Ela pode trazer armadilhas, ela pode fazer com que você se perca, como *Chapeuzinho Vermelho* e *João e Maria*. Em ambos os contos, os protagonistas encontram muito mais perigos do que imaginavam. Contudo, há a floresta que abriga, como em *Robin Hood*, por exemplo.

> **A floresta é considerada um local de magia — e isso não significa que é apenas magia do bem. Ela pode trazer armadilhas, e ela também pode abrigar**

Assim, faz todo o sentido que os meninos busquem por Will na floresta na primeira temporada, e que encontrem algo inimaginado lá. Também fica mais clara a relação de Eleven com a floresta: para ela, é um local de refúgio, onde ela pode se esconder do mundo externo e dos "homens maus". O encontro de Eleven com Mike, Lucas e Dustin também mostra como a floresta pode unir pessoas de universos completamente diferentes. E o fato de a corrupção do Mundo Invertido começar a aparecer nas árvores indica que isso pode ocorrer para o bem e para o mal.

Inclusive, demora muitos episódios para que a corrupção das matas seja percebida pelos humanos comuns, e não aqueles ligados (de alguma maneira) ao Laboratório Nacional de Hawkins. O que demonstra a questão da floresta como uma imensidão mística — muito pode acontecer por lá, e, em muitos casos, os meros mortais nem chegam a perceber. Quando a corrupção começa a ficar aparente, ela se dá por meio da colheita dos fazendeiros. A imagem da colheita sendo tomada pelo Mundo Invertido mostra que a podridão e a decadência vêm lentamente tomando conta da cidade e do mundo normal.

Há um nome em inglês comumente usado para a podridão que acontece em plantações: *blight* (malogro), e isso também pode ser visto como a ação de pragas (*plague*). Esse é um tema comum de filmes, games etc. Por exemplo: no game *Warcraft 3*, *blight* é a corrupção do solo causada pela praga do Lich Rei (um tipo de ser demoníaco que quer corromper tudo, para reinar depois sob os corrompidos), assim como existe a *blight* de *Dragon Age*, outro videogame — ambas vão tomando conta via solo ou abaixo do solo, como em *Stranger Things*. Malogro é uma magia necromântica de *Dungeons & Dragons*, que diz: "Energia necromântica que inunda uma criatura, à sua escolha, que você possa ver dentro do alcance, drenando sua umidade e vitalidade." Ou seja, corrompe a criatura e acaba com a sua vida.

No seriado, mais do que drenar a vida, a colheita a transforma, tem a presença de uma entidade maligna. Para Durand, as imagens podem ser classificadas a partir de como as vemos no mundo material: se são vegetais, animais e espaciais, e aquilo que elas refletem; nesse caso, a podridão, a devoração, o medo, a destruição e o conflito entre as trevas e a luz. Ou seja, aqui vemos a clássica batalha entre o bem e o mal: um mal que transforma a característica mágica da floresta em algo negativo, e que o faz para tomar as raízes da cidade e começar uma invasão.

Por conta disso, a podridão clama por heróis, para que permaneçam fortes frente ao inimigo enquanto viajam para o subterrâneo. O grande medo para o herói, nesses casos, é que ele se entregue às forças da podridão e se torne ele mesmo um corrompido. É por isso que Eleven passeia tanto entre heroína e monstro, há uma corrupção que chama por ela. Mas, diferentemente da clássica Jornada do Herói, ela pode enfrentar esse lado sombrio de outras formas — veja mais no capítulo *Eleven: Jornada da Heroína*, página 245.

JOSEPH VOGEL

STRANGER FANS

Os cipós do submundo

por Flávia Gasi e Siouxsie Rigueiras

03. Como vimos, o Mundo Invertido deturpa tudo aquilo que é considerado inocente, como a própria Eleven, por exemplo, ou os alimentos que comemos. Sua corrupção começa a vazar para Hawkins aos poucos, na floresta, e passa para as plantações. Na segunda temporada, vemos que sua presença é bem maior do que imaginávamos.

Quando o chefe de polícia, Jim, começa a procurar a explicação para o malogro, ele acaba perdido em um tipo de labirinto-caverna escuro, úmido e denso. Durante seu trajeto pelo local, descobre que existem cipós vivos com a capacidade de agarrá-lo, e ele acaba batalhando por sua vida.

Essa jornada para um mundo que existe embaixo dos nosso pode ser comparada a uma ida ao submundo. Algumas das descrições do folclore e dos mitos divide a terra em três (ou mais) partes: o mundo mediano, onde habitam os humanos; o mundo celeste, a morada dos deuses ascensionais, ou seja, das divindades que controlam ou podem controlar a vida dos humanos; e o mundo embaixo da Terra, onde geralmente ficam as divindades que podem controlar a morte dos humanos. O mundo de cima geralmente serve como espelho do mundo de baixo, em um tipo de inversão de papéis.

Por exemplo, no submundo de *Stranger Things*, os cipós ganham vida para que possam abafar a dos humanos. A natureza, vista como criadora, é uma potência incrível, como no conto grego de Gaia, a Mãe-Terra. Sozinha, Gaia gerou Urano (deus do céu), Ponto (deus das profundezas do mar) e as Óreas (deusas que personificam as montanhas). De acordo com Vernant,[5] em sua leitura do mito grego narrado por Hesíodo, a deusa mãe também gerou Urano, que seria seu igual, no desejo de um ser que a cobrisse e a tornasse um lar. Com ele, ela deu vida a doze titãs. Ou seja, o poder de dar vida pode ser exacerbado nesse tipo de mito, assim como o poder da natureza que se volta contra os humanos. No caso dos cipós, podemos enxergar uma imagem específica: a natureza que é amaldiçoada.

As histórias de plantas amaldiçoadas ou que atacam pessoas geralmente ocorrem em algum tipo de labirinto, e muitas delas têm plantas venenosas. Nós as vemos em diversos locais, como os espinhos que formam um labirinto e atacam o príncipe no castelo da Bela Adormecida. Em *Senhor dos Anéis,* de J.R.R. Tolkien (tanto no livro, quanto no filme), o Morgul Vale e os Pântanos Mortos são exatamente esse lugar, com flores venenosas, piscinas vivas, que podem se voltar contra o caminhante a qualquer momento. Em um uso mais contemporâneo, podemos citar o visgo-do-diabo em *Harry Potter*; uma planta que ama sombras e que mata seres humanos por asfixia, caso haja aproximação.

No folclore japonês, o Jubokko é um *yokai* (demônio) criado quando uma árvore cresce no local de um campo de batalha, onde uma quantidade maciça de vítimas sofreu os efeitos da peleja. Tendo obtido a sensibilidade e o gosto pelo sangue humano do solo que ficou ensopado de sangue, o Jubokko agarra qualquer pessoa que fique muito perto e deixa a vítima sem sangue, com o corpo sem vida para ser picotado por pássaros. *Ai*. Essas imagens ilustram a sensação de Hopper ao ter que enfrentar o labirinto de plantas corrompidas. Inclusive, o tema da corrupção permanece desde a primeira temporada, reparou? Esse labirinto é tão traiçoeiro que quase acabou com o nosso herói.

Demogorgon e Demodogs

Sobre metamorfoses sinistras e criaturas estranhas

por Flávia Gasi e Luiz Roveran

04. A metamorfose é um processo biológico irreversível, no qual o corpo de um animal se transforma abrupta e notoriamente por meio de crescimento e diferenciação celulares. A transformação é comum em insetos, répteis, anfíbios e algumas espécies de peixes. Normalmente, em contos, livros e filmes, a metamorfose está intimamente ligada a uma ideia ascensional, ou seja, de obtenção de poder por meio da maturidade celular. *Stranger Things* não foge dessa premissa, se usarmos D'Artagnan (ou qualquer Demogorgon) como nosso objeto de estudo — ou até mesmo a imagem da borboleta, que você pode ler no anexo *Eleven: Jornada da Heroína*, na página 245.

Contudo, a borboleta de Eleven e Dart têm uma diferença muito importante: no primeiro caso, a metamorfose é voluntária ou vista como bela, como ocorre em animes do estilo *shonen*, como *Dragon Ball Z* (com as metamorfoses de Freeza e Cell) e com Eleven. Mas a metamorfose também é associada muitas vezes a uma ideia de repulsa do ponto de vista de quem assiste à transformação. O D'Artagnan é um bom exemplo disso. E essa ideia foi usada várias vezes na cultura, como no filme oitentista *A Mosca* (David Cronenberg, 1986), que retrata a derrocada do personagem de Jeff Goldblum, que gradualmente se transforma em uma criatura híbrida de humano e inseto. O ponto de vista de sua mulher, Veronica, é central à história, que enfoca o nojo. *A Metamorfose*, livro clássico de Kafka, aborda a relação de estranheza e repulsa da família de Gregor Samsa, transformado em um gigantesco inseto.

> **Normalmente, em contos, livros e filmes, a metamorfose está intimamente ligada a uma ideia ascensional, ou seja, de obtenção de poder por meio da maturidade celular.**

Antes de ser Demogorgon, a criatura passa por muitas dessas metamorfoses em *Stranger Things*, como o estágio de larva e lesma, o pollywog, que gradualmente evolui para o Demodog, até finalmente passar

Had from his wakeful custody purloind
The guarded Gold : So eagerly the fiend
Ore bog or steep, through strait, rough, dense, or rare,
With head, hands, wings, or feet pursues his way,
And swims or sinks, or wades, or creeps, or flyes : 950
At length a universal hubbub wilde
Of stunning sounds and voices all confus'd
Born through the hollow dark assaults his eare
With loudest vehemence : thither he plyes,
Undaunted to meet there what ever power
Or Spirit of the nethermost Abyss
Might in that noise reside, of whom to ask
Which way the neerest coast of darkness lyes
Bordering on light; when strait behold the Throne
Of *Chaos*, and his dark Pavilion spread 960
Wide on the wasteful Deep ; with him Enthron'd
Sat Sable-vested Night, eldest of things,
The consort of his Reign ; and by them stood
Orcus and *Ades*, and the dreaded name
Of *Demogorgon* ; Rumor next and Chance,
And Tumult and Confusion all imbroild,
And Discord with a thousand various mouths.

pela transformação final: o Demogorgon. Dustin não sabia disso (e nem a gente) quando capturou a larva da mesma espécie do monstro (Demogorgon) e deu--lhe o nome de D'Artagnan (Dart).

Após uma pesquisa nos livros da biblioteca da cidade, Dustin estava crente de que encontrara uma nova espécie animal — ao contrário de outros animais pecilotérmicos semelhantes, a criatura odeia o calor — e propõe aos amigos levar Dart até seu professor de biologia, mas Will o impede de fazê-lo ao descobrir que o animal é originário do Mundo Invertido. Dart começa a crescer e passa por uma fase de metamorfose, evidenciando o crescimento rápido de sua espécie. A criatura foge de sua prisão e se esconde em um banheiro, onde é encontrado por Will, fato que invoca uma visão do Mundo Invertido e do Devorador de Mentes, que por fim possui o garoto.

Antes de se tornar um Demogorgon completo, a criatura passa por muitas metamorfoses e levanta suspeitas dos amigos de Dustin

Vamos pensar na imagem desse Demodog. Dustin cita que apenas duas espécies de girinos podem sobreviver fora d'água. Algo próximo disso é o axolotle (*Ambystomamexicanum*; *ajolote*, em espanhol), espécie de salamandra especialmente cultuada pela cultura mexicana e que pode ficar durante um certo tempo sem contato com corpos aquáticos. Na religião asteca, o ajolote é a reencarnação do deus Xólotl, que é o deus do crepúsculo, da morte, dos raios, das doenças e deformidades, do azar, dos monstros, dos gêmeos e do fogo. Ele é também tido como o guia das

almas em seu percurso pelo Mictlán — uma espécie de além-vida dos astecas. Sua representação clássica consiste em um cão monstruoso, irmão gêmeo do deus Quetzalcoatl.

O primeiro Demogorgon de Stranger Things apareceu na primeira temporada e acabou com o sossego de uma Hawkins de 1983

Xólotl é conhecido na mitologia asteca por sua habilidade de se metamorfosear em diferentes coisas. Segundo o mito asteca do Quinto Sol, Ehecatl, deus do vento, começou a sacrificar os outros deuses para dar movimento ao astro. Xólotl, fugindo da morte, transformou-se primeiro em um pé de milho (na língua Nahuatl, xolotl), em um pé de agave (mexolotl) e em um animal anfíbio, o axolotle. Mesmo assim, Ehecatl o encontrou e o matou.

Biologicamente, o axolotle é conhecido por ser um animal com habilidades incríveis de regeneração, sendo muito utilizado em laboratórios de pesquisa. Em *Stranger Things*, podemos ver esse paralelo com o Demogorgon, já que ele possui um poder semelhante — basta lembrar que ele se regenera após ser atacado brutalmente com fogo por Jonathan Byers.

O primeiro Demogorgon de *Stranger Things*, contudo, apareceu na primeira temporada, e acabou com o sossego de uma Hawkins de 1983. Assim como o Demodog, a imagem do Demogorgon pode ser vista em diversas obras. A ligação mais simples é com o RPG, *Dungeons & Dragons*; em que o Demogorgon se autointitula como Príncipe dos Demônios, em virtude de seu poder e influência, reconhecido tanto pelos mortais quanto por seus companheiros demônios. Ele governa uma camada abissal chamada Gaping Maw, e é considerado um dos maiores vilões de todos os tempos no universo do jogo. Apareceu pela primeira vez em 1976 em um suplemento chamado *Eldritch Wizardry*, e fez aparição em todas as versões do jogo até sua quinta edição.

Com altura de 5,5 m, corpo reptiliano, duas cabeças e longos tentáculos como braços, é fácil entender o que torna esse monstro tão assustador. A cabeça da esquerda se chama Aameul, e a da direita é Hethradiah. Elas têm personalidades individuais e lutam pelo domínio de uma sobre a outra, odiando-se mortalmente. Não conseguem separar-se, porque ambas existem lado a lado, sendo essa a grande maldição da criatura.

Mas antes de ganhar todos esses títulos no D&D, o Demogorgon foi citado em várias obras, como em *Metamorfoses*, de Ovídio (43 a.C.-18 a.C) ou no monstro a se vencer em *Orlando Furioso*, do italiano Ludovico Ariosto (1474-1533), e um dos seres malignos que Satã encontra em sua rebelião contra Deus, em *Paraíso Perdido*, do inglês John Milton (1608-1674):

> "A seu lado se assenta entronizada
> Trajando negro manto a antiga Noite,
> De seu longo reinado companheira:
> Demogórgon junto aos degraus, terrível,
> Ades, e Pluto, o trono lhe circundam;
> Seguem-se-lhes o Acaso, o Estrondo, as Iras
> A atroz Discórdia que confunde tudo,
> A confusão que tudo desordena."[6]

Ele também fez aparições em outras obras, incluindo alguns textos helenísticos, judaicos e até mesmo um poema homônimo de Álvaro de Campos, um dos heterônimos de Fernando Pessoa. Há uma relação entre essa criatura e o Monstro de Fumaça, que você pode descobrir no último artigo desse capítulo.

DEMOGORGON

Na rua cheia de sol vago há casas paradas e gente que anda.
Uma tristeza cheia de pavor esfria-me.
Pressinto um acontecimento do lado de lá
  das frontarias e dos movimentos.

Não, não, isso não!
Tudo menos saber o que é o Mistério!
Superfície do Universo, ó Pálpebras Descidas,
Não vos ergais nunca!
O olhar da Verdade Final não deve poder suportar-se!

Deixai-me viver sem saber nada, e morrer sem ir saber nada!
A razão de haver ser, a razão de haver seres, de haver tudo,
Deve trazer uma loucura maior que os espaços
Entre as almas e entre as estrelas.

Não, não, a verdade não! Deixai-me estas casas e esta gente;
Assim mesmo, sem mais nada, estas casas e esta gente...
Que bafo horrível e frio me toca em olhos fechados?
Não os quero abrir de viver! Ó Verdade, esquece-te de mim!

ÁLVARO DE CAMPOS, em *Poemas*

O mundo interno de sombras

O contato entre dois mundos faz surgir heróis que enfrentam a escuridão

por Flávia Gasi, Letícia Wexell e Siouxsie Rigueiras

05. Depois da podridão e da corrupção do mundo causadas por criaturas controladas por algo tenebroso, um monstro de sombras, podemos entender que está no léxico de *Stranger Things* enfatizar essa dicotomia entre luz e sombra. Entre aquilo que está em cima, banhado pelo sol (sejam plantações ou as relações humanas entre seus personagens) e aquilo que está embaixo da terra, velado nas sombras (tanto o Mundo Invertido quanto o papel de dr. Brenner durante a primeira temporada, com seus experimentos secretos).

O contato entre os dois mundos faz com que heróis que enfrentem a escuridão apareçam, mas também pode trazer a queda do herói. Hopper quando entra no labirinto, Lucas quando tenta proteger seus amigos, Will quando tenta enfrentar o monstro de fumaça. Enfrentar o mal é sempre mais difícil e diverso do que parece. O maior inimigo da série, então, é um monstro de fumaça. E muita gente associou seus grandes tentáculos a outro tipo de criatura, os deuses antigos de Lovecraft — e você pode ler mais sobre isso na página 203.

Nas nossas análises de imagens, queremos trazer um pouco mais sobre a simbologia das sombras, do hospedeiro e do Devorador de Mentes. Por isso, vamos começar com a sombra. Em muitas obras e mitos que tentam não trazer a dicotomia presente em *Stranger Things*, a sombra pode ser vista não como aterrorizadora, mas como um outro tipo de conhecimento, de tudo aquilo que deve morrer. E essa é a diferença entre histórias de heróis e outros tipos de narrativa: o herói busca vencer a morte, vencer o monstro. No seriado,

O maior inimigo da série é um monstro de fumaça e muita gente associou seus tentáculos aos deuses antigos de Lovecraft

temos muitos tipos heroicos de personagens, mas todos eles devem entrar em contato com as sombras — mesmo que quem faça isso de forma física seja Will.

Uma das maneiras de mostrar essa diferença entre heróis e monstros, coloca Gilbert Durand, são as imagens de catamorfia: "A terceira grande epifania imaginária da angústia humana, diante da temporalidade, parece-nos residir nas imagens dinâmicas da queda. A queda aparece mesmo como a quintessência vivida de toda a dinâmica das trevas (...)".[7] Durand explica que a experiência da queda é nossa primeira vivência do medo, quando saímos do útero de nossas mães, mas esse medo tem a ver com a vertigem, ou seja, com a queda que não podemos controlar.

Gaston Bachelard também comenta sobre a queda em seu livro *O Ar e os Sonhos*, especialmente sobre a queda vertiginosa. Ele explica: "O pesadelo antes do drama; o terror antes do monstro; a náusea antes da queda; em suma, a imaginação é, no sujeito, suficientemente viva para impor suas visões, seus pavores, sua desgraça. Se o sonho é uma reminiscência, é a reminiscência de um estado anterior à vida, o estado da vida morta, uma espécie de luto antes da felicidade."[8]

A catamorfia pode ser representada como Ícaro caindo dos céus porque chegou muito perto do Sol; Lúcifer, que caiu dos céus e passou a ser o diabo; são os nossos medos de fazer tudo moralmente errado; e também são as representações de possessão demoníaca, a queda em seu maior temor: perder o controle de si para o mal.

Em muitos livros de literatura e poesia, uma sombra pode ser entendida também como o espírito ou o fantasma de uma pessoa morta, residente no submundo. A escuridão e a sombra devem ser temidas em diversos tipos de contos. Por exemplo, na *Divina Comédia*, de Dante Alighieri, muitos dos mortos são referidos como máscaras *ombra* (de sombras). A Escuridão/Sombra tem grande participação na mitologia como algo negativo e maligno, sob a forma de criaturas que precedem a morte ou habitam os mundos inferiores, inimigos dos Deuses e dos seres de luz.

Érebo, deus grego da escuridão, fica aprisionado no Tártaro, um outro mundo; seu filho, Phobetor, é "assustador" e constantemente retratado como um humanoide feito de sombras. Ele é o deus dos pesadelos e dos monstros sombrios.

Phobetor parece ser uma imagem bem próxima das sombras em *Stranger Things*, e faz paralelos como muitas outras obras, como o seriado *Lost*. O monstro de sombra ou o Homem de Preto em *Lost* são criaturas em forma de sombra que corrompem os humanos em seu íntimo. A série também mostra diversos tipos heroicos que batalham, não apenas contra a sombra e contra uma criatura obscura, mas contra as suas próprias sombras internas — assim como Will, por exemplo.

> **Na literatura e na poesia, uma sombra pode ser entendida também como o espírito ou o fantasma de uma pessoa morta, residente no submundo**

Assim, o monstro de sombra geralmente não é apenas uma representação externa de algo maligno, mas também uma imagem que mostra como temos esse lado dentro de nós. Um poema de Edgar Allan Poe mostra bem como essa sombra pode estar presente o tempo todo nas nossas vidas; nele, fica exposta a ligação entre a palavra "sombra" e "assombrar", pois somos sempre lembrados dessa natureza humana: "Mas a sombra era vaga, informe, imprecisa, e não era sombra nem de homem, nem de deus, de deus da Grécia, de deus da Caldeia, de deus egípcio. E a sombra permanecia sobre a porta de bronze, por baixo da cornija arqueada, e não se movia, nem dizia palavra alguma, mas ali ficava, parada e imutável."[9]

Além das imagens da possessão e de Phobetor, é importante olhar para o símbolo do hospedeiro, que faz parte da história de Will. Na primeira temporada, Will encuba por um curto período a criatura conhecida futuramente como D'Artagnan. Após sua experiência como cativo e receptáculo da cria do Demogorgon, Will passa a ter visões e sonhos envolvendo uma gigantesca forma aracnídea destruindo a cidade de Hawkins. O Devorador de Mentes, o monstro de sombras, age como um parasita no corpo de Will, alimentando-se das energias do garoto e alterando alguns de seus comportamentos

> **Após sua experiência como cativo e receptáculo da cria do Demogorgon, Will passa a ter visões e sonhos envolvendo uma gigantesca forma aracnídea destruindo a cidade de Hawkins**

Biologicamente, o hospedeiro é um organismo que abriga em seu interior outro ser vivo ou vírus, de forma permanente ou temporária. O ser humano em si hospeda uma infinidade de micro-organismos durante sua existência.

No caso de *Stranger Things*, a figura do hospedeiro é um prenúncio de morte. O parasita das sombras não afeta somente as funções corporais de Will, mas age como um espião manipulador e propagador de mentiras e maldades contra a população de Hawkins.

Ao ler Gilbert Durand, podemos ver claramente a tradução imaginária do embate entre bem e mal, trevas e luz, por meio da figura da aranha, simbolizada como animal vampiresco que condensa todas as forças malignas em sua forma. O autor explica que há algo de escondido, feroz e ágil na figura da aranha, que pode fiar e prender suas presas pelo tempo que quiser. Ela amarra o corpo do outro em uma teia, e Durand pontua que essa imagem pode ter a ver com um tipo de ventre frio, como se a carne ou o corpo pudessem decair em contato com a aranha — e ele também compara as pernas da aranha aos tentáculos do polvo, criando um paralelo entre os deuses antigos de Lovecraft e a imagem da aranha: ambos podem usar seus corpos para aprisionar outros.

Em seu mundo interno, Will se torna um mensageiro da noite; inclusive, as cenas que mostram o menino e sua família lutando contra o monstro que o habita acontecem à noite. Por que será? Bem, na teoria de Gilbert Durand, vislumbra-se que as "trevas" e a "noite" se confundem, podendo ser encaradas com um único símbolo, já que nesse momento de embate entre bem e mal, ela (as trevas) é o símbolo do tempo, e a noite escura é vista como a própria substância do tempo, que pode nos devorar. A este respeito, Durand discorre que "(...) o tempo é sombrio porque é irracional, sem piedade. (...) A noite recolhe na sua substância maléfica todas as valorizações negativas precedentes. As trevas são sempre caos e ranger de dentes, há ligação entre o animalesco que morde e a noite, as trevas."[10]

Ou seja, há várias imagens que podemos conectar ao Mundo Invertido de *Stranger Things* e à maneira como ele se espalha como sombras. Entre elas estão os símbolos da noite sombria, da aranha, da possessão e dos pesadelos. Podemos ainda olhar mais atentamente para o Devorador de Mentes, buscando entender suas potenciais influências. É o que faremos a seguir.

JOSEPH VOGEL

STRANGER FANS

O Devorador de Mentes

Sobre a criatura humanoide com cabeça
de polvo que vive em outro plano

por Flávia Gasi e Pedro Oliveira

06. Assim que Will começa a atuar sob a influência do Devorador de Mentes, o grupo descobre suas habilidades especiais. A criatura age em Will como um vírus, conectando-o aos Demodogs e aos cipós do monstro. Ela possui a mente de colmeia e escraviza outras mentes, mas, apesar do controle do Devorador de Mentes, Will consegue se comunicar com os outros por código Morse, com os dedos, demonstrando que há pequenas "saídas" para o controle do monstro. Do outro lado da batalha, também, sabemos que o controle do Devorador de Mentes não é absoluto, já que Dart não mata seu amigo.

Em entrevista ao *Bustle*,[11] os produtores de efeitos visuais da série, Paul e Christina Graff foram encarregados de projetar a criatura. Como a primeira temporada incorporou várias interferências elétricas, eles sabiam que a segunda temporada envolveria tempestades. Para criar o monstro, os Graff começaram a procurar referências de tempestades e tornados, além de erupções vulcânicas com tempestades elétricas na América do Sul. Falamos mais da tempestade no primeiro artigo dessa coleção, página 226.

Ademais, os Duffer comentaram que,[12] olhando no manual de *Dungeons & Dragons*, eles decidiram

nomear a criatura de Devorador de Mentes devido à sua similaridade com o conceito do Monstro de Fumaça.

Em *Dungeons & Dragons*, o Devorador de Mentes é uma criatura humanoide com cabeça de polvo, e, assim como o monstro de *Stranger Things*, ele vive em outro plano/reino/dimensão. Interessante notar que esse plano, no qual o Devorador de Mentes vive, possui diversas formações de cavernas e túneis, como os cipós do monstro da série. Quando os aventureiros o encontram, ele está sempre junto de pelo menos dois escravos mentais. Esse monstro costuma utilizar seus poderes para fazer com que suas vítimas se aproximem dele e ele possa, assim, devorar seus cérebros utilizando os tentáculos de sua face.

Devido a suas características animalescas, o Devorador de Mentes de *Dungeons & Dragons* e o de *Stranger Things* estão ligados aos signos teriomórficos de Gilbert Durand. Para compreender, Durand divide as imagens em regimes. No regime diurno está a dominante postural, em que se convergem as imagens míticas que promovem uma separação distinta e finalista entre bem e mal. Aqui, o homem deve permanecer ereto e ascender aos céus, em busca de uma purificação luminosa. Na dominante postural está o herói diurno e a suas armas, que Durand[13] chama de "puro" ou "herói exemplar", cuja melhor imagem que o define "continua a ser o matador de dragões", isto é, o herói que separa, que corta e que acredita que pode vencer a morte. Neste regime, ficam os símbolos mordicantes teriomórficos, onde as simbologias animais nos lembram das potenciais mortes ligadas ao simbolismo animal.

Na série, o monstro age como um vírus, se alastrando no corpo de Will e, ao mesmo tempo, se espalhando pela cidade, o que se assemelha muito ao fervilhar de alguns signos teriomórficos de Durand, que causam agitação, mudanças e se espalham. O autor coloca: "Uma das manifestações primitivas é o formigamento (...). Conservemos do formigamento apenas o esquema da agitação, do fervilhar (*grouillement*). Dalí, em numerosas obras, ligou diretamente o formigamento da formiga ao fervilhar da larva. É este movimento que, imediatamente, revela a animalidade à imaginação e dá uma aura pejorativa à multiplicidade que se agita."[14] Ou seja, esse fervilhar agitado nos causa medo, pois sabemos que nada de bom pode sair de lá.

Na mitologia do jogo, Devoradores de Mentes, também chamados de ilitides, são uma raça tirânica cheia de poderes psiônicos, os quais usam para viajar e escravizar povos inteiros. Em tempos remotos, eles controlavam diversos impérios espalhados pelas dimensões. Desde a queda de seus impérios, ilitides reunidos no Plano Material têm residido no Subterrâneo. A maioria dos ilitides pertence a uma colônia conectada a um cérebro ancião que vive dentro de uma piscina de salmoura. De lá, ele comanda seu exército.

Em relação a essa mentalidade, há dois exemplos que se assemelham a essa ideia: o primeiro é da Egrégora entre os Maçons, os quais acreditam que uma força espiritual pode ser formada pela vibração de diversas mentes que se conectam. A Egrégora é utilizada para formar ambientes, como o ambiente de mais calma em um hospital. O segundo, mais assustador, é o Overmind, uma criatura de Star Craft criado para controlar o exército da raça alienígena Zerg. O Overmind consegue se comunicar telepaticamente por meio de alienígenas maiores do exército Zerg, chamados Cerebrates, os quais repassam as ordens do Overmind para o restante do exército.

Contudo, no game, os Devoradores de Mentes andam meio desesperados e enfrentam uma possível extinção. Uma das raças que eles escravizaram percebeu, ao longo de muitos anos, como se livrar da influência de seus mestres. A revolução começou, e essa raça caçou os ilitides ao redor dos planos.

Na mitologia do jogo, estas criaturas — também chamadas de ilitides — são uma raça tirânica cheia de poderes psiônicos, os quais usam para viajar e escravizar povos inteiros

Outra informação importante é que, como em *Stranger Things*, os ilitides colocam ovos que se chocam em uma criatura parecida com um girino, que vai mudando de forma, até se transformar em um Devorador de Mentes. Este mantém algumas memórias da sua raça e já cria um vínculo com a mentalidade de colmeia. Sabemos que os Demogorgons funcionam assim, mas será que os Devoradores de Mentes também? Se seguirmos a lógica de *Dungeons & Dragons*, eles estariam mais intimamente conectados do que imaginamos.

JOSEPH VOGEL
STRANGER FANS

Os Portais

Quem abre o portal que separa mundos é quem é destinado a fechá-lo

por Flávia Gasi e Dênis Mercaldi

07. Por falar em comunicação, a última imagem que vamos analisar é o Portal, que funciona como a entrada, a comunicação e a divisão própria entre dois mundos, muitas vezes, antagônicos. Temos alguns portais em *Stranger Things*, como o portal da floresta ou aquele no meio da terra que funciona como uma descida ou um buraco, que leva a caminhos que conduzem ao real portão do inferno, portão do submundo, ou mundo ctônico (subterrâneo)

Se fomos investigar lendas, mitos e outras histórias, a maioria dos portais têm guardiões que o protegem, e existe um tipo de ritual ou sacrifício a ser feito para abrir os portões, fechá-los, ou até adentrar ao que o outro mundo promete, ou parece ser. Assim, do mesmo jeito que o portal precisa de um ritual para ser aberto, o mesmo para ser fechado. E, da mesma forma que vemos em *Stranger Things*, quem abre o portal é quem é destinado a fechá-lo. Esse tipo de destinado costuma ser algum tipo de divindade limítrofe, que está entre a humanidade e algo a mais, algo desconhecido, algo místico; o que se encaixa bem com Eleven, não é?

Existem várias imagens de portais e portões espalhados pela literatura, cinema, games e tudo o mais. Normalmente, os portais não têm uma aparência mundana, e seu principal objetivo é servir de conexão e passagem entre mundos ou espaços/tempos diferentes, muitas vezes totalmente díspares, e até dicotômicos. Os portais podem ser criados de diversas formas, mas as principais são ou por meios tecnológicos ou por rituais mágicos. Um exemplo de uso de tecnologia é o game *Portal*, que liga espaços diferentes por meio de portais. Um exemplo mágico é a penseira de *Harry Potter*, que é um portal aquático que liga seu viajante ao passado e à memória colocada no objeto. No caso de *Stranger Things*, temos a mistura de ambos, já que existe algo de tecnológico, como o Laboratório Nacional de Hawkins, mas também algo de mágico no mundo que se abre.

O buraco pode representar uma das entradas para o submundo (como no mito de Perséfone e Deméter, no qual Hades abre uma fenda na terra para levar Perséfone para o Submundo). Na mitologia nórdica, a passagem para Niflheim (o submundo gelado e nebuloso que vai em direção ao inferno nórdico) é localizada abaixo de uma das raízes da árvore Yggdrasil. Na mitologia japonesa, a entrada para o Yomi (o submundo) também está localizada numa floresta, e a passagem (um buraco ou uma caverna) está fechada por uma pedra colocada por Izanagi enquanto fugia desse mundo ctônico.

Há personagens que fazem essa entrada de forma consciente, ou voluntária, como Alice no País das Maravilhas, que decide seguir o coelho, ou em *O Labirinto do Fauno*, cuja protagonista opta por seguir os caminhos mágicos. Essa dicotomia é vista em Eleven. No começo, ela é obrigada a abrir o portal, mas, depois, decide fechá-lo livremente.

O Portão/Portal do Inferno ou a entrada para o inferno mesmo é mais próximo à figura da fenda vermelha cujo interior habita o Monstro das Sombras. Normalmente, é após a passagem desse portão que o inferno começa e todos os castigos são intensificados, e o caminho até essa porta significa o purgatório.

> **Há personagens que fazem a entrada neste universo de maneira consciente, como Alice, que segue o coelho, ou a protagonista de O Labirinto do Fauno**

Há alguns momentos em que podemos ver esse portal em lendas e livros. O Portão do Inferno do livro *A Divina Comédia* que possui a famosa inscrição do "Deixai para trás toda esperança vós que entrais". O Portão do mundo de Hades é guardado pelo cão de três cabeças, Cérbero, e aqui podemos fazer a associação com os Demodogs que guardavam a proteção do portal.

E, apesar de o portal em *Stranger Things* ser vermelho, que remete ao fogo, os Demodogs também fogem do calor, o que mostra como esse elemento pode ter uma função de opostos complementares. Ele funciona como o elemento que arde como o inferno e como processo de purificação. Gaston Bachelard diz que o fogo é bom e é cruel, é ultravivo: "O fogo é íntimo e universal. Vive no nosso coração. Vive no céu. Sobe das profundezas da substância e oferece-se como um amor. Volta a tornar-se matéria e oculta-se, latente, contido, como o ódio e a vingança. Entre todos os fenômenos, é ele realmente o único que pode aceitar as duas valorações opostas: o bem e o mal. Brilha no Paraíso. Arde no Inferno. É doçura e tortura."[15]

Uma imagem que se conecta bem com Eleven é a da fênix. Ela se reduz para poder se encontrar — leia mais sobre isso em *Eleven: Jornada da Heroína*, página 245 — e retorna, mais forte do que nunca. O simbolismo da fênix também é do fogo, e também aceita as contradições: "A Fênix, ser da grande contradição da vida e da morte, é sensível a todas as belezas contraditórias. Sua imagem nos ajuda a legitimar as contradições da paixão. (...) É um fogo vívido, pois não sabe jamais se adquire seu sentido nas imagens do mundo exterior ou suas forças no fogo do coração humano."[16] Assim, podemos dizer que, pelo menos por enquanto, o Devorador de Mentes se conecta apenas com uma das imagens do fogo — a da destruição —, enquanto a outra o fere. Eleven, porém, ao se conectar com sua parcela mais destrutiva, pode ser tanto a figura assustadora, quanto a de doçura.

Por último, os portais da terra que já vimos em *Stranger Things*, podem ser apenas alguns dos portões que existem no universo da série. Em entrevista ao site *Bustle*,[17] os Irmãos Duffer afirmam que: "Todos nós amamos a ideia do multiverso... há duas perguntas que todos nós fazemos. A primeira é: 'Estamos sozinhos no Universo?' E [a segunda], se estivermos, em 200 bilhões de estrelas, duas vezes elevado à décima primeira de estrelas — e isso é apenas na nossa galáxia — e então, isso multiplicado por tantas outras galáxias... Gente, isso é um monte de galáxias. E se acontecer de sermos a única coisa viva que está sentada e pensando sobre isso [de estarmos sozinhos], isso que é perturbador de verdade. Mas, felizmente, o Mundo Invertido está lá fora; acontece que talvez existam essas bolhas do Universo, que agora estamos chamando de multiversos, também expandindo de alguma forma ao mesmo tempo. E é possível que existam áreas como esta onde o multiverso se cruza?"

E esse é um questionamento intrigante.

Eleven
JORNADA DE UMA HEROÍNA
por Flávia Gasi

Em 1990, último ano da década de 1980, a pesquisadora Maureen Murdock resolveu revisar o trabalho do antropólogo Joseph Campbell, propondo um modelo inspirado na *Jornada do Herói*, mas que contemplasse personagens femininas mais contemporâneas. Em *A Jornada da Heroína*, Murdock utiliza dos mesmos conceitos arquetípicos para criar um trajeto psicológico, o qual seria mais apropriado para personagens mulheres.

> "A razão para [as personagens femininas] estarem passando por tanto sofrimento é que elas escolheram seguir um modelo que nega quem elas realmente são."
> — Maureen Murdock

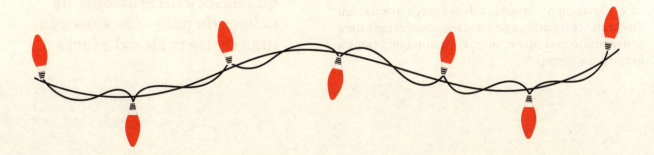

JOSEPH VOGEL

STRANGER FANS

Situação inicial

Uma análise dos primeiros passos da jornada de Eleven

01. Se traçarmos um paralelo entre Eleven e a *Jornada da Heroína*, veremos que muitas das questões da personagem são bem parecidas com a estrutura da *Jornada do Herói*, mas com mudanças que a tornam mais única, e mostram como Murdock realmente acertou em suas colocações. Para a autora, a viagem de uma heroína começa com uma situação inicial de uma mulher — ou uma menina — que se separa de valores considerados femininos em uma cultura, tentando provar-se para uma figura paterna. Ou seja, a heroína começa como resultado do que seu pai idealizou.

No caso de Eleven, a figura paterna do dr. Brenner é tudo o que ela conhece como pai ou mãe, então sua Situação Inicial seria bem parecida com a estrutura da Jornada da Heroína: Eleven é o resultado dos valores que seu pai (ou figura paterna) deu a ela. Murdock atribui a esse começo uma ligação entre a heroína e a imagem de Athena, a deusa grega que nasceu diretamente da cabeça de seu pai —considerada uma deusa muito racional e forte, e é assim que vemos a heroína no começo.

É importante notar que essa identificação não foi pensada, ela deve existir apenas porque nossa heroína está dentro de um universo onde a figura do pai é aquela com a qual ela se identifica. Ou seja, a identificação é com um ente masculino, não com um tipo de masculinidade interna. Eleven, por exemplo, percebe que seu poder é maior do que imaginava e que pode matar pessoas. Sua primeira aparição é acompanhada do assassinato de dois agentes do Laboratório Nacional de Hawkins.

Murdock atribui a esse começo uma ligação entre a heroína e a imagem de Athena — a deusa grega que nasceu diretamente da cabeça do pai — considerada uma deusa racional e forte

JOSEPH VOGEL

Estrada de provas

Separada de seus criadores, a heroína vai em busca de provar algo a si mesma

02. Depois de apresentada a heroína, ela abandona seu mundo comum, a sua Situação Inicial. Não há nada de ordinário no mundo de Eleven, mas o ponto de partida de qualquer herói é o mundo que ele conhece, assim, seu mundo comum. Dessa maneira, começa o próximo passo de sua jornada, chamado de Estrada de Provas. Separada de sua mãe — isso pode acontecer de forma metafórica, mas, no caso de Eleven, ela realmente nem sequer conheceu a mãe —, a heroína vai em busca de provar algo a si mesma. Eleven foge para poder se conhecer, pois, no íntimo, tudo que ela viveu tem apenas a ver com seus poderes, mas não com quem ela é.

Nesse momento, a heroína é aceita e acolhida por figuras masculinas que acreditam que aquilo que ela faz ou tem é algo muito poderoso. Dessa maneira, a visão da heroína de aceitar o lado masculino de seu pai é reforçada como algo bom, e que pode ajudar aos outros. Começa um processo de cura que se inicia pelo espelho: se eu posso ajudar os outros com os poderes que trouxe do masculino que conheci (mesmo que ele seja ruim), talvez, eu não seja uma pessoa ruim. Esse pensamento faz com que a heroína possa desenvolver seus poderes de uma forma muito mais própria, menos desgastante para ela. Mesmo que ela receba alguma crítica na fase da Estrada de Provas, ela deve ter seus poderes acolhidos.

Stranger Things faz exatamente isso: coloca Eleven em meio a um grupo de meninos que a auxilia, mas que também precisa desesperadamente da ajuda dela. É nessa troca que ela começa a explorar seus poderes com uma visão mais positiva, de início com coisas pequenas, como fazer um brinquedo voar, ou até salvar a vida de um dos seus companheiros. Há duas coisas interessantes para se notar aqui: a primeira é que os desafios não são apenas contra os vilões da trama, mas ela mesma deve encontrar e descobrir mais sobre si mesma. Não é possível superar obstáculos apenas com seus poderes, ela deve olhar para dentro de si. Pois toda jornada heroica também engloba provações mentais e emocionais.

A heroína é aceita e acolhida por figuras masculinas queacreditam que aquilo que ela faz ou tem é algo muito poderoso

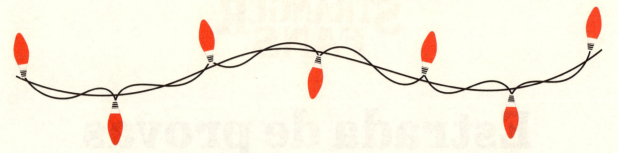

Um dos obstáculos que talvez você não tenha considerado, por exemplo, é sua relação com Mike. Claro que eles formam um par maravilhoso, mas é muito importante para a nossa heroína que ela não dependa completamente dele, nem que ele seja perfeito. As relações que uma heroína deve formar são humanas e, portanto, complexas. Ele não pode ser o menino sem nenhum defeito — e o episódio no qual ela se sente abandonada é bem relevante para a sua narrativa. Depois de ela entrar em contato consigo mesma, mesmo que seja explodindo a porta de vidro de uma loja, é que ela pode realmente se colocar na função de salvadora. "Ela é maluca, e é nossa amiga", como coloca Dustin. Depois que suas relações se tornam mais complexas, ela pode realmente ser uma amiga, e não apenas uma figura esquisita que eles encontraram perdida.

Inclusive, a cena em que Eleven olha para si no espelho de água é bem simbólica e cheia de imagens interessantes: ela não se reconhece, começa a procurar algo que não veio de seu mundo comum (o cabelo raspado, a faceta de monstro), mas também abre a possibilidade para que ela possa gostar mais de si, como realmente acontece na segunda temporada (já chegaremos lá).

Outro obstáculo emocional é Lucas — a relação deles é um obstáculo bem explorado na primeira temporada, e serve para avançar o conto de ambos os personagens. Ele não confia em Eleven, e, sinceramente, talvez você também não se estivesse no lugar dele. E é apenas quando eles se resolvem que Eleven pode realmente encarar seu maior medo: enfrentar o Demogorgon, a criatura do Mundo Invertido que ela mesma ajudou a trazer para essa dimensão — sem saber, é claro.

Essa parte da jornada, diz Maureen Murdock, é marcada pelo mito de Eros e Psique, pois nossa heroína está procurando por algo que a complete (pode não ser amor romântico, mas uma amizade, uma ideologia, algo que faça com que ela se encaixe no mundo). No mito grego, Eros e Psique representam o amor romântico, que cabe apenas mais ou menos no mundo de *Stranger Things*. Mesmo porque o par Eleven-Mike é bem jovem e certamente não está procurando pela sua cara metade. Contudo, o que Murdock propõe é que na Estrada de Provas, a heroína se aventure longe de casa, tenha seus poderes aumentados, descubra uma parte de si, e faça isso por conta das novas relações que ela desvela. Contudo, ainda é preciso se reconectar com o feminino para completar sua aventura. E, como isso ainda não ocorreu até esse momento, a heroína acaba com uma Ilusão de Sucesso.

Depois que suas relações se tornam mais complexas, ela pode realmente ser uma amiga, e não apenas uma figura esquisita que eles encontraram perdida

Ilusão de Sucesso

A história de uma heroína não está completa sem um reencontro

03. Antes de entendermos a Ilusão de Sucesso, vale a pena fazer um apontamento: a figura materna perdida é tão importante para a *Jornada da Heroína* que, no caso de Eleven, ela só consegue retornar ao Vazio de forma serena, depois de ser encorajada por Joyce, que a guia como uma mãe faria. É um bom prelúdio do que vem por aí.

A heroína deve abraçar sua parcela masculina, mas apenas a parcela que lhe cabe, e não tudo que o mundo diz que ela deve, enquanto faz as pazes com a sua parcela feminina

Sabemos como a primeira temporada termina: Hopper informa a localização de Eleven para os agentes do Laboratório, como uma troca pela vida de Will. Eles chegam e são dizimados por Eleven, que paralisa ao ver a figura de seu pai. Sim, existe uma ferida ali, que não tem tempo de ser tratada. Atraído pelo sangue, o Demogorgon entra na escola. Depois de alguma luta, Eleven — com lágrimas nos olhos — dá adeus a Mike, usa seu poder até suas veias saltarem em sangue escuro. O monstro some, e ela também. Ela não morreu, contudo, nem venceu o Mundo Invertido.

Se fomos entender isso em termos simbólicos, podemos dizer que a história de uma heroína não pode estar completa sem que ela reencontre os laços com a mãe perdida, a mãe simbólica. A heroína deve abraçar sua parcela masculina, mas apenas a parcela que lhe cabe, e não tudo que o mundo diz que ela deve, enquanto faz as pazes com a sua parcela feminina. Na segunda temporada, a jornada de Eleven é exatamente essa: a procura pela mãe, literal e metaforicamente.

Descida

A compreensão da própria incompletude

04. "O que eu perdi nessa busca?", essa é a pergunta que a heroína começa a se questionar. Ela conseguiu enfrentar seus medos, ela sacrificou o que tinha, mas ainda de sente desestruturada. Eleven está sozinha, embora more com Hopper, pois ele não está tão presente quanto ambos gostariam. E mais importante: ele não responde a todos os seus questionamentos, e nem poderia. Muitas das dúvidas e dos temas de Eleven dizem respeito a uma parcela perdida de si.

> **Eleven se sente oprimida, mas sua opressão não vem de Hopper, ele apenas canaliza para ela algo que ela sente falta: a perda de seu passado, de sua mãe**

A Descida é essa compreensão da própria incompletude. Isso gera uma tristeza muito grande, que pode ser revelada por conta de brigas, da não aceitação, da inquietude. Eleven se sente oprimida, mas sua opressão não vem de Hopper, ele apenas canaliza para ela algo que ela sente falta: a perda de seu passado, de sua mãe. Contudo, nem ela mesma sabe que sua mãe está viva, e Eleven passa um tempo sem direção, sem foco, zapeando pela TV, contando os dias que ela não pode ver os amigos, tentando checar, de longe, se Mike está bem. Ela está em uma cabana isolada, física e mentalmente.

Murdock coloca que esse é o momento em que a heroína começa a pesquisar por suas figuras maternas, sejam elas como Deméter — a mãe que dá vida, das colheitas, da terra, na mitologia grega, símbolo de morte e ressurreição; como Perséfone — a deusa que habita o Olimpo e o submundo, símbolo da alternância, dos ciclos da natureza; e como Kali (eu juro que ela usa esse mesmo nome!), uma deusa hindu que representa a tríplice "criação, preservação, destruição". Quando Eleven percebe que ela pode ir de encontro com seu passado e abandona a cabana (mesmo que Hopper diga que isso seria uma atitude burra e egoísta), ela começa seu processo de Encontro com a Deusa. Note que ir contra o que os aliados dizem — os amigos que a heroína fez durante sua Estrada de Provas — faz parte do processo narrativo da jornada.

Encontro com a Deusa

Uma nova jornada para encontrar sua sabedoria interior e se realizar

05. Depois de sua Descida, a heroína abandona o local de seus aliados, e tenta se reconectar com o seu feminino, com as suas figuras maternas. E ainda mais formidável: com as figuras maternas que habitam dentro dela. No caso de Eleven, o primeiro passo que ela toma é encontrar sua mãe verdadeira. Eleven consegue se comunicar com ela, mesmo que esta esteja em estado catatônico. O que ela descobre é mais do que seu passado: é a coragem de sua mãe e o amor que a levou a tentar raptá-la do Laboratório Hawkins; a esperança que ela tinha com relação ao futuro de Eleven; e um nome, Jane.

Nomear as coisas é algo extremamente poderoso. Quando nos sentimos angustiados, entender de onde vem essa sensação e porque estamos assim é o começo do processo de cura, temos que dar nomes aos nossos sentimentos. Da cena de Eleven olhando para seu reflexo no lago para a descoberta de seu nome, temos um indicativo bem mais precioso de identidade: quem ela é, para além do dr. Brenner.

Contudo, Eleven ainda precisa entender quem ela quer ser, visto que sua trajetória está revelada. É aí que entra Kali. Na mitologia hindu, Kali é maternal de outra forma, não com a imagem bondosa que estamos acostumados. Ela reina sob a morte, e, por isso, desperta medo em uma visão em que vida e morte são bem separadas. Na cultura hindu, no entanto, os aspectos de vida e morte estão conectados, e um precisa do outro para existir: é preciso destruir para poder criar de novo. Kali está conectada com os poderes de destruição, mas simboliza vida, permanência e morte. Ela é a Mãe Terrível, mas que pode ajudar a acabar com aquilo que precisa ser terminado, como os medos e as culpas; além de ensinar que é preciso defender os espaços e lutar pelo que se acredita, ou seja, transmutar a raiva.

Na série, Kali representa um tanto desse aspecto destruidor: ela acredita em usar a raiva que sente pelo passado e colocá-la no mundo. Essa maneira agressiva de ver a vida, Eleven aprende, não é de todo mal. Ela pode ver seus poderes aumentando, pode compreender que, às vezes, ser como Kali é uma resposta possível para a vida, que ajuda a enfrentar suas feridas internas. Há algo obscuro em Jane e Kali, Eleven e Eight, e é algo que não pode ser negado, mas que deve ser transmutado. Enquanto Kali opta por devolver ao mundo a violência que foi dada a ela, Eleven decide retornar aos seus amigos.

O caminho que Eleven toma para se descobrir faz com que ela entenda que é necessário olhar para o ciclo todo — compreender os problemas e erros do passado, perceber como isso forma a pessoa que ela

252

Kali está conectada com os poderes de destruição, mas simboliza vida, permanência e morte. Ela é a Mãe Terrível, mas que ajuda a colocar um fim nas coisas.

é, aceitar seu lado obscuro e sua tristeza, vivenciar o luto, e, só então, olhar para o futuro, não com medo, mas sabendo que ela pode enfrentar o que vier. Também deixa-a pronta pra viver outro tipo de relação paterna, não com um pai que a controla, mas com um pai que a nutre (de dr. Brenner ao xerife Hopper). Ela não é mais uma menina a mercê do mundo, ela pode ir atrás daquilo que ama. Mesmo porque, depois do Encontro com a Deusa, ela tem uma noção melhor das coisas que lhe são caras, das coisas que quer defender, e de como fazer isso.

JOSEPH VOGEL

Reincorporação do masculino

Uma união das parcelas feminina e masculina se mostra necessária

06. Talvez possamos comparar a aventura de Eleven com a deusa grega Perséfone. Perséfone era muito bela e, por isso, Hades, deus do submundo, a raptou. Sua mãe, Deméter, deusa responsável pelas colheitas, começa a destruir as plantações para ter a filha de volta. Como Perséfone já tinha comido frutos no submundo, ela não podia retornar ao Olimpo para sempre. Ficou combinado que ela passaria três meses com Hades — quando sua mãe se entristece e o inverno chega — e os outros nove meses do ano com sua família. A primavera representa a subida de Perséfone, e o outono, sua descida ao submundo. Ela virou rainha do submundo e guardiã do mundo dos mortos. Perséfone, assim, representa a parte feminina que desceu até seu sofrimento e, com isso, pode guiar os outros em suas aventuras. Ela amadureceu, e por isso pode mediar sua parcela doce e sua parcela obscura.

Eleven tem um dom diferente de Perséfone, mas também é raptada por conta dele. Ela se encontra em um tipo de submundo, e acaba por criar um portal entre dimensões para o Mundo Invertido. O submundo chega a Hawkins, mas ela ainda não é rainha de dois mundos. Para realizar isso, muitas pessoas a ajudam nessa jornada de libertação, mas ela só consegue entender seu sofrimento depois de encontrar as figuras femininas da série: Kali e sua mãe.

Para a Reincorporação do Masculino, como explica Murdock, é preciso que uma crise apareça, e que a heroína possa usar tudo que aprendeu em sua jornada, mas também os poderes que adquiriu com a sua parcela masculina. Como sabemos, é isso que ocorre no final da segunda temporada de *Stranger Things*. Quando Eleven retorna, ela abandonou sua irmã, e voltou porque quer, não porque precisa — e com uma transformação de estilo também. Ela se tornou mais sábia e poderosa, e, além de acabar com vários Demodogs, ela precisa fechar o Portal.

No final da segunda temporada, ela começa um caminho para se tornar uma guerreira espiritual, e não apenas durona, mas aquela que pode equilibrar os mundos que vivem dentro dela. Essa integração entre as partes femininas e masculinas é o que diferencia a *Jornada da Heroína* da *Jornada do Herói* de Campbell, mas certamente poderíamos traçar paralelos entre o Monomito — de onde vem a *Jornada do Herói* — e Eleven. Contudo, a *Jornada da Heroína* pode trazer à luz certas especificidades por tratar de personagens femininas contemporâneas. Uma coisa é certa: Eleven é *poderosa*.

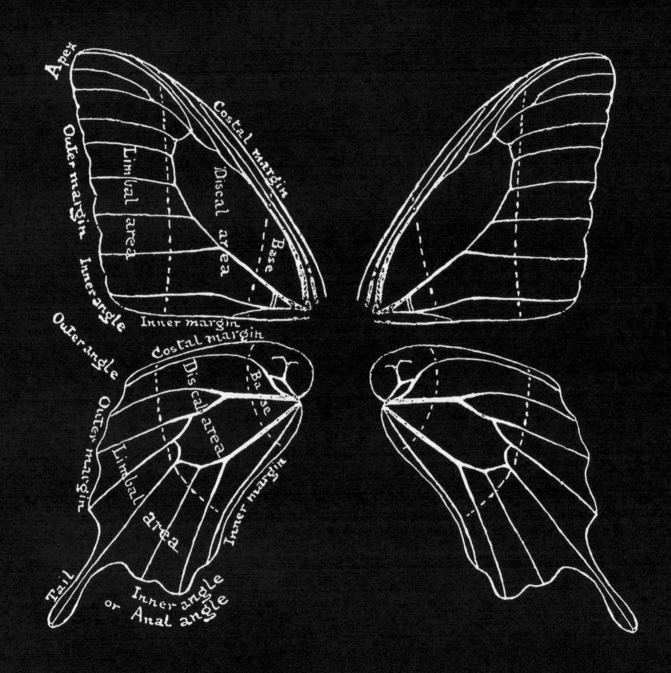

JOSEPH VOGEL

STRANGER FANS

A imagem da borboleta

O encontro **sensível** entre o corpo e a alma para que a heroína **seja** revivida

por Flávia Gasi e Liliane Santana

07. A borboleta é uma imagem importante para a Jornada da Heroína. Criada por Kali para demonstrar seus poderes, e inicialmente azul, ela muda de cor enquanto bate as asas, mas todas as cores são intensas e claras.

Primeiramente, vamos comentar sobre essas cores. A coloração funciona como um símbolo noturno, da descida íntima da Eleven para o seu autoconhecimento e descoberta de seu passado ao encontrar a irmã. Sobre as cores, Gilbert Durand coloca: "A multicoloração está ligada diretamente às constelações noturnas, ao engrama da feminilidade moderna, à valorização positiva da mulher, da natureza, do centro, da fecundidade".[1] Quer dizer, as cores intensas e claras

A multicoloração está ligada diretamente às constelações noturnas, ao engrama da feminilidade moderna e valorização positiva da mulher

funcionam como um marco na relação das duas, e na conversa que ajuda Eleven a ter uma visão positiva de si e de seus poderes.

Além disso, a metamorfose das borboletas é simbolizada da seguinte forma: a crisálida é o ovo que contém a potencialidade do ser; a borboleta que sai desse ovo é um símbolo de ressurreição, ou pode representar a saída do túmulo.

Algumas representações da deusa Psique eram em forma de borboleta ou mariposa, especialmente quando ela lamentava a ausência do corpo, a carência da luz (de uma alma sem corpo). O estudioso de mitologia grega, Junito Brandão,[2] diz que Psique, como conceito amplo, parte do divino no homem, alma, é um sopro da vida, é a força vital, parte imaterial e imortal do ser.

Os Balubas e os Luluas do Kasai, do Zaire central, também associam a borboleta com a alma. Para eles, o homem segue o ciclo da borboleta desde seu nascimento até sua morte. Já o folclore japonês é rico em representações de borboleta, especialmente representando a alma das pessoas. Nessas culturas, a borboleta diz respeito ao encontro com seu corpo, encontrar-se com si, com o renascimento, e a aceitação.

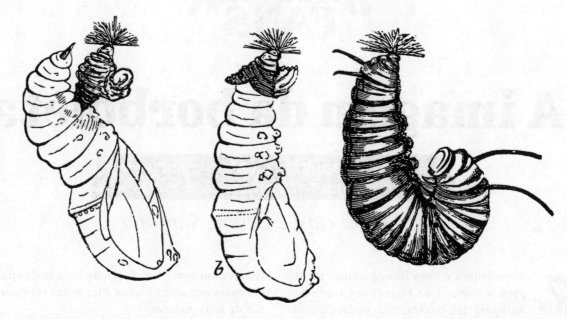

Para os astecas e os maias, a borboleta simbolizava o deus do fogo. Esse deus levava como emblema um peitoral chamado "borboleta de obsidiana", o qual simbolizava a alma ou o sopro vital que escapa da boca de quem está morrendo. Para saber mais sobre essa questão do fogo e da conexão com a heroína, leia nosso artigo sobre os portais de *Stranger Things*, na parte de Análise do Imaginário, página 242.

De qualquer maneira, a borboleta significa o encontro sensível entre o corpo e a alma, para que nossa heroína seja revivida. Esse exemplo pode ser visto em diversas obras de maneiras diferentes. No anime *Cowboy Bebop* (1998), Vincent Volaju renasceu graças às mudanças provocadas por nano-máquinas, mas não se lembra do passado e alucina constantemente com borboletas. Ou seja, seu encontro ainda não foi completo. Assim como no game *Fatal Frame 2* (2003), no qual há a representação da alma como borboleta (morte do gêmeo), mas que está perdida.

Nas representações completas, podemos ver *Alice no País das Maravilhas*, no qual Lagarta inicia seu contato com Alice em forma de, bem, uma lagarta, e, com a metamorfose da personagem ao longo da jornada, ele também se transforma em borboleta, com a transformação sendo completa. E também no jogo *Bioshock 2* (2010), onde há uma borboleta azul que representa a mudança na cidade de *Rapture* para uma sociedade que dr. Lamb acredita ser a melhor.

Para Gaston Bachelard, que estuda imagens e símbolos, a borboleta aparece "nos devaneios divertidos, nos poemas, na natureza, procuram ocasiões do pitoresco. No mundo verdadeiro dos sonhos, em que o voo é um movimento unido e regular, a borboleta é um acidente irrisório — não voa, voeja. Suas asas, demasiado belas, suas asas, demasiado grandes, as impedem de voar".[3]

O importante aqui é que esse voo não precisa ser apenas voar alto, ou ascensional, pra chegar ao céu. Ele pode ser o voo de flor em flor, um voo mais singelo, mais simples, e mais feliz. É o voo que marca o estar e existir no céu. Ele simboliza a possibilidade de existir.

MISSING

The National Center for Missing and Exploited Children:
1-800-843-5678

Provided as a public service by your local dairy and National Child Safety Council

IPCO-85-198

Will Byers Aged 12 4'9"
Brown Hair, Brown Eyes, 73lbs
Last seen wearing Jeans,
Blue Plaid Shirt, White T-Shirt
Red Down Vest with tan stripe
Carrying Black Canvas Day Bag
Any information call Joyce Byers
555-0141

Crianças Desaparecidas
HAVE YOU SEEN ME?

As imagens em preto e branco de meninos e meninas desaparecidos estampadas em caixinhas de papelão fizeram companhia aos americanos durante o café da manhã por grande parte da década de 1980.[1] Antes do Facebook, dos alertas por e-mail e das mensagens de texto, as fotos em caixas de leite eram a maneira mais eficaz de distribuir informações sobre crianças desaparecidas. Fazia muito sentido na época, afinal, o leite sempre esteve à mesa, e as caixas tinham uma troca frequente entre as mercearias e as geladeiras. Mas como crianças desaparecidas começaram a aparecer nas caixas de leite? Como essa prática se tornou tão difundida? E por que as crianças não aparecem em caixas de leite hoje em dia?

Para falar das fotos em preto e branco que nos acompanharam, precisamos primeiro falar de Etan Patz.

Como crianças desaparecidas começaram a aparecer nas caixas de leite? Como essa prática se tornou tão difundida? E por que as crianças não aparecem em caixas de leite hoje em dia?

JOSEPH VOGEL

STRANGER FANS

O desaparecimento de Etan

O trágico caso de Etan Kalil Patz, símbolo das crianças desaparecidas

01. No início de *Stranger Things*, Will Byers é dado como desaparecido pela família ao não retornar para casa depois de uma noite de jogos com os amigos. A história que ganhou força na ficção se pauta em uma realidade que sempre assombrou pais. E não faltam casos para embasar esse medo.

Etan Kalil Patz tinha apenas seis anos de idade quando saiu de casa, em maio de 1979, para ir ao colégio — e nunca chegou lá

Na manhã de 25 de maio de 1979, Etan deixou seu apartamento na Prince Street, Soho, Manhattan, sozinho pela primeira vez, planejando andar dois quarteirões para embarcar em um ônibus escolar que o levaria a West Broadway. Vestia um boné preto de piloto "Future Flight Captain", uma jaqueta azul de veludo cotelê, calça jeans azul e tênis azul com listras fluorescentes. E ele nunca entrou naquele ônibus.

Na escola, a professora de Etan percebeu sua ausência, mas não reportou ao diretor. Quando Etan não voltou para casa depois da escola, sua mãe, Julie, ligou para a polícia. No início, os detetives consideraram os próprios Patz como possíveis suspeitos, mas rapidamente determinaram que a família não tinha envolvimento. Uma intensa busca começou naquela mesma noite, usando quase cem policiais e uma equipe de cães de caça. A busca continuou por semanas. Vizinhos e policiais vasculharam a cidade e colocaram pôsteres de crianças desaparecidas com o retrato de Etan em muros e postes, mas isso resultou em poucas pistas. Movido pelo desespero, o pai de Etan, o fotógrafo Stan, decidiu colocar retratos do filho também nas caixinhas de leite (mais à frente falaremos sobre o debate em torno de Etan ter sido ou não a primeira criança a estampar as caixas, mas a importância desse caso é indiscutível).

Em 1985, o advogado assistente dos Estados

Unidos, Stuart R. GraBois, recebeu o caso e identificou como o principal suspeito José Antônio Ramos, um predador sexual infantil condenado que tinha sido namorado de uma das antigas babás de Etan. Três anos antes, em 1982, vários garotos acusaram Ramos de tentar atraí-los para um cano de esgoto na área onde Ramos morava. Quando a polícia procurou o cano de esgoto, encontraram fotografias de Ramos e de alguns meninos que se pareciam com Etan. GraBois acabou descobrindo que Ramos estava sob custódia na Pensilvânia por outro caso de abuso infantil. Em 1990, GraBois foi nomeado vice-procurador-geral do Estado na Pensilvânia, para ajudar a processar um caso contra Ramos por abusar de crianças e obter mais informações sobre o caso de Etan. Quando questionado por GraBois, Ramos afirmou que, no dia em que Etan desapareceu, ele levou um menino de volta ao seu apartamento para estuprá-lo. Ramos disse que ele tinha "90% de certeza" de que era o garoto que ele mais tarde viu na televisão. No entanto, Ramos não usou o nome de Etan. Ele também alegou que ele tinha "colocado o menino em um metrô".

Em 1991, enquanto Ramos estava encarcerado, um informante da cadeia disse a GraBois e à agente do FBI Mary Galligan que Ramos havia lhe dito que sabia o que havia acontecido com Etan. Ramos até desenhou um mapa com a rota do ônibus escolar de Etan, indicando saber que a parada de ônibus do menino era a terceira na rota. Uma reportagem especial sobre crianças desaparecidas do *New York Post*, em 21 de outubro de 1999, diz que Ramos era o principal suspeito do desaparecimento de Etan. Ele era um conhecido da família Patz e sempre foi o principal suspeito, mas no início da década de 1980 as autoridades não puderam processá-lo por falta de provas conclusivas.

O corpo de Etan nunca foi encontrado, e o menino foi declarado legalmente morto em 2001. Ramos nunca foi processado criminalmente pelo assassinato de Etan, e todos os anos desde então, no aniversário de desaparecimento do garoto, Stan Patz envia a Ramos uma cópia do pôster de seu filho desaparecido. Na parte de trás, digita sempre a mesma mensagem: "O que você fez com o meu menino?". Além disso, os Patz nunca se mudaram de Soho até o julgamento final, na esperança de que o filho voltasse para casa e pudesse reencontrá-los.

Ramos negou que tenha matado Etan, mas cumpriu uma sentença de vinte anos em Dallas, na Pensilvânia, por abuso sexual infantil de outros menores.

Em 25 de maio de 2010, depois de uma denúncia anônima, o promotor distrital de Manhattan, Cyrus Vance Jr., reabriu oficialmente o caso. Em 19 de abril de 2012, investigadores do FBI e do Departamento de Polícia de Nova York (NYPD) começaram a escavar um porão na rua 127-B Prince, perto da casa dos Patz. Esta residência havia sido reformada logo após o desaparecimento de Etan, em 1979, e o porão tinha sido a oficina e o espaço de armazenamento de um faz-tudo. Após uma busca de quatro dias, os investigadores anunciaram que não havia "nada conclusivo encontrado".

O corpo de Etan nunca foi encontrado, e o menino foi declarado legalmente morto em 2001. Seus pais nunca se mudaram na esperança de que ele voltasse para casa.

Em 24 de maio de 2012, o comissário de polícia de Nova York, Raymond Kelly, anunciou que um homem estava sob custódia e que havia se envolvido no desaparecimento de Etan. De acordo com o *The New York Times*, um oficial da lei identificou o homem como Pedro Hernandez, de 51 anos, de Maple Shade, Nova Jersey, e disse que ele havia confessado ter estrangulado a criança. Hernandez declarou em sua confissão escrita à polícia: "Me desculpe, eu o estrangulei".

Após um ir e vir interminável aos tribunais (em que os advogados de defesa alegaram desde esquizofrenia até QI próximo ao débil de Hernandez), um novo julgamento começou em 19 de outubro de 2016, em um tribunal de Nova York, com deliberações do júri em fevereiro de 2017. Em 14 de fevereiro de 2017, Hernandez foi considerado culpado de sequestro e homicídio doloso. A sentença foi marcada para 28 de fevereiro, com Hernandez enfrentando até 25 anos de prisão. No entanto, os advogados de Hernandez conseguiram um novo prazo, a fim de serem capazes de contestar o veredicto.

Em 18 de abril de 2017, Hernandez foi finalmente condenado à prisão, sem possibilidade de liberdade condicional, por 25 anos.

Em 25 de maio de 1983, aniversário do desaparecimento de Etan Patz, foi designado pelo então presidente Ronald Reagan como o Dia Nacional das Crianças Desaparecidas nos Estados Unidos. Em 2001, o tributo se espalhou pelo mundo. O Centro Internacional para Crianças Desaparecidas e Exploradas (ICMEC) coordena a campanha "Help bring them home" ["Ajude a trazê-los para casa", em tradução livre] em 22 países em conjunto com o Dia Internacional das Crianças Desaparecidas.

A extensa atenção da mídia dada ao desaparecimento

"Perigo: Estranho" implantou a ideia controversa de que todos os adultos não conhecidos pela criança devem ser considerados potenciais fontes de perigo.

de Etan foi creditada como a criação de maior atenção às crianças desaparecidas, resultando em mudanças comportamentais dos pais sobre permitir ou não que suas crianças andassem sozinhas até a escola, fotos de crianças desaparecidas impressas em caixas de leite e a promoção do conceito de crianças desaparecidas. "Perigo: Estranho" implantou a ideia controversa de que todos os adultos não conhecidos pela criança devem ser considerados potenciais fontes de perigo.

MISSING

Caixinhas de leite

263

Como a história de Etan se relaciona com uma campanha nacional

02. Tudo começou com alguns panfletos. Na década de 1970, muitos departamentos de polícia hesitavam em intervir quando pais não tutelados fugiam com seus filhos. Eles viam os incidentes como desacordos domésticos, e não como verdadeiros sequestros. Pais custodiados frustrados lançaram um movimento para combater o problema, dando ao crime um nome: Arrebatamento de Crianças. Grupos de defesa distribuíam panfletos contendo fotos de crianças levadas para diretores de escola e professores, porque o pai que não era o responsável legal muitas vezes matriculava a criança em uma nova escola com um nome diferente.

Etan pode não ter sido o primeiro, mas a comoção gerada após o seu desaparecimento foi responsável pela ampliação da campanha na década de 1980

Os defensores ampliaram sua campanha no início dos anos 1980 para incluir todas as crianças desaparecidas. Um punhado de sequestros de alto perfil aterrorizaram o público, entre eles o de Etan Patz. Ao incluir fugitivos em suas estimativas, os defensores foram capazes de alegar que centenas de milhares de crianças desapareciam todos os anos nos Estados Unidos.

Essas estatísticas chocantes, combinadas com alguns crimes notórios, mobilizaram empresas, funcionários públicos e pais. Com o acesso aos panfletos antirroubo de crianças dos anos 1970, alguns laticínios começaram a colocar fotos de crianças desaparecidas em caixas de leite em 1984. Não está claro, entretanto, qual empresa surgiu com a ideia, ou se ela partiu mesmo do pai de Etan Patz. Muitos apontam para Anderson Erickson Dairy, que imprimiu o rosto do menino desaparecido de Iowa,[2] Johnny Gosch, em suas embalagens. Outros afirmam que o Hawthorn Mellody Dairy de Wisconsin foi o primeiro, concordando em mostrar um grupo rotativo de crianças desaparecidas de Chicago. Algumas fontes afirmam com veemência que Etan Patz foi a primeira criança da caixa de leite. O caso de Etan é que seu incansável pai e fotógrafo usou vários retratos do filho nas embalagens de laticínios, pôsteres e onde mais conseguiu veiculá-las.

Etan pode não ter sido o primeiro, mas com a comoção gerada após seu desaparecimento foi o responsável por fazer dessa campanha uma ação difundida na década de 1980.[3]

Nos dias de hoje, pensamos em caixas de leite como o único produto que mostrava crianças desaparecidas, mas as empresas de lácteos não estavam sozinhas em sua defesa. As fotos das crianças surgiram em caixas de pizza, sacolas de supermercado e envelopes de lixo eletrônico ao lado da pergunta:

Lois Lane investigou casos de crianças desaparecidas em histórias em quadrinhos. Os Berenstain Bears alertaram as crianças sobre o perigo de estranhos. Personagens detetivescos procuraram por crianças raptadas.

"Você me viu?".

A embalagem de produtos era apenas um aspecto das campanhas de crianças desaparecidas dos anos 1980. Lois Lane investigou casos de crianças desaparecidas em histórias em quadrinhos. Os Berenstain Bears alertaram as crianças sobre o perigo da aproximação de um estranho. Os heróis dos romances de detetive procuraram por crianças raptadas. Grupos cívicos tiraram impressões digitais de crianças e as impressões eram parte de um kit que os pais poderiam dar à polícia se uma criança desaparecesse. As crianças foram ensinadas a exigir uma "senha secreta" de um vizinho ou amigo enviado para pegá-las no treino de futebol quando a mãe e/ou o pai ficassem até tarde no trabalho. Provavelmente, na inovação mais eficaz, os departamentos de polícia passaram a se comunicar melhor com as crianças desaparecidas.

Ainda assim, a campanha da caixa de leite era provavelmente o aspecto mais visível do movimento em 1985, quando setecentos dos laticínios independentes dos Estados Unidos adotaram a prática. Muitos informantes disseram à polícia que reconheceram uma criança em uma embalagem de leite, mas não há dados concretos sobre quantas crianças foram salvas pelas caixinhas. As caixas de leite diminuíram drasticamente a mostra de crianças desaparecidas no final dos anos 1980, depois que pediatras proeminentes como Benjamin Spock e T. Berry Brazelton afirmaram que os avisos assustavam desnecessariamente as crianças.

Nos dias atuais pode parecer uma manobra pouco eficaz, mas pesa sobre nós o triste fardo de termos nos tornado mais frios perante os desaparecimentos e abusos sofridos pelas crianças; anestesiados, em parte, por estarmos expostos a um número tão grande de casos. Quando as caixinhas de leite com fotos de crianças desaparecidas rodavam os Estados Unidos e muitos outros países incluindo o nosso, uma criança retirada dos pais significava bem mais que um crime contra a sociedade, era um crime contra a espécie humana, uma afronta sobre nós mesmos e sobre o futuro que tentávamos construir.

**BARBARA HOLLAND
"BARB"**

MISSING

BARBARA HOLLAND
"BARB"

DATE MISSING: 11/8/83
FROM: HAWKINS, IN
DOB: 6/27/66
WHITE FEMALE
EYES: BROWN
HAIR: RED
HEIGHT: 5'9"

PERSONS HAVING ANY INFORMATION ARE REQUESTED TO CALL HAWKINS POLICE DEPARTMENT

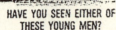

5 DE SETEMBRO DE 1982: Johnny Gosch, 12 anos, desaparece ao entregar jornais.

12 DE AGOSTO DE 1984: Eugene Martin, 13 anos, desaparece ao entregar jornais.

SETEMBRO DE 1984: Anderson Erickson Dairy, em Des Moines, começa a colocar fotos e biografias curtas de Johnny e Eugene nas laterais de embalagens de leite de meio galão. Uma semana depois de a AE lançar o projeto, a Prairie Farms Dairy, também em Des Moines, decide fazer o mesmo.

NOVEMBRO DE 1984: Walter Woodbury, vice-presidente da Hawthorn Mellody Dairy de Whitewater, Wisconsin, vê uma das caixas de papelão de Anderson Erickson durante uma viagem a Iowa e apresenta a ideia à divisão de jovens do Departamento de Polícia de Chicago.

NOVEMBRO/DEZEMBRO DE 1984: Steven Glazer, chefe de gabinete do montador do Estado da Califórnia (e futuro governador), lê um artigo de jornal sobre o programa de embalagem de leite de Chicago e fala para Gray Davis, governador da Califórnia, promovê-lo como um programa estadual. Glazer contata laticínios em todo o estado, e dezenas se inscrevem.

JANEIRO DE 1985: As primeiras caixas de leite com fotos de crianças desaparecidas de Chicago aparecem com um alcance estimado de aproximadamente 2 milhões de caixas por mês. A iniciativa de Chicago chama a atenção nacional, com destaques na mídia como o *Good Morning America* e a Associated Press.

JANEIRO DE 1985: O programa de embalagem de leite começa na Califórnia, aparecendo em dezenas de milhões de caixas de leite todos os meses. O Conselho Nacional de Segurança Infantil anuncia o seu próprio "Programa de Leite para Crianças Desaparecidas", com cem fábricas de lacticínios já inscritas.

MARÇO DE 1985: Mais de setecentos laticínios estão envolvidos e 1,5 bilhão de caixas de leite com imagens de crianças desaparecidas são distribuídas em todo o país.

ABRIL DE 1985: O Conselho Nacional de Segurança Infantil anuncia que os avistamentos relatados de crianças desaparecidas aumentaram em mais de 30%.

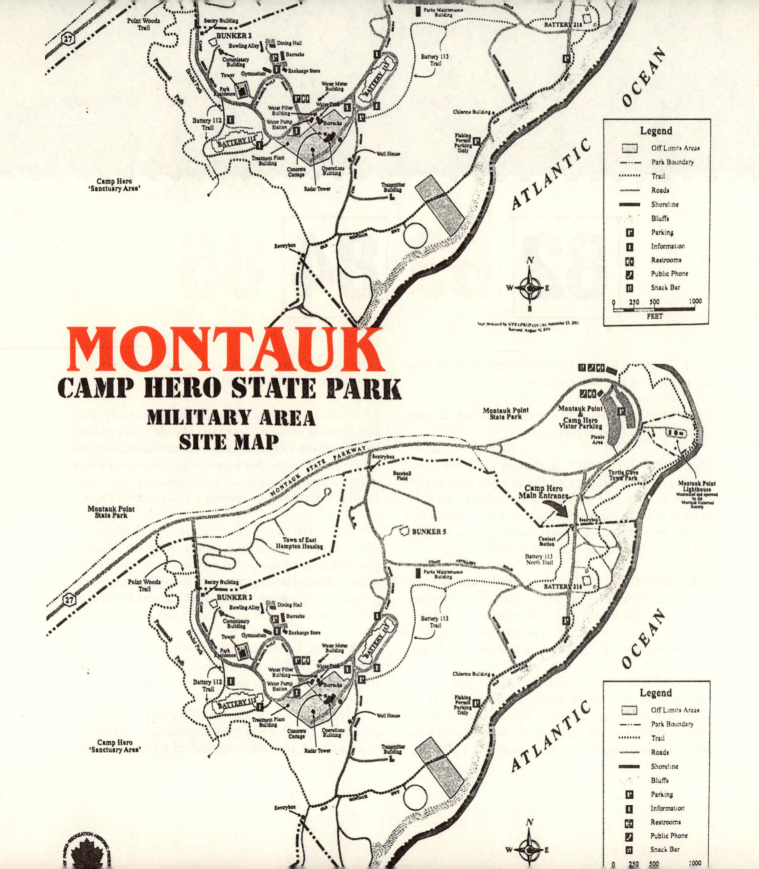

REC ◼ 🔋

Projeto
Montauk

OS EXPERIMENTOS "REAIS"
QUE INSPIRARAM *STRANGER THINGS*

O amor dos fãs por *Stranger Things* tem se mostrando bem mais poderoso que o próprio Demogorgon, e junto a todo esse amor, é natural que surja alguma curiosidade extra depois de devorarmos a série. De onde veio a ideia, como os irmãos Duffer conseguiram nos cativar dessa maneira e, principalmente, se existe algo real que tenha inspirado a trágica história de Eleven e os acontecimentos inexplicáveis ocorridos em Hawkins. Embora tenhamos nos aprofundado em muitos desses e outros aspectos neste livro, uma supostamente oculta (ou no mínimo discreta) "história de fundo" merece mais atenção: uma experiência real do governo, conhecida entre os fãs da paranormalidade como o "Projeto Montauk".

Qualquer pessoa que tenha passado algum tempo em Montauk provavelmente encontrou a lenda urbana do Parque Estadual Camp Hero. Localizado na extremidade leste de Long Island, essa rede de caminhos e alojamentos é muito agradável, sendo o que restou da aparência severa de uma base da força aérea, além de suas gigantescas torres de antena e uma enorme laje de concreto que diz "Não entre neste prédio". Sinta-se livre para parar por aqui se quiser, mas esteja avisado que se você entrar em qualquer uma das áreas fechadas ou edifícios, estará invadindo.

A lenda urbana do Parque Estadual Camp Hero é de conhecimento de qualquer pessoa que tenha passado algum tempo em Montauk — seja em pesquisa on-line, seja pessoalmente

Antes do formato atual de Stranger Things, a série se chamava Montauk e se passava no extremo leste de Long Island, perto da base aérea de Camp Hero

Certo, você ainda está aqui.
Como já dissemos anteriormente, o fenômeno cultural que hoje conhecemos como *Stranger Things* foi vendido sob o título de trabalho de *Montauk*, e antes que os produtores mudassem o cenário para uma pequena cidade em Indiana, os misteriosos acontecimentos da primeira temporada ocorreriam no extremo leste de Long Island, perto da base aérea de Camp Hero, localizada em — adivinhem? — Montauk. Tais acontecimentos que habitaram os oito episódios da primeira fase de *Stranger Things* — culminando na ideia de que o contato entre Eleven e o Demogorgon possa ter aberto o portal para o Mundo Invertido — possuem raízes em um incidente que os teóricos da conspiração acreditam ter ocorrido em Montauk em 1983, e encerrado experimentos secretos que as Forças Armadas dos Estados Unidos vinham realizando em crianças por quatro décadas.

Esse cenário exagerado que corresponde a *Stranger Things* é apenas parte da lenda de Long Island. Então segure seus hormônios, porque a história do Projeto Montauk é, no mínimo, "tubular".

JOSEPH VOGEL
STRANGER FANS

O início da Febre Montauk

O escopo do que acontecia em Montauk era amplo para conspirações

01. Os rumores de que o governo dos Estados Unidos vinha conduzindo experimentos de guerra psicológica em Montauk, tanto na Base de Camp Hero quanto na Estação da Força Aérea de Montauk, começaram a borbulhar em meados da década de 1980. Preston B. Nichols legitimou a teorização quando detalhou os supostos eventos em uma série de livros. Em sua obra *The Montauk Project: Experiments in Time*, de 1992, Nichols alegou ter recuperado memórias reprimidas sobre sua participação em experimentos misteriosos; logo outros envolvidos com o Projeto Montauk se apresentaram para corroborar algumas das estranhas afirmações de Nichols.

Quando esses e outros sujeitos recuperaram mais de suas memórias, eles cederam inúmeras entrevistas sobre seu envolvimento em experimentos envolvendo espaço, tempo e outras dimensões. Dependendo da entrevista, e de quando foi documentada,

Em sua obra The Montauk Project: Experiments in Time, de 1992, Nichols alegou ter recuperado memórias reprimidas sobre sua participação em experimentos misteriosos

o escopo do que estava acontecendo em Montauk é amplo o suficiente para incluir muitas outras conspirações. A partir de agora, a narrativa que levou ao incidente de 1983 começa durante a Segunda Guerra Mundial, com uma operação militar secreta muito mais famosa.

JOSEPH VOGEL

STRANGER FANS

O Projeto Filadélfia (1984)

O filme de Stewart Raffill é
inspirado nos acontecimentos de 1943

02. Em outubro de 1943, os militares dos Estados Unidos supostamente realizaram experimentos secretos no estaleiro naval da Filadélfia, na Pensilvânia, em uma tentativa de frustrar os radares nazistas, para que pudessem transportar com segurança suprimentos até os Aliados, na Europa. A Marinha nunca admitiu a realização de nenhum desses testes, mas, de acordo com os teóricos da conspiração de 1955, ela não apenas conseguiu descobrir como tornar seus navios invisíveis ao radar, como acidentalmente fez com que um desses navios de guerra viajasse no...

Pausa.

Bem, como é de se desconfiar, ninguém tem certeza de nada. O USS Eldridge teria saltado no tempo? Ou teria saltado para uma dimensão diferente? Pelo que alegam os teóricos, o "fato" é que o navio foi para algum lugar, e depois que os militares ficaram sabendo dos efeitos negativos que a superexposição de sua versão do "Mundo Invertido" havia exercido sobre a tripulação, eles encerraram o projeto.

Hollywood rapidamente colocou as mãos nesta história, e isso foi bem antes de *Stranger Things*. O filme de 1984, *O Projeto Filadélfia*, adaptado de um livro sobre essa conspiração, nos apresenta dois marinheiros que servem nos Estados Unidos durante a Segunda Guerra Mundial. Assim como na história que é contada, a equipe de experimentos se encontra no navio que pulou quarenta anos à frente no tempo. Uma vez no futuro, eles percebem que o Experimento Filadélfia foi revivido nos anos 1980, mas como uma forma de o governo fazer um escudo invisível para seus mísseis intercontinentais (saudações à Guerra Fria). Os dois experimentos se conectam por meio de um buraco de minhoca no tempo, e os geradores no Eldridge mantêm o portal aberto quando ele começa a "sugar e cuspir" a matéria de 1984. *O Projeto Filadélfia* decepcionou nas bilheterias, mas para um grupo seleto de pessoas o filme deu vida nova a uma lenda bem mais antiga.

JOSEPH VOGEL
STRANGER FANS

Um portal para Montauk

Al Bielek foi capaz de descobrir memórias reprimidas do projeto

03. Depois de ver *Projeto Filadélfia* em 1988, Al Bielek, de 57 anos, não conseguiu se livrar da sensação estranha de ter "visto a mesma coisa em algum lugar" antes do filme. Submetendo-se a várias formas de terapias da Nova Era, Bielek foi capaz de descobrir memórias reprimidas de ter trabalhado no Projeto Montauk nos anos 1970 e 1980; e também descobriu que suas memórias foram bloqueadas propositalmente, para manter o experimento em segredo. Quando suas lembranças voltaram, ele descobriu que seu nome não era Al Bielek, afinal. Nascido Edward Cameron, ele também trabalhou no Experimento Filadélfia com seu irmão, Duncan Cameron, quando os dois tinham vinte e poucos anos.

Alguns anos depois, Al Bielek apresentou sua história em uma conferência da Mufon (Mutual UFO Network), a maior organização investigativa sobre OVNIS dos Estados Unidos. O Experimento Filadélfia era real, ele disse, e ele era a prova, tendo vivido a seção da Segunda Guerra Mundial do filme que ativou suas memórias reprimidas. Bielek afirmou que, em algum momento nos anos 1940, Nikola Tesla descobriu como fazer o Eldridge invisível e, no processo, abriu um buraco no tempo que sugou o navio para o futuro. Os irmãos Cameron estavam a bordo, pulando do navio e aterrissando na base de Montauk — em 12 de agosto de 1983. Os militares prontamente os enviaram de volta pelo buraco de minhoca com uma missão: destruir o equipamento no Eldridge. Segundo Bielek, os irmãos completaram sua missão, embora isso não tenha impedido o governo de fazer mais experimentos para construir portais para o futuro.

Bielek afirmou que, em algum momento nos anos 1940, Nikola Tesla descobriu como fazer o Eldridge invisível e, no processo, abriu um buraco no tempo que sugou o navio para o futuro

Durante um discurso de 1990 na Mufon, Bielek descreveu em termos vagos como ele havia sido perseguido, teve sua memória apagada e foi forçado a viver o resto de sua vida como "Al Bielek". Explicou como, no início dos anos 1960, ele (como Edward) havia convencido seu pai a ter outro filho para que pudessem transportar a consciência de Duncan de 1983 para o irmão nascido em 1963. Bielek se referiu a essa

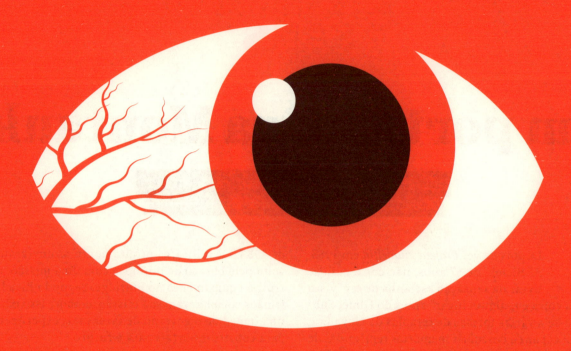

versão de Duncan como uma "transposição de alma". Ele também sugeriu que um acidente em 1983 (tão detalhado quanto ele foi capaz de explicar) fez com que ele começasse a envelhecer rapidamente.

As histórias de Bielek circularam e ganharam a atenção de Preston Nichols, que seria amigo de Bielek e contaria a história dos irmãos Cameron e a sua própria. Em *The Montauk Project: Experiments in Time*, Nichols escreve sobre o tempo em que trabalhou em experimentos secretos na base. Especificamente durante a década de 1970, afirmou, ele trabalhou com Bielek em algo chamado "Cadeira Montauk", uma peça de mobiliário que usava eletromagnetismo para amplificar os poderes psíquicos (duvidamos muito que qualquer semelhança com a série alemã *Dark* seja mera coincidência).

Duncan Cameron — a versão infantil de "alma transposicionada" nascida em 1963 — desenvolveu poderes psíquicos, e tornou-se foco de muitos dos experimentos da Cadeira Montauk. Aparentemente, Duncan poderia manifestar objetos apenas pensando sobre eles, enquanto estivesse na cadeira de Montauk. Um dos experimentos que Nichols descreve parece muito com o experimento que é realizado em Eleven antes de ela abrir o portal para o Mundo Invertido.

Esse primeiro experimento foi chamado de "O olho que vê". Com uma mecha de cabelo ou outro objeto apropriado na mão, Duncan podia se concentrar na pessoa e ver o que ela estivesse vendo, como se estivesse observando através dos olhos do alvo, ouvindo com seus ouvidos e sentindo com seu corpo. Ele alega ainda hoje que realmente podia ver através de outras pessoas em qualquer lugar do planeta (procurem por ele no YouTube, ou mais recentemente no History Channel).

JOSEPH VOGEL

As crianças sequestradas

Em seu livro, Nichols fala sobre crianças usadas em testes estranhos

04. Nichols continuou a testar Duncan, que era um médium tão poderoso que ninguém suspeitava que ele fosse um homem do passado distante inserido em um novo corpo. Ele tentou aproveitar os poderes de seu adepto na Cadeira Montauk para realizar experimentos de controle mental usando rádios especiais em Camp Hero. É aqui que entram as outras crianças.

Em seu livro, Nichols escreve sobre outros garotos sendo trazidos e usados como cobaias — e alguns foram enviados através de um portal para um ponto desconhecido do espaço-tempo. *Stranger Things* supostamente levanta esta teoria; o nome "Eleven" rapidamente nos sugere que existem ou existiram dez outros sujeitos antes dela. No livro de Nichols, esses sequestrados são conhecidos como os "Garotos de Montauk" e, desde que Nichols e Bielek começaram a falar sobre suas lembranças recuperadas, outros homens de Long Island redescobriram que foram frequentemente sequestrados de seus lares por cientistas de Camp Hero, que queriam "Quebrá-los psicologicamente para que pudessem implantar comandos subconscientes", transformando-os em um exército.

Depois de vários anos experimentando Duncan na Cadeira Montauk, Nichols afirma que eles puderam viajar de forma confiável para outros tempos e lugares (até mesmo para Marte). No fim, foram capazes de programar Duncan com alguns comandos básicos para que o pobre garoto não precisasse ficar confinado à cadeira o tempo todo.

Em um ponto, porém, os superiores de Nichols disseram-lhe para ligar a Cadeira Montauk e deixá-la funcionando... até 12 de agosto de 1983. Como a história continua, tendo outra máquina de viagem no tempo ligada, o Projeto Montauk criou com sucesso um buraco de minhoca para 1943, com energia nas duas extremidades. Foi assim que o Ed e o Duncan Cameron de 1943 passaram pelo portal e que os eventos descritos por Al Bielek ocorreram.

Nichols manteve o Duncan de 1943 longe de sua versão de 1983, mas rapidamente percebeu que a viagem no tempo era muito complexa e muito perigosa para brincar (torturar crianças, no entanto, parecia aceitável). Ele e três colegas elaboraram um plano para usar Duncan para encerrar o projeto.

JOSEPH VOGEL

STRANGER FANS

Duncan invoca um monstro

Um incidente terrível põe fim no projeto

05. Então eles finalmente decidiram que tinham o suficiente do experimento. O programa de contingência foi ativado por alguém que se aproximou de Duncan enquanto ele estava na cadeira e simplesmente sussurrou "A hora é agora". Neste momento, ele soltou um monstro de seu subconsciente. E o transmissor realmente retratou um monstro peludo. "Era grande, peludo, faminto e desagradável. Mas não apareceu no subsolo, no ponto nulo que estava programado. Ele apareceu em algum lugar na base. Comeria qualquer coisa que pudesse encontrar, [...] várias pessoas diferentes o viram, mas quase todo mundo descreveu um animal diferente."

Nichols teve que esmagar todo o equipamento que alimentava a Cadeira Montauk antes que a besta desaparecesse de volta para o nada. Esse incidente, além da âncora que foi construída entre 12 de agosto de 1943 e 12 de agosto de 1983, garantiu que o projeto fosse fechado. Os empregados então sofreram lavagem cerebral e, em 1984, os níveis mais baixos da base foram preenchidos com cimento.

"Era grande, peludo, faminto e desagradável. Mas não apareceu no subsolo, no ponto nulo que estava programado (...)"

O legado

O fascínio se renova a cada ano e novas obras sempre surgem

06. O fascínio sobre Montauk se renova ao longo dos anos, e o cineasta Chris Garetano não escapou de suas garras obscuras. Por dez anos, Chris vasculhou evidências, saltou cercas do governo e entrevistou testemunhas sobre o projeto (incluindo o próprio Duncan, que infelizmente não se mostrou confiável). E o esforço foi tamanho que acabou atraindo a atenção do History Channel, em um especial intitulado *The Dark Files*.

O que Chris nos diz é o seguinte: "Você pode perguntar a esses caras até ficar de cara feia, e os cavalheiros que estão vivos — os que estão ligados aos livros — contarão a mesma história, não importa quantas vezes você pergunte [...] Às vezes muda. Às vezes há coisas novas. Mas eles vão continuar contando essa história".

Garetano co-organiza o especial com o escritor e ex-agente da CIA, Barry Eisler, e o jornalista Steve Volk, e eles tiveram a ajuda de um grupo de geólogos que usaram equipamentos de penetração no solo em Camp Hero para escanear muitos metros abaixo da superfície. "Foi encontrado algo que não deveria estar lá", Garetano afirma diante das câmeras.

A descoberta pode não significar o subsolo seguro para isolar o Demogorgon da vida real, ou o Mundo Invertido de onde ele veio, mas definitivamente existe alguma coisa sob a superfície cimentada de Montauk. Quando e como tudo isso virá à tona é a nova questão, uma que o só o lento avanço do tempo poderá nos responder.

Existe alguma coisa sob a superfície cimentada de Montauk. Quando e como tudo vira à tona, só o tempo pode responder.

JOSEPH VOGEL
STRANGER FANS

E.T. & Atari

**A era de ouro com os videogames
mais incríveis de todos os tempos**

01. *"E.T., telefone, minha casa; E.T., telefone, minha casa; E.T., telefone, minha casa!"* Você não precisa ter nascido antes dos anos 1980 para lembrar dessa frase. Basta ter se sentado em frente a uma TV algumas vezes, de preferência nos especiais de fim de ano, e sua memória afetiva será ativada.

Como sabemos, a frase é uma das falas mais icônicas e emocionantes do filme *E.T.*, dirigido por Steven Spielberg e lançado em 1982. O longa, que conta uma história de amizade entre um garoto e um alienígena de bom coração, foi sucesso de bilheteria e marcou toda uma geração, sendo transmitido muitas e muitas vezes na televisão aberta.

Já o Atari 2600, lançado em 1979, é considerado por muitos o precursor do videogame moderno. O motivo: ele foi o primeiro console a permitir o uso de cartuchos. Acreditem ou não, antes do Atari, o jogo vinha programado dentro do console do aparelho; e foi somente com os cartuchos que os desenvolvedores ganharam a possibilidade de criar games *depois* do console ser lançado. *Pac-Man*, *Moon Patrol*, *Enduro*, *Pitfall* e *River Raid* estão entre os seus títulos mais populares, mas existem outros, montanhas de cartuchos que causaram insônia e ansiedade e dedos calejados à primeira geração de viciados em videogame de que se tem notícia.

Nos anos modernos, pode ser um pouco difícil entender a importância desses cartuchos, mas pense assim: se antes a garotada precisava ir para o fliperama gastar suas moedas para jogar *Space Invaders* e *Pac-Man*, o Atari 2600 permitiu que eles fizessem isso no conforto de sua sala, horas e horas por dia, muitas vezes à noite, arruinando retinas, músculos e tendões (pergunte aos seus pais, se não acredita em nós).

Com tudo isso em mente, alguém capaz de misturar esses dois ícones dos anos 1980 produziria algo grande, na verdade, enorme. *Na verdade*, um sucesso intergaláctico. E foi dessa mistura de *E.T.* e Atari que surgiu o "pior jogo da história".

Mas o que pode ser tão ruim em um jogo?

Bem, se alguma vez em sua vida você já experimentou algum jogo que homenageia um filme, série ou desenho, já deve ter se deparado com esse cenário: um game capenga, que pouco tem a ver com o material original e definitivamente não faz justiça ao nome que está levando. Claro, nem todos os jogos licenciados acabam dessa forma, mas muitos passam a impressão de serem apenas produtos de segunda destinados a arrancar até o último centavo da febre do momento. E *E.T. — O Extraterrestre* para o Atari 2600 foi exatamente isso: uma oportunidade enorme.

JOSEPH VOGEL

STRANGER FANS

Não é um jogo fácil

O complexo manual para aprender a jogar E.T

02. Em primeiro lugar, é preciso entender como funcionavam os jogos de Atari naquela época: a ideia não era simplesmente abrir a caixa, enfiar o cartucho no console e se divertir. Isso até podia ser verdade com alguns títulos mais intuitivos (vamos lá, não existe uma forma errada de jogar *Pac-Man* e *Enduro*), mas não eram todos assim. Os jogos vinham com manuais de instruções, que explicavam como funcionava o game, qual o objetivo e o que você precisava fazer para chegar lá. No caso de E.T. — *O Extraterrestre*, se você não tivesse acesso a esse manual, não teria a menor ideia do que estava acontecendo.

O jogo começa com o personagem E.T. descendo em uma gaiola rosa esquisita que representa sua nave espacial. O cenário do jogo é verde, parecido com uma floresta. O objetivo é coletar três peças de um telefone alienígena, que seria utilizado para chamar a nave de volta. No topo da tela, em uma faixa rosa, é mostrada uma direção geral, de onde se encontra o pedaço mais próximo. Na parte inferior, um número indica a energia do personagem E.T. Esse número vai diminuindo com qualquer ação que o jogador realiza, e se chegar a zero, você perde uma vida. Sim, mas você pode recuperar energia recolhendo Reese's Pieces — um chocolate vendido nos Estados Unidos que aparece no filme — do chão. Depois de terminar de montar o telefone, o E.T. deve voltar para a floresta e chamar de volta a nave espacial, que retorna dentro de um tempo pré-determinado. Em seguida, o jogo recomeça. Você leva a sua pontuação para o nível seguinte, que é basicamente o mesmo mapa, com as peças de telefone localizadas em lugares diferentes. Se os pontos acabarem, a energia acaba e o E.T. morre. Depois de três vidas perdidas, o jogo acaba.

Os jogos vinham com manuais que explicavam o game, qual o objetivo e o que você precisava fazer para chegar lá. Raramente era necessário, mas, sem isso, era impossível jogar E.T.

É isso mesmo. Não tem história, não tem final, e o jogo é basicamente o mesmo mapa sendo carregado e recarregado em um loop eterno, sem que a dificuldade mude. E isso não é nem de longe a pior reclamação do jogo.

Acontece que, ao esbarrar no pixel errado do mapa, o jogador poderia ficar caindo no mesmo buraco, várias e várias vezes, até que mudasse de posição. Então você cai, flutua por cinco segundos até a borda do buraco, cai de novo, flutua por cinco segundos, cai, flutua... Existe uma flor que revive o E.T. e, bem, sabe-se lá o motivo disso acontecer. Mas pelo menos ele sai do buraco — para voltar para um jogo que não faz sentido nenhum. E tem mais um detalhe: depois de colecionar Reese's Pieces e as partes do telefone, você pode ter tudo roubado por agentes do FBI e cientistas que vão ficar perseguindo o alienígena o tempo todo. Daí você procura as peças, cai em um buraco, flutua, cai de novo, cheira uma flor etc.

Howard Warshaw, designer do jogo, diz que se tivesse tido mais tempo, certamente teria mudado algumas coisas sobre *E.T. — O Extraterrestre*. Em entrevista ao *Platypus*, ele comenta: "O que eu fiz foi o design que poderia ser feito em cinco semanas. [...] Era um jogo completo, funcional e em sua maior parte sem problemas, que era jogado em um ambiente tridimensional com alguns componentes inovadores. Era um game completo, mas o que mais faltava era coerência. Se eu tivesse a chance, a primeira coisa que eu mudaria seriam os buracos. Eu tornaria mais difícil cair nos buracos."

Há quem diga que, não, E.T. — *O Extraterrestre* para Atari 2600 não é, afinal, o pior jogo da história. Se comparado a outros jogos da época, ele não era particularmente ruim: os gráficos eram razoáveis, os sons também, e era perfeitamente jogável. No final, ele foi, sim, um dos jogos mais vendidos do Atari 2600, com 1,5 milhões de cópias, mas não evitou um prejuízo enorme para a empresa. O estrago já estava feito. *E.T. — O Extraterrestre* foi um fracasso de vendas diante das expectativas da Atari, teve milhares de cópias enterradas no deserto, e ganhou a alcunha de "pior jogo de todos os tempos". Fim da história para alguns, o fato é que esse foi apenas o começo de uma lenda muito maior.

Ele foi, sim, um dos jogos mais vendidos do Atari 2600, com 1,5 milhões de cópias, mas não evitou um prejuízo enorme para a empresa.

Perdido no deserto

A origem da lenda dos cartuchos é tão fascinante quanto o jogo em si

03. Tudo começou em 22 de setembro de 1983, na calada da noite, quando treze caminhões foram levados para um aterro sanitário em Alamogordo, Novo México, e seus conteúdos foram esvaziados. Tudo foi enterrado e concretado. E assim deveria ter permanecido. Mas não foi o que aconteceu.

Em abril de 2014, atraída pelos rumores que só aumentavam, uma equipe de documentaristas apareceu para escavar o local e descobrir a verdade.

Alguns dias depois, os catadores chegaram e encontraram alguns cartuchos da Atari, com o desenho do E.T. (de Spielberg) os encarando. E, assim, o que deveria ter sido enterrado para sempre ganhou vida mais uma vez, pelo método mais efetivo de propaganda já criado: a curiosidade e a língua solta dos funcionários.

O produto havia sido lançado com grande alarde em dezembro do ano anterior, mas ganhou fama de "lixo" muito depressa, pelos motivos já citados. Anos depois, no Novo México, a lenda dizia que existiam milhões deles, não amados, não vendidos, e enterrados. O jogo maldito que, muitos acreditavam, foi o responsável direto pela queda repentina da Atari — o que levou a empresa a enterrar fisicamente sua vergonha. Anos depois, a internet decretaria que E.T. — O Extraterrestre era o pior jogo de videogame de todos os tempos. De novo, de novo e de novo.

Em abril de 2014, atraída pelos rumores que só aumentavam, uma equipe de documentaristas apareceu para escavar o local e descobrir a verdade. Zak Penn, o escritor de muitos filmes da Marvel, incluindo O Incrível Hulk e X-Men: O Confronto Final e alguns jogos tie-in (jogos baseados em outras mídias, como filmes ou séries de TV), foi contratado para dirigir o documentário Atari: Game Over. Penn é fascinado pelo folclore e queria explorar por que o famigerado E.T. havia capturado a imaginação coletiva por três décadas. "Eu gosto de explorar como uma história é forçada para a realidade", disse ele. "Por que as pessoas querem acreditar nessa versão específica dessa história? Por que o jogo necessariamente foi enterrado?"

Em 1982, o Atari era o rei dessa indústria, e Howard Scott Warshaw, de 25 anos, era o grande rockstar da empresa. Steven Spielberg o havia escolhido para fazer o tie-in de *Os Caçadores da Arca Perdida*, que arrebentou, então o diretor pediu que ele fizesse o mesmo com *E.T. — O Extraterrestre*. Mas havia um pequeno problema: considerando o atraso de dez meses devido a demora com as negociações, e a determinação da Atari para que o jogo fosse lançando para o Natal daquele mesmo ano, Warshaw teria apenas cinco semanas para cumprir a tarefa de desenvolver um jogo do zero.

> **"As pessoas basicamente me davam comida e oxigênio, e verificavam se eu estava bem. Eu estava dormindo aqui e ali. Foram as cinco semanas mais intensas que eu já passei, mas ficou pronto."**

Ainda assim, Warshaw estava "animado com o desafio", ele diz hoje em dia, e ainda acrescenta que decidiu tentar algo original e inovador. "Eu sabia que era exigir muito de mim. Mas eu não pensei apenas 'eu vou tentar'. Se vai morder, você pode muito bem dar uma grande mordida." Ele tinha um sistema de desenvolvimento instalado em sua própria casa, para poder implementar ideias a noite inteira. "As pessoas basicamente me davam comida e oxigênio, e verificavam se eu estava bem. Eu estava dormindo aqui e ali. Foram as cinco semanas mais intensas que eu já passei, mas ficou pronto."

Warshaw concluiu o trabalho, e ficou feliz com o que conquistou com todo aquele sufoco. Spielberg jogou e aprovou, e o cartucho chegou às lojas vendendo muito bem... inicialmente. Logo, porém, resmungos surgiram sobre a jogabilidade fraca e tediosa do jogo. E.T. ficava preso em poços, era capturado, cheirava aquela flor maldita. E quase todas as pessoas desistiam de tentar tirá-lo do buraco (acredite, não era mesmo fácil). Então, os distribuidores começaram a devolver as cópias — a Atari pagou 22 milhões de dólares pelos direitos de *E.T. — O Extraterrestre* e, de forma otimista, produziu 5 milhões de cartuchos, que não estavam girando. Em 1983, para decretar a pá de cal e forjar a lenda de uma vez por todas, a Atari passou por vários problemas nos negócios, perdeu 563 milhões de dólares e foi vendida. E a culpa é de quem? De *E.T. — O Extraterrestre*, obviamente...

Warshaw mudou de profissão algumas vezes, e recentemente se estabeleceu como psicoterapeuta, deixando *E.T. — O Extraterrestre* para trás, de modo que, quando Penn entrou em contato com ele sobre a escavação proposta, ele negou que o episódio e a subsequente reputação do jogo ainda o afetassem emocionalmente.

Tudo isso mudou em Alamogordo, em abril de 2014. Dezenas de fãs haviam chegado ao local, ansiosos para ver o que poderia sair das profundezas da terra. E então o milagre impossível das teorias da conspiração: logo após a escavação começar, em meio a uma tempestade de areia, lá estava: um cartucho do *E.T. — O Extraterrestre*. Na câmera, Howard chora. "O que eu senti foi alegria pura e total", diz. "O que me impressionou foi que algo que fiz há tanto tempo ainda estar criando alegria e entusiasmo nas pessoas. Isso é o que foi impressionante para mim".

A lenda tinha sido verdadeira — ao menos parcialmente.

Em vez dos milhões alegados pelos conspiradores e teóricos, a verdade é que pouco mais de 1300 cartuchos foram encontrados na escavação. O ex-gerente da Atari, James Heller, estava na escavação e confirmou que 728 mil jogos foram enterrados lá, muitos deles títulos de sucesso, bem como peças de reposição inoperáveis. Foi um caso de depósito de lixo

A verdade é que, quando olhamos para trás, conseguimos enxergar o legado que aquele jogo tedioso deixou em nossas vidas.

para uma empresa em queda livre, não um caso sobre milhões de jogos E.T. — O Extraterrestre não vendidos condenando uma empresa à falência — não ali de qualquer maneira; aqueles milhões foram descartados em um lixão perto do QG da Atari na Califórnia.

Warshaw viu o filme de Penn pela primeira vez na Comic-Con do mesmo ano. Ele estava nervoso, tentando prever a reação do público, mas quando Penn o apresentou após a exibição, a plateia o aplaudiu de pé. "As pessoas estavam chorando", diz Penn. "Não apenas Howard. Os fãs do jogo estavam chorando. Foi um dos melhores momentos que tive na minha profissão. Foi incrivelmente emocionante para mim, e muito mais para Howard. As pessoas na indústria de jogos estão reconsiderando seu lugar na história dos jogos porque viram o filme. Então foi um momento muito impressionante para mim, como cineasta, assistir e participar".

Warshaw ainda se emociona quando se lembra do filme. Essas foram suas palavras em uma entrevista para o *The Guardian*: "Foi incrível. Eu descobri maneiras divertidas e positivas de manter tudo isso na minha cabeça por tanto tempo, que acho que nunca percebi a intensidade do que estava carregando. Mas o filme me deu uma sensação de ser resgatado e reconhecido pelo que eu senti e o que realmente fiz. No final do filme, Zak estava me apresentando e, ah... estou me emocionando agora. Quando ele me apresentou, houve uma ovação de pé. Durou algum tempo. E eu acabei caindo em lágrimas. Foi um momento incrível na minha vida. Eu nunca recebi uma ovação de pé antes. Foi um momento de brilho dourado na minha vida".

A verdade é que, quando olhamos para trás, conseguimos enxergar o legado que aquele jogo tedioso deixou em nossas vidas. Era um jogo estranho, difícil, muitas vezes ridículo, mas era um jogo que ninguém jamais conseguiu esquecer. De uma forma muito pura e inocente, o famigerado E.T. — *O Extraterrestre* da Atari representa perfeitamente os anos 1980: uma década que precisou ser desenterrada para entendermos como ela mudou radicalmente a forma como enxergávamos nosso mundo.

285

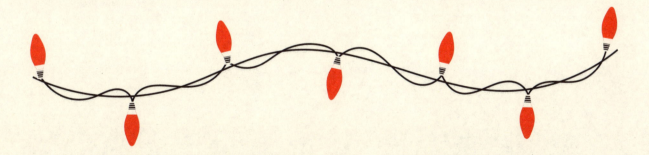

STRANGER NOTES

Esse livro nasceu, é claro, com uma intensa pesquisa para corroborar os fatos apresentados. Deixo abaixo as referências de livros, coletâneas, jornais, redes sociais, vídeos e artigos publicados por todos os cantos para consulta posterior do leitor.

INTRODUÇÃO DO AUTOR

1. Embora a Netflix: Koblin, John. "New Netflix Patings Confirm 'Stranger Things' Is a Hit". New York Times, 2 de novembro de 2017.
2. Naquele mês, o New York Times: Genzlinger, Neil. "Review: With 'Stranger Things,' Netflix Delivers an Eerie Nostalgia Fix". New York Times, 14 de julho de 2016.
3. Na segunda temporada: Barret, Brian. "How Netflix Made 'Stranger Things' a Global Phenomenon". Wired, 23 de outubro de 2017.
4. Se eu tiver um objetivo: "Next Gen 2014: Hollywood's New Class". The Hollywood Reporter, 4 de novembro de 2014.
5. Antes do término da reunião: Berkshire, Geoff. "'Stranger Things': Shawn Levy on Directing Winona Ryder, Netflix's Viral Model". Variety, 22 de julho de 2016...
6. No ramo do cinema: Giroux, Jack. "Interview: 'Stranger Things' Producers on Influences, Marketing, the Rossibility of Future Seasons and More". Film, 21 de julho de 2016.
7. Quando vendemos a série: Berkshire, Geoff. "'Stranger Things': Shawn Levy on Directing Winona Ryder, Netflix's Viral Model". Variety, 22 de julho de 2016.
8. Somos um enigma: Garvey, Anna. "The Oregon Trail Generation: Life Before and After Mainstream Tech". Social Media Week. 21 de abril de 2015.
9. Talvez você consiga: Ibid.
10. Não me lembro dos anos 1980: Sirota, David. Back To Our Future: How the 1980s Explain the World We Live in Now — Our Culture, Our Politics, Our Everything. Nova York: Ballantine Books, 2011, p. xiii.
11. acabaram criando um dialeto: Ibid.
12. Em nossa casa: Ibid.
13. prestar homenagem a todas: Kory Grow, "'Stranger Things': How Two Brothers Created Summer TV's Biggest Hit," Rolling Stone, 3 de agosto de 2017.
14. Às vezes eu vejo pessoas: Leon, Melissa. "Inside 'Stranger Things': The Duffer Bros. On How They Made the TV Hit

of the Summer". The Daily Beast, 7 de agosto, 2016.

15. Esses são os filmes: Zuckerman, Esther. "The Duffers Want Some Scares With their Spielberg". The A.V. Club, 13 de julho de 2016.

16. Nosso objetivo era: Grobar, Matt. "'Stranger Things' Cinematographer Tim Ives On Shooting the Upside Down". Deadline, 26 de agosto de 2017.

17. Ele era conhecido: Duffer, Irmãos. "Stranger Things premiere episode: The Duffer Brothers introduce their new Netflix series". Entertainment Weekly, 15 de julho de 2016.

18. Assim que ouvimos: Duffer, Irmãos. "Stranger Things episode 5: The Duffer Brothers explain the show's soundtrack". Entertainment Weekly, 19 de julho de 2016.

19. Para Stranger Things: Ibid.

20. mas sua vibe retrô dialogava com os Duffer: Nguyen, Hanh. "'Stranger Things' Composers Interview: Duo Discusses Soundtrack, That Haunting Theme Song and More". IndieWire, 10 de agosto de 2016.

01. STEPHEN KING

1. Eu digo isso como uma coisa boa: King, Stephen (Twitter). "Watching STRANGER THINGS is looking watching Steve King's Greatest Hits. I mean that in a good way". 17 de julho de 2016. 10h29.

2. Ele foi uma inspiração enquanto crescíamos: Gardner, Chris. "Stephen King Is Email Buddies With the 'Stranger Things' Creators". The Hollywood Notes Reporter, 28 de setembro de 2017.

3. Segundo a Publisher.Weekly: Magistrale, Tony. Stephen King: America's Storyteller. Santa Barbara: Praeger, 2010, p. 11.

4. Em uma reportagem de capa da Time: Kanfer, Stefan. "King of Horror". Time, 6 de outubro de 1986.

5. outro golpe do chocante: Bloom, Harold. "Dumbing Down American Peaders". Boston.com, 24 de setembro de 2003.

6. sob o tal Sonho Americano: Edmundson, Mark. Nightmare on Main Street: Angels, Sadomasochism, and the Culture of Gothic. Cambridge: Harvard University Press, 1999.

7. O que os Beatles: Magistrale, Tony. Stephen King: America's Storyteller. Santa Barbara: Praeger, 2010, p. 12.

8. Eu achei que se: Scott, Mike. "Stephen King picks his favorite Stephen King movies". The Times-Picayune, 4 de novembro de 2014.

9. Ross Duffer descreve: Chaney, Jen. "Stranger Things' Duffer Brothers on '80s Cinema, Fighting Over Kid Actors, and How They Cast Winona Ryder". Vulture, 15 de julho de 2016.

10. Nós amamos essa história: Duffer, Irmãos. "Stranger Things episode 4: The Duffer Brothers inspired by Stephen King". Entertainment Weekly, 18 de julho de 2016.

11. Wil Wheaton, que interpretou: Doty, Meriah. "Wil Wheaton on Why 'Stranger Things' Could Be This Generation's 'Stand By Me'." The Wrap, 27 de julho de 2016.

12. é uma das melhores coisas: Ibid.

13. É o maior: Fienberg, Daniel. "The Duffer Brothers Talk 'Stranger Things' Influences, 'It' Dreams and Netflix Phase 2". The Hollywood Reporter, 1o de agosto de 2016.

14. Depois da estreia da segunda temporada: Bradley, Bob. "The Truth Behind The Creepy Connection Between 'It' And 'Stranger Things'." Huffington Post, 7 de novembro de 2017.

15. Foi um problema real para mim: Chaney, Jeff. "The Duffer Brothers Recap Stranger Things 2, 'Chapter Three: The Polywag'". Vulture, 1o de novembro de 2017.

16. Stephen King existe neste mundo: Ibid.

17. Carrie, em grande parte: King, Stephen. Danse Macabre. Nova York: Gallery Books, 2010, p. 180.

18. STRANGER THINGS é pura diversão: King, Stephen (Twitter): "STRANGER THINGS is pure fun. A+. Don't miss it. Winona Ryder shines". 17 de julho de 2016. 22h28.

19. STRANGER THINGS 2: Senhoras e senhores: King, Stephen (Twitter). "STRANGER THINGS 2: Ladies and gentlemen, that's how you do it: no bullshit, balls to the wall entertainment. Straight up". 8 de novembro de 2017. 21h21.

20. Ele é incrível: Fienberg, Daniel. "The Duffer Brothers Talk 'Stranger Things' Influences, 'It' Dreams and Netflix Phase 2". The Hollywood Reporter, 1o de agosto de 2016.

02. STEVEN SPIELBERG

1. Eu não sei como Stephen King: Breznican, Anthony. "The untold story of Stephen King and Steven Spielberg's (almost) collaborations". Entertainment Weekly, 5 de abril de 2018.
2. O que Spielberg fez nos anos 1980: Nicholson, Rebecca. "The Duffer Brothers: 'Could we do what Spielberg did in the '80s and elevate it?'". The Guardian, 14 de outubro de 2017.
3. O diretor de fotografia Tim Ives: Rodriguez, Ashley. "Watch: The opening scene of 'Stranger Things' owes everything to 'E.T.'". Quarts, 27 de outubro de 2017.
4. Prendemos a respiração: Duffer, Irmãos. "Stranger Things premiere episode: The Duffer Brothers introduce their new Netflix series". Entertainment Weekly, 15 de julho de 2016.
5. Em E.T., Elliot: Rodriguez, Ashley. "Watch: The opening scene of 'Stranger Things' owes everything to 'E.T.'". Quarts, 27 de outubro de 2017.
6. Tem uma tomada: Ibid.
7. se torna a forasteira: Duffer, Irmãos. "Stranger Things episode 2: The Duffer Brothers on finding their Eleven". Entertainment Weekly, 16 de julho de 2016.
8. Eleven não é uma garota normal: Ibid.
9. Gostamos de Montauk: Fienberg, Daniel. "The Duffer Brothers Talk 'Stranger Things' Influences, 'It' Dreams and Netflix Phase 2". The Hollywood Reporter, 1o de agosto de 2016.
10. um ser interdimensional: Grubbs, Jefferson. "Is The 'Stranger Things' Monster An Alien? The Nature Of This Beast Isn't Quite So Straightforward". Bustle, 25 de julho, 2016.
11. Quando entro em nossa realidade: Lawler, Kelly. "How the shark from 'Jaws' inspired the 'Stranger Things' Monster". USA Today, 24 de agosto de 2016.
12. uma perfeita máquina devoradora: Ibid.
13. Nós sabíamos que [Winona Ryder]: Thomas, Leah. "Winona Ryder's Casting In 'Stranger Things' Wasn't An '80s Preference, But She Did Inspire One Of The Show's Best Nods". Bustle, 23 de agosto de 2016.
14. Todo mundo acha que: Nicholson, Rebecca. "The Duffer Brothers: 'Could we do what Spielberg did in the '80s and elevate it?'". The Guardian, 14 de outubro de 2017.
15. Eu amo que fica: Tilly, Chris. "6 Things The 'Stranger Things' Writers Told Us About Season 2". ign, 23 de agosto de 2016.
16. é a dança do quarto: Paige, Rachel. "The Duffer Brothers want you to know 'Stranger Things' Season 2 is full of 'Indiana Jones' references". Hello Giggles, 27 de outubro de 2017.
17. Isso é exatamente: D'Addario, Daniel. "Stories From the Set of Stranger Things, the TV Escape We Need Right Now". Time, 17 de outubro de 2017.
18. Andrew Stanton, que: Paige, Rachel. "The Duffer Brothers want you to know 'Stranger Things' Season 2 is full of 'Indiana Jones' references". Hello Giggles, 27 de outubro de 2017.
19. Além de Will ser possuído: Chaney, Jen. "The Duffer Brothers Recap Stranger Things 2, 'Chapter Three: The Pollywog'". Vulture, 1o de novembro de 2017.
20. um tipo sonhador de: Getz, Dana. "This 'Goonies' Reference In 'Stranger Things' Season 2 Is A Shameless Tribute To One The Show's Biggest Inspirations". Bustle, 30 de outubro de 2017.
21. Sean adorou [a referência]: Ibid.
22. De acordo com o produtor Shawn Levy: Desta, Yohana. "Stranger Things: Winona Ryder Cried for 10 Hours During the Christmas Lights Scene". Vanity Fair, 23 de junho de 2017.
23. Embora Spielberg não tenha falado: Ibid.
24. não falamos sobre o fato: Ibid.

03. CINEMA 1980

1. John Carpenter misturado: Nicholson, Rebecca. "The Duffer Brothers: 'Could we do what Spielberg did in the '80s and elevate it?'". The Guardian, 14 de outubro de 2017.
2. Eu não sou um compositor: Konow, David. "The Making of John Carpenter's Halloween". Consequence of Sound, 31 de outubro de 2017.
3. Queríamos uma trilha sonora: Zuckerman, Esther. "The Stranger Things creators want some scares with their Spielberg". AV Club, 13 de julho de 2016.
4. Nós filmamos com uma: Ibid.
5. Nossa abordagem às lentes: Grobar, Matt. "'Stranger Things' Cinematographer Tim Ives On Shooting The Upside Down". Deadline, 26 de agosto de 2017.

6. Como muitos cineastas: Duffer, Irmãos. "Stranger Things episode 6: How the Duffer Brothers created the monster". Entertainment Weekly, 20 de julho de 2016.
7. A primeira vez que vimos: Ibid.
8. Nós olhamos muito: Jacobs, Matthew. "'Stranger Things' Creators Mourn Barb, Geek Out Over The Millennium Falcon And Tease Season 2". Huffington Post, 28 de julho de 2017.
9. Eu amo que as pessoas: Wigler, Josh. "'Stranger Things': How 'Aliens' Influenced Season 2". The Hollywood Reporter, 9 de novembro de 2017.
10. Paul Reiser descreveu: Fernandez, Maria Elena. "Paul Reiser on Stranger Things 2, Aliens, and Saying Good-bye to Red Oaks". Vulture, 28 de outubro de 2017...

11. Enquanto todo mundo corre: Reissman, Abraham. "Paul Reiser in Stranger Things Is Stunt Casting at Its Best". Vulture, 31 de outubro de 2017.
12. Stranger Things está fazendo: Ibid.
13. É engraçado: Jacobs, Matthew. "'Stranger Things' Creators Mourn Barb, Geek Out Over The Millennium Falcon And Tease Season 2". Huffington Post, 28 de julho de 2017.
14. discutiram muito sobre: Stack, Tim. "How that polarizing Stranger Things 2 episode was inspired by Star Wars". Entertainment Weekly, 1o de novembro de 2017.
15. Eu tirei tudo de Luke: Ibid.
16. Fizemos esse discurso: Chaney, Jen. "The Duffer Brothers Recap Stranger Things 2, 'Chapter Two: Treat or Trick, Freak'". Vulture, 31 de outubro de 2017.
17. Essas crianças se vestiriam: Ibid.

04. SOUNDTRACK 1980

1. 500 Melhores Músicas: "500 Greatest Songs of All Time". Rolling Stone, 7 de abril de 2011...
2. Para nós: Gruttadaro, Andrew. "How the Duffer Brothers Picked the Perfect Music for 'Stranger Things'". Complex, 2 de agosto de 2016.
3. Com a fotografia, ele: Yoo, Noah. "Inside the Spellbinding Sound of 'Stranger Things'". Pitchfork, 16 de agosto de 2016.
4. O tipo de regra que tivemos: Gruttadaro, Andrew. "How the Duffer Brothers Picked the Perfect Music for 'Stranger Things'". Complex, 2 de agosto de 2016.

5. Não houve um trailer: Kinos-Goodin, Jesse. "Stranger Things producer says cost of 'Thriller' was stratospheric, but worth it". cbc, 21 de agosto de 2017.
6. Apenas algumas semanas antes da Comic-Con: Ibid.
7. Os Irmãos [Duffer] e eu: Eddy, Cheryl. "Stranger Things Producer Shawn Levy Had to Move Mountains to Get the Rights to 'Thriller'". io9, 31 de julho de 2017.
8. Nós sempre quisemos ter: Chaney, Jen. "The Duffer Brothers Recap Stranger Things 2 Finale, 'Chapter 9: The Gate'". Vulture, 10 de novembro de 2017.

05. BICICLETAS VOADORAS

1. Hoje, esse número é: Gross, Jessica; Rosin, Hanna. "The Shortening Leash". Slate, 6 de agosto de 2014.
2. Eu acho que é a liberdade: Chaney, Jen. "Stranger Things' Millie Bobby Brown on Playing Eleven, Her Love-Hate Relationship With Scary Movies, and Acting Without Speaking". Vulture, 18 de julho de 2016.
3. Crescemos sem celulares: Zuckerman, Esther. "The 'Stranger Things' creators want some scares with their Spielberg". av Club, 13 de julho de 2016.
4. Bicicletas, observa: Weldon, Glen "Kids On Bikes: The Sci-Fi Nostalgia Of 'Stranger Things', 'Paper Girls' & 'Super 8'". npr, 27 de julho de 2016.

5. A bicicleta de Mike: Moynihan, Tim. "The Stories Behind 'Stranger Things' Petro '80s Props". Wired, 17 de julho de 2016.
6. Os Irmãos Duffer disseram: Duffer, Irmãos. "Stranger Things: The Duffer Brothers say episode 7 is the 'most fun'". Entertainment Weekly, 21 de julho de 2016.
7. Lambert foi inspirado: Thompson, Kat. "Meet Kyle Lambert, the Movie Poster Artist Behind the Now-Iconic Stranger Things Poster". The Hundreds, 17 de agosto de 2016.
8. Nós literalmente pegamos: Feinberg, Daniel. "The Duffer Brothers Talk 'Stranger Things' Influences, 'It' Dreams and Netflix Phase 2". The Hollywood Reporter, 1o de agosto de 2016.

9. Eventualmente, quando o sequestro: Fuss, Paula. Kidnapped: Child Abduction in America. Cambridge: Harvard University Press, 1999, p. 6.
10. Paradoxalmente, isto significa: Ibid.
11. As taxas de divórcio: Wilcox, W. Bradford. "The Evolution of Divorce". National Affairs 35. Meados de 2009.
12. Sim, eles parecem ser: Jacobs, Matthew. "'Stranger Things' Creators Mourn Barb, Geek Out Over The Millennium Falcon And Tease Season 2". Huffington Post, 28 de julho de 2016.

06. ERA REAGAN

1. A inflação caiu: Newport, Frank; Jones, Jeffrey M.; Saad, Lydia. "Ronald Reagan From the People's Perspective: A Gallup Poll Review". Gallup, 7 de junho de 2004.
2. Você tem vapor saindo: Chaney, Jen. "The Duffer Brothers Pecap Stranger Things 2, 'Chapter Seven: The Lost Sister'". Vulture, 7 de novembro de 2017.
3. Ronald Reagan descreveu: Gil, Troy. Morning in America: How Ronald Reagan Invented the 1980s. New Jersey: Princeton Notes. University Press, 2005.
4. Até o presidente Reagan: McBride, Hannah. "The TV Movie That Terrified America". The Outline, 17.07.2017.
5. Se o MKULTRA: Zuckerman, Esther. "The 'Stranger Things' creators want some scares with their Spielberg". Clube de Audiovisual, 13 de julho de 2016.
6. Em seu discurso inaugural: Reagan, Ronald. "Inaugural Address". 20 de janeiro de 1981. Disponível em: http://www.presidency.ucsb.edu/ws/?pid=43130
7. A Ordem Executiva 12333: Tye, John Napier. "Meet Executive Order 12333: The Reagan rule that lets the NSA spy on Americans". Washington Post, 18 de julho de 2014.
8. O jornalista David Sirota: Sirota, David. Back To Our Future: How the 1980s Explain the World We Live in Now-Our Culture, Our Politics, Our Everything. Nova York: Ballantine Books, 2011, p. xvii.

07. PLAY THE GAME

1. homoerótico... tipo a cena: Jung, E. Alex. "Stranger Things' Joe Keery Agrees That Steve's Jeans Were Very Tight". Vulture, 30 de outubro de 2017.
2. Essas crianças eram: Oakley, Josh. "Interview: The Duffer Brothers & Shawn Levy of 'Stranger Things'". cutprintfilm, 3 de agosto de 2016.
3. Tais personagens demoníacas levaram: "The Great Dungeons & Dragons Panic". bbc, 11 de abril de 2014.
4. Grupos cristãos conservadores: Ibid.
5. Não tem nada a ver com a forma: Chaney, Jen. "The Duffer Brothers Recap Stranger Things 2, 'Chapter Eight: The Mind Eater'". Vulture, 8 de novembro de 2017.
6. Nós estávamos esperando: Ibid.
7. Uma reportagem de capa: "Gronk! Flash! Zap! Video Games Are Blitzing the World". Time, 18 de janeiro de1982.
8. Essas máquinas geraram: Haddon, Leslie. "Electronic and Computer Games: The History of an Interactive Medium". Screen, 22.9, março 1988, p. 52—73.
9. Pac-Man também foi creditado: How to Win Video Games. Nova York: Pocket Books, 1982, p. 86.
10. o tilintar das moedas: Dundon, Rian. "Photos: The golden age of video arcades". Timeline, 17 de dezembro de 2016.
11. A nossa designer de produção: Chaney, Jen. "The Duffer Brothers Recap Stranger Things 2, 'Chapter One: MadMax'". Vulture, 30 de outubro de 2017.
12. A popularidade dos videogames: Newman, Michael. "Children of the '80s Never Fear: Video Games Did Not Ruin Your Life". Smithsonian, 25 de maio de 2017.

08. CLUBE HAWKINS

1. Houve interferência: Chaney, Jen. "The Duffer Brothers Recap Stranger Things 2, 'Chapter Three: The Pollywag'". Vulture, 1o de novembro de 2017.
2. um momento divisor de águas: Itzkoff, Dave. "'Family Guy' Creator Part of 'Cosmos' Update". New York Times, 5 de agosto de 2011.
3. Eu quero dizer algo: Reagan, Ronald. "Explosion of the Space Shuttle Challenger Address to the Nation". 28.01.1986.
4. De acordo com Lynda Reiss: Moynihan, Tim. "The Stories Behind 'Stranger Things' Retro '80s Props". Wired, 27.07.2016.
5. O primeiro aparelho de som: Ibid.
6. No quarto de Will: Ibid.
7. o chefe de marketing global da Polaroid: Hobbs, Thomas. "Polaroid on why the 'Stranger Things effect' is good news for retro brands". Marketing Week, 20 de outubro de 2017.
8. Graças a Stranger Things: Ibid.
9. Na série, eles são: Moynihan, Tim. "The Stories Behind 'Stranger Things' Retro '80s Props". Wired, 27 de julho de 2016.
10. Essas peças de tecnologia: Conditt, Jessica. "These pieces of technology drive the story and shape the main characters on a fundamental level". Engadget, 23 de novembro de 2017.

09. LEGGO MY EGGO!

1. De acordo com a Kellogg's: Wohl, Jessica. "How Eggos Plays Up Its Moment in the 'Stranger Things' Spotlight". AdAge, 16 de outubro de 2017.
2. Era pra ser só: Guerrasio, Jason. "A crucial scene in the last episode of 'Stranger Things' almost didn't happen". Business Insider, 31 de agosto de 2016.
3. A Vulture declarou-a: Moylan, Brian. "In Praise of Barb, the Best Character on Stranger Things". Vulture, 25.07.2016.
4. O Daily Beast se referia: Leon, Melissa. "Inside 'Stranger Things': The Duffer Bros. on How They Made the TV Hit of the Summer". The Daily Beast, 7 de agosto de 2016.
5. Enquanto isso, a Vanity Fair: Bradley, Laura. "How the Internet Made Barb from Stranger Things Happen". Vanity Fair, 24 de agosto de 2016.
6. Todo o fenômeno de Barb: Purser, Shannon (Twitter). "Barb wasn't supposed to be a big deal and you lovely people made her important. Thank you". 20 de agosto de 2016. 16h09.
7. Foi muito fácil escrever: "'Stranger Things' Creators On Barb, Eleven And How Glitter Delayed Production". npr, 19 de agosto de 2016.
8. como disse a Vanity Fair: Bradley, Laura. "How the Internet Made Barb from Stranger Things Happen". Vanity Fair, 24 de agosto de 2016.
9. O maior foco dos Irmãos Duffer: Raftery, Liz. "Best Dressed: How Stranger Things' Costume Designers Took the Show's Generation Z Stars Back to the '80s". TV Guide, 30.12.2017.
10. "Nós experimentamos muitas...": Ibid.
11. Posso falar a verdade?: Purser, Shanon (Twitter). "Can I be super real? Didn't think a girl with my body type could get this far. I'm so thankful and excited. Much love to you all". 30 de agosto de 2016. 12h36.
12. Eu só acho que ninguém: "'Stranger Things' Creators On Barb, Eleven And How Glitter Delayed Production". npr, 19 de agosto de 2016.
13. Sua família é de: Kucharski, Joe. "Stranger Things - Costume Designing 1980s Nostalgia". Tyranny of Style, 15 de novembro de 2016.
14. Na minha cabeça: Fishman, Elana. "How Eleven's Bitchin' 'Stranger Things 2' Makeover Came Together". Racked, 31 de outubro de 2017.
15. Queríamos que ela: Ibid.
16. Eu queria infundir: Ibid.
17. Eu adoro o momento: Ibid.
18. pegou todas aquelas: Ibid.
19. Nós queríamos que Eleven: Lockett, Dee. "It's Nearly Impossible to Get the Farrah Fawcett Hairspray That Steve Uses in Stranger Things". Vulture, 2 de novembro de 2017.
20. Para os Duffer: Kucharski, Joe. "Stranger Things - Costume Designing 1980s Nostalgia". Tyranny of Style, de novembro de 2016.
21. Cada detalhe faz: Ibid.

10. SOMOS FREAKS

1. Foi muito ruim: "Who Was Ryan White?". HPSA. https://hab.hrsa.gov/about-ryan-white-hivaids-program/who- was-ryan-white
2. Os Duffer reconhecem: Chaney, Jen. "The Duffer Brothers Recap Stranger Things 2, 'Chapter 4: Will the Wise'". Vulture, 2 de novembro de 2017.
3. O relacionamento de Lucas: Ibid.
4. A Vice declarou: Clifton, Jamie. "The 'Stranger Things' Transformation No One Saw Coming". Vice, 30 de outubro de 2017.
5. enquanto a Vanity Fair escreveu: Bradley, Laura. "Stranger Things: Why Steve Harrington Should Be Your New Fan Favorite". Vanity Fair, 28 de outubro de 2017.
6. Essa é provavelmente uma: Jung, E. Alex. "Stranger Things' Joe Keery Agrees That Steve's Jeans Were Very Tight". Vulture, 30 de outubro de 2017.

11. PARA SEMPRE ELEVEN

1. Interpretada por Millie Bobby Brown: Levine, Nick. "A Reddit user has counted how many words Eleven says on 'Stranger Things'". nme, 24 de setembro de 2016.
2. Em 1990, a crítica cultural: Paglia, Camille; "Madonna — Finally, a Real Feminist". New York Times, 14 de dezembro de 1990.
3. personagem fodão: Guno, Nina V. "'Stranger Things' actress Millie Bobby Brown grateful for her 'badass, female, iconic character'". Inquirer, 9 de maio de 2017.
4. Tínhamos cinco crianças: Oakley, Josh. "Interview: The Duffer Brothers & Shawn Levy of 'Stranger Things'". cutprintfilm, 3 de agosto de 2016.
5. Mesmo quando vimos: Ibid.
6. Não tem como se: Stone, Natalie. "Millie Bobby Brown Dishes on Her First-Ever Kiss (with Costar Finn Wolfhard!) — and the Stranger Things Prop She Kept". People, 31.10.2017.
7. "Foi a melhor decisão: Walano, Rose. "Watch 'Stranger Things' Star Millie Bobby Brown Shave Her Head to Play Eleven". us Weekly, 22 de agosto de 2016.
8. Atores infantis, mesmo: Duffer, Irmãos. "Stranger Things episode 2: The Duffer Brothers on finding their Eleven". Entertainment Weekly, 16 de julho de 2016.
9. um talento sobrenatural: Birnbaum, Debra. "How 'Stranger Things' Star Millie Bobby Brown Made Eleven 'Iconic' and Catapulted Into Pop Culture". Variety, 5 de outubro de 2017.
10. Ainda temos que: Ibid.
11. A Vanity Fair chamou: Lawson, Richard. "Stranger Things Is a Scary, Poignant Piece of 1980s Nostalgia". Vanity Fair, 13.07.2016.
12. O New Yorker descreveu: Nussbaum, Emily. "'Stranger Things' and 'The Get Down'". New Yorker, 22 de agosto de 2016.
13. best-seller Stephen King tuitou: King, Stephen (Twitter). "Millie Brown, the girl in INTRUDERS, is terrific. Is it my imagination, or are child actors a lot better than they used to be?". 28.09.2016, 8h54.
14. De acordo com a varejista de roupas: Agnew, Kelly. "11 Signs That Everyone's Dressing As A Stranger Things Character This Halloween". Lyst, https://www.lyst.com/articles/stranger- things-halloween-costume-ideas/
15. Segundo o imdb: Wiest, Brianna. "Millie Bobby Brown Is imdb's Biggest Breakout Star of 2016". Teen Vogue, 8.10.2016.
16. O produtor Shawn Levy: Levy, Shawn (Twitter). "Between takes while shooting our psychic tantrum scene. A clash of Titans. @milliebbrown @DavidKHarbour #StrangerThings2". 22 de Outubro de 2017, 22:51.
17. como os Irmãos Duffer explicaram: Beyond Stranger Things. Netflix, 27 de outubro 2017.
18. O que nos deixou: Wigler, Josh. "'Stranger Things' Creators Break Down Season 2's Eleven Story". The Hollywood Reporter, 21 de outubro de 2017.
19. Acho que foi muito: Chaney, Jen. "The Duffer Brothers Recap Stranger Things 2, 'Chapter 4: Will the Wise'". Vulture, 2.11.2017.
20. Ele trazia tanta energia: Beyond Stranger Things, 27.10.2017.
21. Nós queríamos que Eleven: Chaney, Jen. "The Duffer Brothers Recap Stranger Things 2, 'Chapter 4: Will the Wise'". Vulture, 2 de novembro 2017.
22. Em 2018, a revista Time: Spain, Jamie. "Millie Bobby Brown Is TIME's Youngest 100 Most Influential People Honoree Ever". People, 19.04.2018. Disponível em: http://time.com/collection/most-influential-people-2018/5238181/millie-bobby-brown/
23. Eu não esperava: Utichi, Joe. "Stranger Things' Star Millie Bobby Brown Talks". Deadline, 11 de agosto de 2017.
24. Nesta temporada de Stranger Things: Bell, Crystal. "David Harbour Made Millie Bobby Brown Cry With His Critics' Choice Acceptance Speech". mtv, 12 de janeiro de 2018.
25. Após a primeira temporada: Valentine, Genevieve. "Stranger Things' treatment of Barb reveals the show's greatest flaw: its limited view of women". Vox, 3 de agosto de 2016
26. Questionado sobre essa crítica: Leon, Melissa. "Inside 'Stranger Things': The Duffer Bros. on How They Made the TV Hit of the Summer". The Daily Beast, 7 de agosto de 2016.

17. SIMBOLOGIA & IMAGENS

1. Bachelard, Gaston. O Ar e os Sonhos — ensaio sobre a imaginação do movimento. São Paulo: Martins Fontes, 1997 [1977].
2. Durand, Gilbert. As Estruturas Antropológicas do Imaginário. Trad. Hélder Godinho. 4a ed. São Paulo: Editora WMF Martins Fontes, 2012.
3. Ibid.
4. Bachelard, Gaston. A Poética do Espaço. São Paulo: Martins Fontes, 1999.
5. Vernant, Jean-Pierre. O Universo, os Deuses, os Homens. Trad. R.F. d'Aguiar. São Paulo: Companhia das Letras, 2000.
6. Milton, John. O paraíso perdido. 1ª ed. São Paulo: Paumape, 1995.
7. Durand, Gilbert. As Estruturas Antropológicas do Imaginário. Trad. Hélder Godinho. 4a ed. São Paulo: Editora WMF Martins Fontes, 2012.
8. Bachelard, Gaston. O Ar e os Sonhos — ensaio sobre a imaginação do movimento. São Paulo: Martins Fontes, 1997 [1977].
9. Poe, Edgar Allan. Complete Poetryof Edgar Allan Poe. São Paulo: Signet, 2001.
10. Durand, Gilbert. As Estruturas Antropológicas do Imaginário. Trad. Hélder Godinho. 4aed. São Paulo: Editora WMF Martins Fontes, 2012.
11. Young, Sage. "'Stranger Things' Season 3 Theories About The Mind Flayer Foreshadow An All-Out War With The Upside Down". 27 de out. 2017. Disponível em: https://www.bustle.com/p/stranger-things-season-3-theories-about-the-mind-flayer-foreshadow-all-out-war-with-the-upside-down-3014409
12. Ibid.
13. Durand, Gilbert. As Estruturas Antropológicas do Imaginário. Trad. Hélder Godinho. 4aed. São Paulo: Editora WMF Martins Fontes, 2012.
14. Ibid.
15. Bachelard, Gaston. Fragmentos de uma poética do fogo. São Paulo: Brasiliense,1990.
16. Ibid.
17. Young, Sage. "'Stranger Things' Season 3 Theories About The Mind Flayer Foreshadow An All-Out War With The Upside Down".27 de out. 2017.Verem: https://www.bustle.com/p/stranger-things-season-3-theories-about-the-mind-flayer-foreshadow-all-out-war-with-the-upside-down-3014409

18. ELEVEN: JORNADA DE UMA HEROÍNA

1. Durand, Gilbert. As Estruturas Antropológicas do Imaginário. Trad. Hélder Godinho. 4ª ed. São Paulo: Editora WMF Martins Fontes, 2012.
2. Brandão, Junito de Souza. Dicionário mítico-etimológico da mitologia e da religião romana. 2a ed. Petrópolis, Rio de Janeiro: Vozes/Ednub. 1993.
3. Bachelard, Gaston. O Ar e os Sonhos — ensaio sobre a imaginação do movimento. São Paulo: Martins Fontes, 1997 [1977].

19. CRIANÇAS DESAPARECIDAS

1. Milk carton kids. In: Wikipedia. Disponível em https://en.wikipedia.org/wiki/Milk_carton_kids. Acesso em: 27.03.2019.
2. Ta, Lihn. "The missing kids milk carton campaign started in Iowa". Des Moines Registers, 4 de setembro de 2017. Disponível em: https://www.desmoinesregister.com/story/news/crime-and-courts/2017/09/04/missing-kids-milk-carton-campaign-outcome/627165001/
3. Palmer, Brian. "Why Did Missing Children Start Showing Up on Milk Cartons?". Slate, 20 de abril de 2012. Disponível em https://slate.com/news-and-politics/2012/04/etan-patz-case-why-did-dairies-put-missing-children-on-their-milk-cartons.html

© Laryssa Wannelle

STRANGER THINGS

© Raul Aguiar

© Arthur França

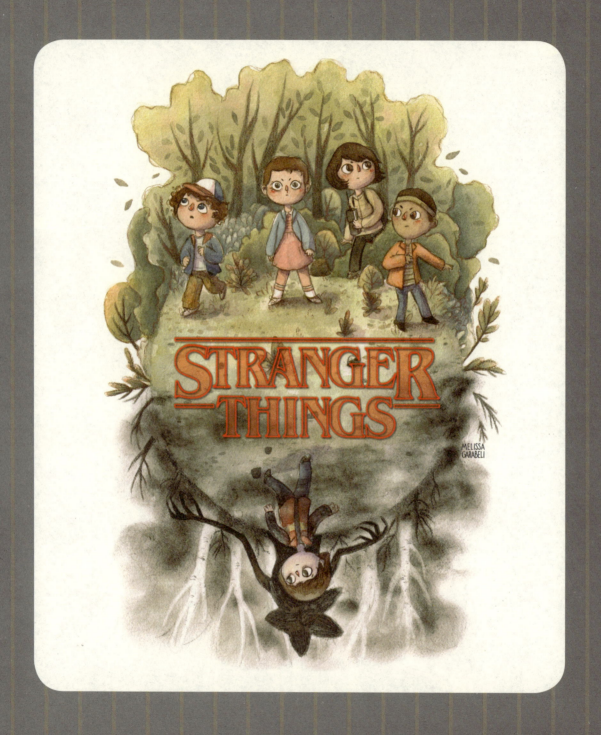

011

Cruel Summer

011

© Andre Persechini

© Jessica Brasil

© Mariana Neri

ストレンジャー・シングス

© Filho

© Simone Norbelly

© Nathana Ribeiro

© Karoline K.

© Natalia Fanchini

© Gabriella Sousa

© Arthur Moraes

© Julio Cesar

Friends Don't Lie

© Jessica Brasil

© Juliana Fiorese

© Lucas Marques

Turn around, look at what you see/ in her face, the mirror of your dreams/ Make believe I'm everywhere, hidden in the lines/ written on the pages is the answer to a neverending story/ neverending story
Reach the stars, fly a fantasy/ dream a dream, and what you see will be/ Lives that keep their secrets, will unfold behind the clouds/ and there upon the rainbow is the answer to a **NEVERENDING STORY.**

Agradecimentos

Para muitos de nós, a década de 1980 significou bem mais do que um período de dez anos, e talvez o grande culpado por esse fenômeno seja o próprio tempo, que parecia avançar em um ritmo bem menos acelerado naqueles estranhos anos.

Em *Stranger Things*, tudo remete a este período vivo, criativo e libertador: da trilha sonora do sintetizador às fontes retrô, dos nostálgicos acenos a Spielberg e Stephen King ao figurino impecável.

O autor deste livro, Joseph Vogel, é fã de carteirinha da série e criou um documento completo que é uma verdadeira homenagem ao universo dos Irmãos Duffer. Falando de fã para fã, Vogel mergulha nos detalhes que tornaram essa década um terreno tão fértil para as ideias dos criadores de *Stranger Things* trazendo avaliações preciosas para quem já viu cada episódio muito mais de uma vez.

Tornar esta obra algo ainda mais especial exigiu tempo, amor, pesquisa e dedicação de muitas pessoas. Todos os materiais complementares que enriqueceram *Stranger Fans* foram feitos por pessoas apaixonadas que se inspiraram na sinergia sinistra que une a história e seus personagens para compor algo único e digno de entrar na coleção dos darksiders.

A DarkSide® Books agradece a todos que deixaram sua marca nessa jornada: Arthur Moraes, Ale Presser, Andre Bales, Andre Persechini, Arthur Domingues, Arthur França, Bhernardo Viana, Bruno de Amorim, Cesar Bravo, Daniel Honorio (Filho), Douglas Reinaldo, Dênis Mercaldi, Fernanda Belo, Flávia Gasi, Gabriella Sousa, Helder Nóbrega, Huíolla Ribeiro, Jac Nicolau, Jacob Boghosian, Jessica Brasil, Juliana Fiorese, Isadora Torres, Jéssica Reinaldo, Julio Cesar, Karoline K., Laryssa Wannelle, Letícia Wexell, Louise Rosa, Lucas Marques, Luiz Roveran, Mariana de Oliveira, Mariana Neri, Mauricio Molina, Melissa Garabeli, Natalia Fanchini, Nathana Ribeiro, Nilsen Silva, Pedro Oliveira, Rafael Ângelo, Ramon Mapa, Raul Aguiar, Rebeca Prado, Patrick Connan, Samanta Floor, Saulo Machado, Simone Norbelly, Siouxsie Rigueiras, Thiago Shinken, Ton Bernardes, Téo Brito, Will Leite — e todos os artistas, parceiros, profissionais e amigos que deram atenção e carinho a este projeto.

Em especial, um agradecimento a todos os leitores e fãs caveirosos da série que sempre apostaram no escuro e que tornam o nosso Mundo Invertido uma experiência mágica e única.

JOSEPH VOGEL nasceu e cresceu na década de 1980, e se apaixonou por *Stranger Things* no momento em que viu aquele logotipo esquisito e misterioso. Ao assistir o primeiro episódio, não teve dúvidas: era amor de verdade. Vogel é professor assistente no Merrimack College, em Massachusetts, e escreveu vários livros, incluindo *Man in the Music: The Creative Life and Work of Michael Jackson* e *This Thing Called Life: Prince, Race, Sex, Religion, and Music*. Seus textos já foram publicados na *Atlantic* e *Slate*, no *Guardian*, na *Forbes*, e no *The Huffington Post*. *Stranger Fans* é seu tributo à série de sucesso dos Irmãos Duffer, e mais um exemplo de livro de fã para fã da DarkSide® Books. Saiba mais em joevogel.net

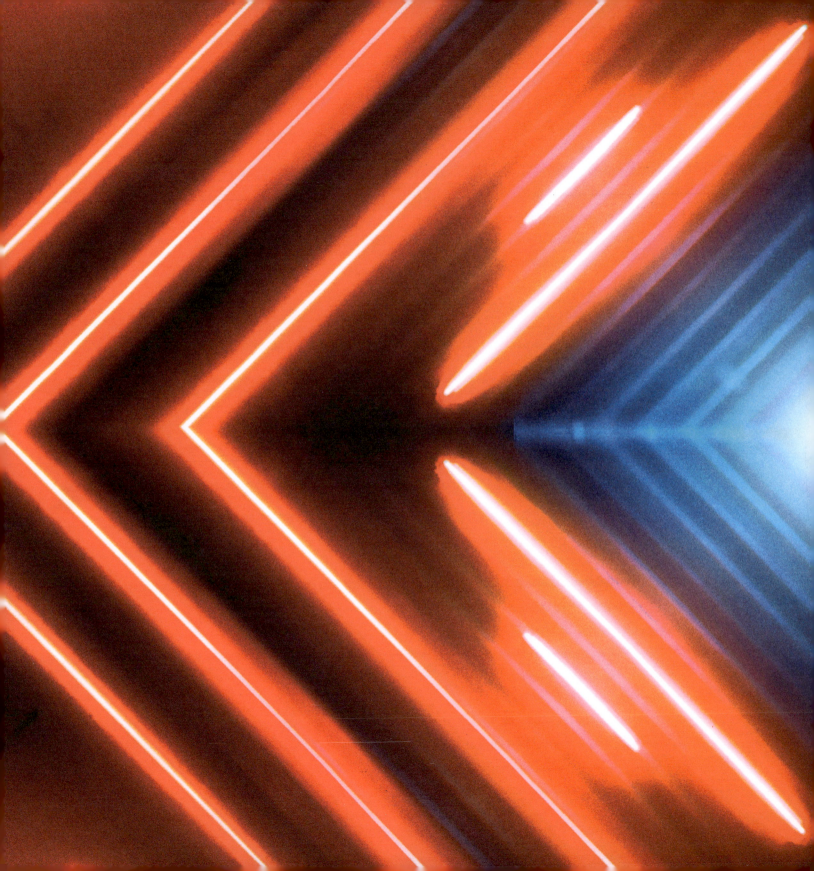